Gebrauchsanweisung für die Eifel

Jacques Berndorf

Gebrauchsanweisung für die Eifel

Piper München Zürich

Mehr über unsere Autoren und Bücher:
www.piper.de

Für meine Frau, selbstverständlich,
und für Heinz Onnertz, der so sehr für die Eifel kämpft

ISBN 978-3-492-27543-9

Karte: cartomedia, Karlsruhe
Gesamtherstellung: CPI – Clausen & Bosse, Leck
Printed in Germany

»Der Fußwanderer beklagt sich nicht, denn eben diesem Umstand verdankt er dort den stillsten Genuss einer höchst idyllischen Natur.«

Gottfried Kinkel, 1845

Inhalt

Jülich
Köln
Kerpen
Rur
Aachen
Düren
Brühl
Hürtgen-
wald
Nideggen
Zülpich
Bonn
Roetgen
Euskirchen
Rhein
Heimbach
Hohes Venn
Gemünd
Mechernich
Urft
Bad Münstereifel
Monschau
Ahr
Schleiden
Bad Neuenahr-
Ahrweiler
Nettersheim
Zitterwald
Blankenheim
Andernach
Laacher See
Maria Laach
BELGIEN
Stadtkyll
Nette
Pellenz
Schnee-Eifel
Kyll
Koblenz
Hillesheim
Mayen
Kelberg
Elz
Maifeld
Prüm
Gerolstein
Daun
Ulmen
Maare
Vulkaneifel
Manderscheid
Islek
Prüm
Neuerburg
Alf
Bitburger
Bitburg
Gutland
Nims
Lieser
Vianden
Dahlem
Salm
DEUTSCHLAND
Mosel
LUXEMBURG
Trier

Vorwort

Wir haben es hier mit einem sperrigen Thema zu tun, weil auf die Frage: »Wo liegt denn die Eifel?«, die meisten deutschen Menschen mit einem gedehnten »Ähhh…« antworten werden. Die Forschesten werden anschließend gegenfragen: »Muss ich das eigentlich wissen?« Und aus der Eifel bekommen sie die Antwort: »Du weißt es längst, du weigerst dich nur, dein Wissen zu nutzen!« Das ist keine Beleidigung, das ist nur der Hinweis auf unübersehbare Antworten.

Eines der meistgetrunkenen Biere in Europa stammt nämlich aus der Eifel: Bitburger. Und wo weltbekannte, edle Tafelwasser aus der Erde gepumpt werden, ahnen Sie inzwischen auch. Richtig: Apollinaris, die angebliche Königin der Quellwasser; Gerolsteiner, das am weitesten verbreitete in Europa; die Nürburgquelle, laut gerühmt für besondere Wirkung und besonderen Geschmack; das Dauner, das Brohler mit großer internationaler Tradition und, und, und…

Ich betreibe hier übrigens keine unlautere Schleichwerbung und will an dieser Stelle eines gleich feststellen: Das mit der Eifel und mir ist eindeutig eine Liebesgeschichte, und an fast keiner Stelle bin ich objektiv.

Was hätten wir da noch? Da ist etwa der weltbekannte Treffpunkt aller Bleifußathleten anzuführen, der Nürburgring, monumentartiger Unterbau einer gewissen Familie Schumacher, sowie eines kleinen, zuweilen nervtötenden Menschen namens Bernie Ecclestone, der ständig rund um den Planeten Rennstrecken bauen lässt, an die er dann seinen milliardenschweren Formel-1-Zirkus vermietet. Da müssen wir über Geld reden, über sehr viel Geld sogar, denn die Planer am Nürburgring haben eine durchaus nicht nur bejubelte Vision vom Ring der Zukunft. Sie wollen runde zweihundertzwanzig Millionen Euro verbuddeln und verbauen, denn Rennen allein ernähren die Betreiber nicht, es müssen andere Formen der Gigantonomie her.

Dann ist da die älteste Stadt Deutschlands: Trier, heute ein begehrtes touristisches Ziel. Ein weltberühmter Denker und Reformer war hier zu Hause: Karl Marx, der eine wundervolle Hoffnung in den Menschen weckte und dann von Menschen ad absurdum geführt wurde. Seine Erfindung war der Kommunismus, und er glaubte fest daran. Seien Sie also nicht irritiert, wenn Sie dort massenhaft auftretenden chinesischen Reisenden begegnen, die sämtliche kopierten europäischen Luxusgüter aus ihrer Heimat bei sich tragen und unentwegt mit weltbekannten, nur leicht variierten chinesischen Kameras in jede Richtung fotografieren.

In den Gassen riecht es nach Geschichte, nach Mittelalter und zuweilen nach Weihrauch. Übrigens ist Trier auch eine phantastische Einkaufsstadt. Hier haben schon vor zweitausend Jahren römische Offiziere den schmutzresistenten fränkischen und keltischen Menschen beizubringen versucht, wie wunderbar eine Fußbodenheizung nach einem warmen Bad sein kann.

Anlässlich dieser kurzen geschichtlichen Abschweifungen ist anzumerken, dass ich einen sehr mystischen Begriff nicht verwenden werde: die Germanen nämlich, oder germanische Stämme, oder germanische Siedlungsgebiete. Der Teil Europas, in dem Deutsche leben und lebten, wurde besiedelt von den Stämmen der Semnonen, Cherusker, Sugamber oder Ubier. Germanen sind nicht zu finden. Wir wissen nicht einmal, aus welcher Sprache das Wort Germane kommt. Aber der Begriff ließ die Herzen streitbarer und begeisterter Deutscher in früheren Zeiten höher schlagen, feuerte sie an und feuerte sie folgerichtig in die Hölle. Der Begriff Germane ist mit ziemlicher Sicherheit Schmonzes, wie die Juden sagen würden, oder – genauer formuliert – eine Erfindung. Also: Wir kommen ohne fellbedeckte Germanen in der Eifel aus.

Etwa im Jahr null waren wir in der Eifel und deren Flusstälern bereits im Besitz der wichtigsten Gemüsesorten aus Italien und verfügten über Obst, von dem die Kelten oder Franken nicht einmal träumen konnten.

Da fällt mir eine Geschichte ein, die mit den Eiflern und dem italienischen Rucola-Salat zu tun hat. Erinnern Sie sich noch daran, wie diese köstliche Salatpflanze vor ein paar Jahren wie eine grüne Welle über Europa schwappte? Man musste beim Italiener Rucola-Salat bestellen, sonst war man nicht »in«. Ich lud jedenfalls eine alte Dame aus bäuerlichem Haus zum Italiener ein und bestellte natürlich einen Rucola als Vorspeise. Sie nahm ein Blättchen, kaute bedachtsam darauf herum und äußerte dann: »Soll das was Neues sein?« – »Na ja«, antwortete ich kennerhaft, »das isst man neuerdings in Italien. Schmeckt gut, nicht wahr?« Sie starrte mich vernichtend an und bemerkte dann tonlos: »Das ist Rauke, das wächst bei uns an jedem Feldweg, das habe ich schon als Kind gegessen.«

So viel zur Rauke. Nun weiter im Text: In jener Vorzeit, so um das Jahr null, verfügten wir schon über eine magische Frucht: die Weintraube. So sind denn der weltberühmte Rotwein von der Ahr und der viel besungene Riesling von der Mosel ein wunderbares Erbe, das wir preisen und mit dem wir richtig Staat machen können – die dazugehörenden Edelbrände inklusive. Die Eifel ist schließlich auch Schnapsland!

Dann hätte ich noch etwas Besonderes anzubieten, weil ich aus Erfahrung weiß, dass man mit Landschaft allein und kauzigen Leuten darin, mit Vulkanismus, der Catholica, Wein, Gemüse und Mittelalter nicht sonderlich punkten kann (wenngleich ich diese hiesige Mischung für himmlisch halte!). Etwas, das tatsächlich sehr selten, ja, geradezu einmalig ist: Die Eifel ist Deutschlands Krimi-Landschaft Nummer eins, und das ist keineswegs eine Erfindung der Eifel, sondern eine der WELT und der FAZ und des STERN, von GEO, auch von BILD. Tatsächlich ist die Dichte der schreibenden Zunft in dieser Gegend ungewöhnlich hoch, und nicht wenige Dörfer leisten sich hier ein bis zwei Verrückte, die tagtäglich nichts anderes tun, als darüber nachzudenken, wie man auf elegante Weise oder auf brutale Art jemanden um die Ecke bringt und anschließend klärt, wieso es so ablief, warum das so sein musste und dass der Mörder schließlich unter allen Umständen gefasst werden muss.

Ich habe tatsächlich lange und häufig darüber nachgedacht, warum ich hier anfing, die sogenannten Eifel-Krimis zu schreiben, denn eigentlich war ich mein Leben lang Journalist und wollte auch gar nichts anderes sein. Dann hatte ich einen Verdacht. Die Landschaft hatte mich gefangen, ich rannte jeden Tag in den Wäldern herum, ich entdeckte den typischen Geruch alter Scheunen wieder, den gedämpften Lärm in den Rinderställen, den ich als Kind so geliebt hatte. Ich erinnerte mich an meinen Vater, der sein Leben lang keinen Feldweg entlanglaufen konnte, ohne sich zu einer Blume zu bücken und erst ihren landläufigen Namen zu murmeln und dann die lateinische Bezeichnung. Ich hatte den Verdacht, dass es die Stille war, die mich an dieses Land band, und ich hatte die Gewissheit, dass mir diese Stille guttat. Und dann schrieb ich den ersten Bindestrich-Krimi: »Eifel-Blues«. Inzwischen sind 3,8 Millionen dieser Schmöker gekauft, und noch immer wundere ich mich darüber, und noch immer bin ich diesem Land zutiefst dankbar.

Es gibt erfreulicherweise Menschen, die genauso wie ich fühlen und denken – und Krimis schreiben. Carola Clasen, Erika Kroell, Ralf Kramp, Manfred Lang, Hubert vom Venn, Manfred Reuter, die Reihe ist lang. Der Kramp ist ein gesegneter Krimi-Kurzgeschichten-Schreiber, zutiefst rabenschwarz und sehr englisch. Ein Titel von ihm heißt zum Beispiel »Ein Viertelpfund Mord«, wobei es liebenswürdig blutig hergeht. Es gibt sogar eine Phantastik-Reihe mit Eifelromanen, die Autoren heißen Michael Siefener und Georg Miesen. Das alles hat selbstverständlich den Hintergrund, dass hier in der Eifel mittelalterliche Burgen eine große Rolle spielten und dass in vielen Bereichen Klosterbrüder das öffentliche Leben bestimmten. Eco hätte für »Der Name der Rose« auch in der Eifel recherchieren können, und wahrscheinlich hat er das auch mithilfe gewaltiger Archive getan. Mystisches Halblicht wabert hier durch Täler und über Höhen, man sprach jahrhundertelang alltäglich von Hexen, Gnomen und allen furchtbaren Spielarten des Teufels persönlich. Gesundbeter ließen Warzen verschwinden und Kuhherden gesunden. Davon werde ich Schauriges zu berichten haben. Ich stehe im Übrigen zu der Behauptung, dass Esoterik auch in der Eifel hätte erfunden werden können. Und wahrscheinlich erfunden wurde. Nach wie vor ist die Zahl der Heilerinnen und Heiler ungewöhnlich hoch. Aber Vorsicht: Es gibt auch eine Menge Scharlatane hier, die Ihnen hoch angestrengt die Hände auf irgendwelche Körperteile legen, dabei Unverständliches murmeln – und anschließend ist der Hexenschuss immer noch da.

Behalten Sie erst einmal das Städtchen Hillesheim im Hinterkopf, und dort das Kriminalhaus. Sie werden staunen, und Ihre Kinder werden außer Atem geraten.

Ein gewisser Dr. Josef Zierden, vulgo Oberstudiendirektor im Schuldienst zu Gerolstein, vollbrachte die schier unmögliche Leistung, das Eifel-Literatur-Festival auf die Beine zu stellen, das alljährlich alles, was Rang und Namen hat im schreibenden Gewerbe, hierher in die Eifel holt – zutiefst beneidet von all den Kugelfischen in Großstädten und Ballungsräumen, die so etwas nicht fertigkriegen, aber immer schon fertigkriegen wollten.

Dann noch eine Bemerkung in eigener Sache: Alle zwei Jahre findet hier in Daun der TATORT EIFEL statt, eine Veranstaltung, die im Krimigewerbe einzigartig ist. Die Macher haben es geschafft, eine große Lücke zu schließen: Krimischreiber träumen gern, und besonders gern von Fernsehsendern, die ihre Stücke auf den Schirm bringen. Da dachten wir uns: Wir bringen die Beteiligten zusammen, wir laden Buchschreiber ein, Fernsehmacher, Drehbuchschreiber, Verleger, Produzenten. Und siehe da, es klappte, nur leider wird später im Abspann im Fernsehen nie erwähnt, dass der Stoff in der Eifel geboren wurde. Aber falls Sie Lust haben: TATORT EIFEL gibt es alle zwei Jahre, das nächste Mal im September des Jahres 2009. Und es sind immer vier Tage, prall gefüllt mit allen möglichen Veranstaltungen, die Sie so nirgendwo anders geboten bekommen.

Natürlich kann ich die Eifel auch mit einem Begriff umreißen, der schon zu Zeiten meines Urgroßvaters ein großes Gähnen auslöste. Die Eifel ist ein Mittelgebirge, eine richtig miese, popelige, kleinkarierte deutsche Mittelgebirgslandschaft, schlimmer noch: Die Eifel ist Teil des rheinischen Schiefergebirges. Für mich grenzt das an eine Beleidigung, denn ich weiß ja, dass ich am Arsch der Welt wohne. Aber ich weiß auch: Es handelt sich definitiv um den weitaus schönsten Arsch.

Kommen wir zu den Menschen.

Ein gewisser Publius Cornelius Tacitus (55–120 n. Chr.) soll notiert haben, hier hausten kleinwüchsige, hinterlistige Bergvölker, wobei nicht eindeutig ist, ob er damals die Eifler meinte oder die Leute im Hunsrück, weit jenseits der Mosel. Deshalb kam es vor, dass sich beide Gruppen bei passender Gelegenheit freudvoll und liebenswürdig in die Pfanne hauten.

Immer wieder haben kluge Schreiberlinge festgestellt, dass der Menschenschlag hier nicht eindeutig ist, will sagen, wir sind eine wilde Mischung. Aber was für eine! Wir zählen römische Legionäre, springlebendige Kelten, aufbrausende, aber lernwillige Franken zu unseren Ahnen – bestes Erbgut also. Wir hatten hier die Clans der Eburonen, die Aduatuker, die Levaker, die Nervier, Cheidumner, Ceutronen – alle in direkter Linie überkommen von Asterix und Obelix.

Wie, zum Teufel, mache ich Ihnen klar, wie der gemeine

Eifler sich darstellt? Vielleicht mit einem kleinen Scherz. Kommt ein Pärchen aus Hamburg in die Eifel und sieht eine Sommerwiese mit hüfthohem Gras, ein überwältigendes Blumenmeer. Sie halten an, sie klettern über den Zaun, sie lassen sich wonnetrunken in des Lebens goldene Vielfalt sinken, sie ergehen sich in stark erotischen Vorbereitungen. Das sieht der Eifelbauer, den sie übersehen haben. Dem schwillt der Kamm, und er brüllt los: »Ihr Arschlöcher, ihr blöden Heinis, ihr Vierfruchtmarmelade, ihr selten dämlichen Touristen. Ihr zertrampelt meine Wiese, ihr seid bekloppt, euch mach ich Beine, ich ...«

Das Pärchen richtet sich auf, erstarrt im Grünen, wird schamviolett. Die Frau stottert: »Wir ... wir wussten ja nicht ...« – »Genau!«, nickt der Bauer. »Deswegen sage ich es euch ja im Guten.«

Wie Sie jetzt also wissen, ist der gemeine Eifler huldvoll und liebenswürdig, liebt Touristen über alle Maßen, lebt gottesfürchtig und seinen Oberen untertan, wobei das mit den Oberen über Jahrhunderte erhebliche Schwierigkeiten bereitete. Man wusste oft nicht genau, welchen Oberen jetzt zu gehorchen war. Und so ist verständlich, dass die Bauern Jupp und Mattes sich frühmorgens auf dem Feld trafen und einander die Frage stellten: »Wer ist denn heute unser Herr?« Da waren die meist geistlichen Herren im Erzbischofsrang von Köln, von Mainz, von Trier, von Aachen, da waren auch schon mal blaublütige Clans aus Belgien, Frankreich und den Niederlanden, und, man höre und staune, sogar Preußen. Natürlich kam irgendein begeisterter Historiker auf die Idee, Karl der Große sei in der Eifel geboren worden – was nach Lage der Dinge durchaus so geschehen sein kann. Auch davon später, wenn wir über Mürlenbach reden und die dortige eindrucksvolle Burg, auf der wahrscheinlich die Großmutter des Großen zu Hause war.

Die Eifel war immer schon das Gebiet, in dem größenwahnsinnige Adelsgeschlechter, weit entfernt von der Pracht der eigenen Burgen und Schlösser, feststellen wollten, wie stark und brutal sie sein konnten. Und die Eifler mussten das aushalten. Aushalten mussten sie auch den Spruch eines deutschen Kaisers, der sotto voce bekannte, das Kriegspielen lasse sich besonders gut zwischen und auf den grünen Hügeln der Eifel üben.

Ich kann sagen, dass im großen Viereck zwischen Koblenz, Köln, Aachen und Trier die Eifel zu finden ist. Alles, was jenseits der oft steilen Moselhänge flussauf auf der rechten Seite liegt, ist die Eifel. Und da gibt es noch eine weitere geografische Hilfe. Von Koblenz aus führt die Autobahn 48 direkt nach Trier. Auf beiden Seiten des Asphaltbandes liegt die Eifel, angefüllt mit wundersamen Geschichten, kantigen Menschen, phantastischen Schnäpsen, mit Hunderten von Burgen, Klöstern und Kirchen, Wahnsinnsstrecken für Biker, noch schöneren Routen für Fahrradenthusiasten und überwältigenden Wandersteigen. Wir sind, wie gezeigt, ein zurückhaltender, ja demütiger Menschenschlag, aber was Recht ist, muss Recht bleiben: Wir hausen keineswegs auf einer Verlängerung des Rheinischen Schiefergebirges, sondern vielmehr in einer der schönsten Landschaften Deutschlands. Sie sollten den Herbst in unseren endlosen Wäldern erleben, und Sie können Vermont vergessen.

Für vier Gruppen ist die Eifel das höchste der Gefühle: Wir bieten für Frischverliebte aller Jahrgänge Waldränder ohne Zahl und Lichtungen, von denen sie niemals vertrieben werden.

Und für alle stressgeplagten Berufsopfer haben wir starke Orte, durchaus nicht im Sinne verquerer Esoterik, sondern ganz handfest mitten in unserer Landschaft, immer relativ nah an phantastischen Kneipen, wunderbaren Restaurants und schönen, eigenwilligen Hotels.

Die dritte Gruppe ist die schwierigste. Das sind die Menschen, deren Ehe und Partnerschaft in quälende Langeweile abzugleiten droht, die massiv und elend unter Wortlosigkeiten leiden, die ganz heimlich wissen, dass sie ausgebrannt sind. Für die gilt: Wenn sie es sich zutrauen, die Stille dieser Landschaft auszuhalten und den Stimmen in ihrer Seele wieder zu lauschen, dann sind sie herzlich willkommen. Wir lassen sie vollkommen in Ruhe, die filigrane Arbeit an ihrem Seelenbefund erledigt unsere Natur.

Die vierte Gruppe sind Kinder und Jugendliche, die in unserer sehr schwierigen und verwirrenden Gesellschaft ihren Platz suchen und zuweilen einfach nicht finden können. Die Gelassenheit dieser Landschaft sorgt mit einem langen Atem für Ruhe. Und Burgen gibt es wie Sand am Meer, und fast nichts ist aus Plastik.

In der Eifel hat nahezu alles mit der Geschichte dieses Blauen Planeten zu tun. Nirgendwo sonst in Europa gibt es eine Landschaft, in der Sie so praxisnah lernen können, wie diese Erde sich formte, wie sie wurde, was sie heute ist.

Wenn ich ein paar Minuten in der Erdgeschichte zurückblättere, nicht mehr als 280 bis 320 Millionen Jahre, dann war diese Eifel ein kleiner Teil des gewaltigen, einzigen Kontinents, der damals auf dem Urmeer schwamm. Die Eifel lag ungefähr auf der Höhe des heutigen Iran, war durchweg subtropisch bis tropisch. Hier schwappte ein warmes Meer an seine Küsten, hier schwammen die ersten Krokodile, hier fand man Urtiere, Krebse, Schalentiere und am Ufer die ersten Pferde, nicht größer als Hunde. Riffe, die einst im Meerwasser geformt wurden, sehen Sie heute Hunderte Meter hoch über Gerolstein, und Ihre Kinder werden das staunend hören, wenn Sie Ihnen davon erzählen.

Endlich können Sie mit der Familie am Ufer eines Maars hocken, wie es sie nur hier gibt. Es sind die Reste alter Vulkane, von denen man in der Eifel mehr als 300 zählt und von denen einer der größten erst vor einem Jahr entdeckt wurde, Durchmesser 1,8 Kilometer. Die Schriftstellerin Clara Viebig gab den wassergefüllten kreisrunden Seen den Namen: Augen der Eifel.

Aber: Vorsicht bei allen sogenannten Randerscheinungen! Der gemeine Moselaner wird niemals sagen, er sei ein Eifler. Der Mensch aus Bonn oder Köln wird hartnäckig verteidigen, ein Bonner oder Kölner zu sein. Der höfliche Koblenzer wird äußern: »Also, zur Eifel gehören wir ja nicht so ganz!« Man beachte diese rheinischen Sprachperlen. Einer aus Aachen wird sich niemals damit einverstanden erklären, zu den Eiflern zu gehören. Dasselbe gilt vom gemeinen Trierer. Es gibt seit Jahrhunderten eine weitverbreitete Spezies hier, die nach drei bis vier Gläsern verlegen äußert: »Ich bin aus der Voreifel.« Noch nie wurde dieser diffuse Begriff genau umrissen, streng genommen könnte auch der herkömmliche Düsseldorfer zu dieser Art gezählt werden.

Wie auch immer, wir starten in Koblenz, erfrischen Sie mit Heiterem und einigen kantigen Köpfen, legen Ihnen eine Landschaft zu Füßen, in der der Herrgott eine große Rolle spielt, und das ist auch gut so. Und ich werde nicht vergessen, Ihnen ein rundes Bild dieser Landschaft zu zeichnen, die für viele Jahrzehnte zu den bitterärmsten in Europa gehörte – das Rheinische Sibirien genannt.

Natürlich entschuldige ich mich von vorneherein für alle die geschichtlichen Ereignisse, bedeutenden Menschen und Gegebenheiten in der Eifel, die ich vergessen und übersehen werde, aber ich habe halt keine fünfhundert Seiten Platz, es soll ein kleines Buch werden, eines, das Ihnen Freude macht. Und ich entschuldige mich bei allen klugen und gelehrten Menschen, deren Texte ich hemmungslos ausgeweidet habe. Wo immer es geht, werde ich sie dankend erwähnen.

Also: Wir bieten Ihnen nicht unsere Frauen an, wohl aber unsere Betten. Seien Sie von Herzen willkommen!

Mittelmeer? Mittelmeer!

Im heimeligen, mittelalterlichen Koblenz, am Fuße der Eifel, stoßen Sie auf eine geschichtliche Binsenweisheit: Alle wichtigen Städte am Rhein von Basel bis zur Mündung, also auch Köln, sind auf dem linken Ufer gebaut, weil auf dem rechten Ufer das Gebiet möglicher Feinde begann, das Unbekannte, die terra incognita.

Wir müssen uns um zweitausend Jahre zurückversetzen, wir müssen bedenken, dass Fischer und Lastkähne den Rhein querten, selten aber die römischen Legionen, die diese Städte am linken Ufer bauten. Sie versuchten es immer wieder, konnten sich aber auf dem rechten Ufer nicht dauerhaft festsetzen. Die verschiedenen Volksstämme, etwa die Chatten (aus denen später die Hessen wurden), die rechtsrheinisch das Sagen hatten, waren militärisch schwer oder gar nicht einzuschätzen, und sie hatten wahrscheinlich eine für die streng disziplinierten römischen Truppen unangenehme Eigenschaft: Sie kämpften in kleinen Gruppen, tauchten blitzartig auf, schlugen zu, verschwanden wieder, als habe es sie nie gegeben. Diese Guerillakrieger lebten jenseits des Stroms im schwer zugänglichen Westerwald. Der Rhein war also für Jahrhunderte eine kaum zu überwindende natürliche Barriere.

Die Römer, die hier in der Ebene ein großes Militärkastell bauten und schwer befestigten, legten den Grundstein für eine heute quicklebendige Stadt, die man ein Tor zur Eifel nennen kann.

Koblenz war Teil der sogenannten mittelmeerischen Stadtkultur. Und Trier, der Endpunkt unseres Streifzuges, ist nicht nur die älteste Stadt Deutschlands, sondern war ebenfalls eine Römergründung und mit Koblenz über Jahrhunderte politisch eng verbunden.

Der gewöhnliche römische Soldat kam keineswegs meistens aus Italien, sondern aus dem ganzen Einzugsbereich des großen Römischen Weltreiches – es waren Männer aus Spanien ebenso wie Männer aus dem heutigen Frankreich, den Niederlanden oder allen heutigen osteuropäischen Staaten. Das Römische Weltreich war riesengroß. Es war ideal, einen Job in den Römischen Etappenstädten oder im Heer zu finden. Die Männer bekamen regelmäßig zu essen (was unglaublich luxuriös war), hatten einen Schlafplatz und wurden – meistens jedenfalls – regelmäßig bezahlt, eine für damalige Verhältnisse geradezu sensationelle Lebensgrundlage.

Mittelmeerische Stadtkultur klingt ein wenig nach wissenschaftlich trockenem Sprachgebrauch der Historiker, aber sie können genau definieren, was diese römischen Gründungen ausmachte: Sie kannten die Schrift, sie hatten eine hoch entwickelte Rechtspflege, sie beherrschten den Festungsbau, sie sorgten für sauberes Trinkwasser, sie kümmerten sich effektiv um den Müll und – ganz wichtig! – sie brachten ihren ganzen Götterhimmel mit, also Merkur, Fortuna, Mars, Venus, Apoll, Viktoria. Außerdem entstanden hier am Rhein damals schon Kultgemeinden orientalischer Religionen, der großen Göttermutter Kybele etwa, vor allem Ableger des Mithraskultes. Auch christliche Gemeinden entstanden noch in römischer Zeit, und einheimische Kulte lebten weiter – die Römer waren sehr großzügig, und sie pflegten ihre liberale Einstellung.

Sie nannten ihre militärische Siedlung übrigens apud Confluentes, beim Zusammenfluss (von Mosel und Rhein). Daraus entwickelte sich in den folgenden Jahrhunderten der Stadtname Koblenz.

Wir wissen, dass hier im sogenannten Neuwieder Becken, also am Fuß der Eifel, die Urahnen der Menschen schon um 30 000 v. Chr. durchgezogen sind und wohl auch und immer wieder gelebt haben. Sie ernährten sich von der Jagd, Wissenschaftler fanden ihre Steinwerkzeuge und ihre Rastplätze. Diese Cro-Magnon-Menschen und Neandertaler jagten in

Familienverbänden das wollhaarige Nashorn, Rentiere, Moschusochsen, den Eisfuchs, den Höhlenbär, das Wildpferd, das Mammut.

Der Rhein in dieser Ebene sah damals vollkommen anders aus, als Sie ihn heute erleben. Er füllte die ganze Talweite aus, das Neuwieder Becken, und es gab eine Unmenge an Altarmen, dazwischen schnell fließendes Wasser sowie lang gestreckte Inseln und große Sumpfgebiete.

Und dann, ziemlich genau im Jahre 9080 vor Christi Geburt, explodierte ungefähr 25 Kilometer entfernt ein Vulkan. Die Explosion war so gewaltig, dass der Himmel schwarz wurde und für Monate dunkel blieb. Die Staubwolke reichte vierzig Kilometer hoch. Vom Rhein war nichts mehr zu sehen. Das riesige Tal wurde zugeschüttet mit Bimstuffen, diese weiße Schicht war stellenweise zwölf Meter dick. Kein Lebewesen in diesem Gebiet überlebte, Basaltlava und Bimsstein bedeckten eine riesige Fläche, den Staub wies man noch in Nordskandinavien und in Nordafrika nach.

Dieser Explosionsherd soll unsere erste Rast sein: der Laacher See, der Vulkan, der damals explodierte und an dem der Orden der Benediktiner eine weltberühmte Abtei gründete – runde zehntausend Jahre später.

Ora et labora

Gleichgültig, aus welcher Richtung Sie sich dem Kloster Maria Laach nähern: Sie werden verblüfft feststellen, dass die große Basilika so wirkt, als sei sie aus der Erde gewachsen, als habe hier so etwas wie ein steinernes Wunder stattgefunden. Romanische Baukunst vom Feinsten. Bleiben Sie einfach stehen, nehmen Sie den Anblick in sich auf.

Beherrscht wird der Eindruck von zwei Turmgruppen im Westen und Osten, die sich wie zwei Burgen gegenüberliegen, verbunden durch die klaren Linien des Langhauses. Alle verwendeten Steine stammen aus dieser Gegend.

Ganz gleich, aus welcher Richtung Sie diese Kirche sehen, Sie werden auch feststellen, dass dieses Bild des Klosters und der Basilika eine große Stille und Gelassenheit ausstrahlt. Für Menschen, die noch in der Hektik ihres Berufs gefangen sind, kann dieser Anblick verblüffend sein, die Entdeckung eines neuen, ungewohnten Zustandes.

Der leicht ovale See, unmittelbar daneben, der etwa zwei Kilometer breit und drei Kilometer lang ist, fügt sich in dieses harmonische Bild ein. Genauso wie die hohen Buchenwälder um Kloster und See herum und die weiten Wiesen und Felder. Als hätte sich hier ein ausgeprägt romantischer Landschaftsarchitekt mit direkter Hilfe des lieben Gottes austoben dürfen.

Diese viel bewunderte Schönheit ist von Menschen gemacht, ist Kulturlandschaft, wobei die mühsamste, bahnbrechende Arbeit schon unter Abt Fulbert erledigt wurde, der dem Kloster von 1152 bis 1177 vorstand. Die Mönche hatten große Schwierigkeiten, neues Land unter den Pflug zu nehmen, der See war damals nicht fast kreisrund wie heute, sondern bestand aus vielen kleinen Wasserflächen und Mooren. Dort, wo heute Wiesen, Äcker und Obstanbau sich ausbreiten, war eine große, sumpfige Niederung.

Einer unter den Klosterbrüdern kam auf die geniale Idee, die Wasserfläche des Sees abzusenken. Sie gruben einen unterirdischen Stollen nach Süden durch die Umrandungshöhen und senkten das Wasser um einige Meter ab – und sie retteten dadurch das Kloster selbst, denn der Grundwasserspiegel war zu hoch und lag vom Baubeginn an höher als die Fundamente der Kirche.

Der Stollen, der die Absenkung des Sees möglich machte, wurde wieder entdeckt und ist streckenweise noch heute begehbar, achthundert Meter lang.

»Im Namen der Heiligen und ungeteilten Dreifaltigkeit:

Ich, Heinrich von Gottes Gnaden, Pfalzgraf bei Rhein und Herr von Laach, tun kund: Da ich kinderlos bin, habe ich unter Zustimmung und Mitwirkung meiner Gemahlin Adelheid zum Heil meiner Seele und zur Erlangung des ewigen Lebens auf meinem väterlichen Erbe, nämlich in Laach, zu Ehren der heiligen Gottesmutter Maria und des heiligen Nikolaus ein Kloster gegründet als Wohnsitz für solche, die die Mönchsregel befolgen…« So lautet der Beginn der Stiftungsurkunde des Pfalzgrafen Heinrich von Laach. 1093 begann er mit dem Klosterbau. Der Trierer Erzbischof Hillin konnte 1156 die Kirche weihen, das Kloster wuchs und gedieh, machte eine unendliche Reihe von meist politisch bedingten Krisen durch und endete dann wie viele dieser segensreichen Einrichtungen in der Säkularisation.

Das linksrheinische Gebiet wurde 1794 von den Franzosen besetzt und Frankreich angegliedert. Es wurde fast Regel, dass Ernten und Vieh von den Franzosen beschlagnahmt wurden, eine Zeit des Elends für Mönche und Bauern.

Das Ende des klösterlichen Lebens kam am 6. August 1802. Alle Wertgegenstände der Abtei (und das waren viele und kostbare) wurden im Kapitelsaal zusammengetragen und später nach Koblenz und Paris transportiert. Dann, als die Franzosen abrückten und die Preußen das Kommando übernahmen, war die Abtei preußischer Staatsbesitz und ihre Güter in der Landschaft Pellenz, dem südlich gelegenen Maifeld sowie an der Mosel wurden an Privatleute verkauft.

1820 erwarb der Regierungspräsident von Trier, Daniel Heinrich Delius, die Klostergebäude, den See und die wenigen umliegenden Ländereien. Delius wollte ein Rittergut aufbauen, war aber nicht bereit, die Kirche zu übernehmen. Was sollte er mit einer Basilika? 1840 ließ er, um weitere Ländereien zu gewinnen, den See um zehn Meter absenken, und das wiederum war eine Katastrophe mit großen Folgeschäden an dem romanischen Kirchenbau. Und wie im wirklichen Leben, in dem eines zum anderen kommt, brannte in der

Nacht vom 28. zum 29. Januar 1855 die Hauptfassade des Klosters gleich neben der Kirche bis auf die Grundmauern nieder. 1862 erwarben dann die Jesuiten den Besitz, nannten es Santa Maria ad lacum (Maria Laach) und errichteten ein Zentrales Studienkolleg für den europäischen Raum. Dieser Neubeginn dauerte nur elf Jahre, dann mussten im Kulturkampf die Patres, die Professoren, die Scholastiker und Brüder das Anwesen wieder verlassen. Im Juni 1892 boten die Jesuiten den Beuroner Benediktinern Maria Laach zur Wiederbesiedlung an. So geschah es.

Damit allerdings war die Anbindung an unsere Zeit noch nicht geschafft. Im Zweiten Weltkrieg war das Kloster ein Lazarett und musste anschließend total saniert werden.

Wenn Sie also auf diese so gelassen wirkende menschliche Ansiedlung blicken, vergessen Sie nicht, dass dieses benediktinische Kloster aus einer stark bewegten Geschichte kommt – und ohne die Gelassenheit seiner Patres wäre es nicht bis in unsere Zeit gelangt. Entscheidend war eine ganze bestimmte Bewegung, die vom Kloster Laach ausging. Es wurde zum Anliegen des Klosters, den Unterschied zwischen Laienbrüdern und Priestermönchen endlich aufzuheben, denn die Geweihten wurden verehrt, die nicht geweihten weniger. Man kann durchaus formulieren, dass es sich um so etwas wie Gleichberechtigung in der Kirche handelte – ein für die katholische Kirche selbst heute noch sicherlich sehr fremder Begriff.

Ganz gleich, wie Ihre persönliche Beziehung zu Gott aussieht: Gehen Sie in diese Kirche und atmen Sie die Jahrhunderte, und möglicherweise tut Ihnen die Stille gut. Und aus dem Prolog der Benediktregel dieser Satz: »Höre, mein Sohn, auf die Weisung des Meisters, neige das Ohr deines Herzens, nimm den Zuspruch des gütigen Vaters willig an und erfülle ihn durch die Tat.«

Das heutige benediktinische Kloster ist eine Ansammlung von Spezialisten. Gerade Handwerk und Kunst sind hier in

Maria Laach immer schon und immer wieder zu Hause gewesen. Ich erinnere mich an eine Anekdote aus meinem Berufsleben als Journalist. Der STERN schmetterte gleich mehrere Male ungewöhnlich gute Naturaufnahmen über diverse Doppelseiten. Und der Fotograf hieß immer Oswald Kettenberger. Mit dem, dachte ich, möchte ich mal eine Reportage machen. Ich wusste nicht, dass er ein Bruder des Laacher Konvents war, ein gewissermaßen klostereigener Fotograf von internationalem Ruf.

Wie bei den Benediktinern üblich verbringt der Mönch sein ganzes Ordensleben in ein und demselben Kloster, er lebt dort, er arbeitet dort, er wird dort alt, das ist sein Zuhause. Stark vereinfacht heißt die Regel: Bete und arbeite. Arbeit ist etwas Notwendiges, Arbeit dient auch der Ordensgemeinschaft, denn in der Benediktregel heißt es auch: Müßiggang ist der Seele Feind. Eine Binsenweisheit in einer Zeit, in der es so vielen Menschen so schwerfällt, auch nur stundenweise genüsslich faul zu sein.

Lernen, übrigens, können Sie das ausgerechnet im Kloster Maria Laach. Der heilige Benedikt hat schon gesagt, dass Gäste im Kloster niemals fehlen sollen. Ja, ganz richtig: Sie können dort Gast sein, sich selbst finden, mit klugen Leuten reden. Klopfen Sie einfach an und lassen Sie sich beraten, der Klosterbruder am Empfang wird freundlich sein.

Es gibt, und das wird Ihnen auffallen, handwerkliches und künstlerisches Können in sehr hohem Maß. Die Möbel, die die Patres bauen, wirken nicht nur exklusiv, sie sind es auch. Die Kunstschmiede sind exzellent, die Gärtner ausgesucht gut. Sogar Glocken gießen sie, und man kann erstklassigen Schmuck kaufen, kein Stück wie das andere.

Das Kloster war einstmals berühmt für Forschung und Lehre auf dem Gebiet der Liturgie. Das hat sich gewandelt. Die heute stark unternehmerischen Benediktiner haben derweil ganz andere Sorgen, die richtige katholische Engel betreffen. Man muss wissen, dass der Laacher klösterliche

Kunstverlag »Ars Liturgica« im Jahre des Herrn 1999 einen sechseinhalb Zentimeter hohen und 100 Gramm schweren Bronzeguss eines Engels in den Handel brachte und ihn einen »Handschmeichler« nannte. Bis heute konnte das Kloster 600 000 dieser Engel verkaufen – zehn Euro das Stück. Ganz recht: Wir reden über ein Millionengeschäft.

Wie aus heiterem Himmel schlug die Nachricht ein, dass irgendwer auf dem Sektor der Devotionalien einen beinahe gleichen Handschmeichler auf den Markt geworfen habe. Die Suche nach dem Produktpiraten konzentrierte sich anfangs auf China, aber diesmal war es eine Bronzegießerei im niederrheinischen Kevelaer, das mindestens so katholisch ist wie Maria Laach. Nun, die Laacher klagten und erfuhren schließlich von einem Richter des Oberlandesgerichtes: »Wir sind der Auffassung, dass dem Engel Schutz zukommt!« Die Laacher Benediktiner hatten also obsiegt.

Der Laacher See übrigens ist kein Maar, Gott erhalte mir die Zuwendung der spitzzüngigen Fachleute. Es hat die Katastrophe gegeben, dass vorlaute Werbemenschen den Laacher See als größtes Maar der Eifel bezeichneten und ihn platterdings der Vulkaneifel zuschlugen – was wissenschaftlich angeblich einer Schweinerei gleichkommt. Nachdem der Magmaherd sich spontan entleert hatte, brach dessen Decke ein – und so entstand der Laacher Kessel und an dessen tiefster Stelle der See. Es entstand eine grundwasser- und niederschlagsgespeiste Caldera – einverstanden, liebe Professoren?

Bei der Gelegenheit ist wichtig zu erwähnen, dass die gesamte Gegend um den Laacher See Vulkanland ist und dass der Ausbruch des Laacher Sees selbst nur einer der vielen unvorstellbar heftigen Vulkanausbrüche war, die hier in Jahrmillionen zu verzeichnen waren.

Ich würde Ihnen raten, sich für Maria Laach und Umgebung mehrere Tage Zeit zu nehmen, denn nicht nur der Laacher Kessel und die umliegende Natur sind umwerfend, es gibt auch kleine Täler zum Rhein hinunter wie das Brohltal und das Vinxtbachtal, die landschaftlich faszinierend sind. Hinzu kommen zauberhafte Orte mit zauberhaften Kneipen und Hotels – keine Gelegenheit zur Langeweile.

Und da wir nun beim Basalt sind, sind wir auch beim Bier.

Der Übergang mag Ihnen schroff und unverständlich sein, aber Sie werden gleich verstehen, dass man in der Eifel Basalt und Bier gewissermaßen als eine Einheit begreifen kann, vorausgesetzt, Sie fahren von Maria Laach die wenigen Kilometer bis Mendig. Und siehe da: Es liegt tatsächlich Bier im Basalt!

Das Bier im Basalt

Der Laacher See, wie schon erwähnt, entstand beim letzten Ausbruch des Vulkans genau 9080 Jahre vor Christi Geburt, und die Substanz, von der am meisten ausgestoßen wurde, war Bimsstein. Sie legte sich in einer mächtigen Schicht über die gesamte Umgebung – und wird noch heute abgebaut, was zu betrüblichen riesigen Wunden in diesem Landstrich führte. Man muss aber auch sagen, dass die Steine den Menschen in dieser Gegend über Generationen Arbeit und also Brot brachten.

Falls Sie sich der Wonne unterziehen, immer entlang dem Wasser, den Laacher See auf einer phantastischen Route zu Fuß zu umkreisen (etwa anderthalb Stunden, mit genügend Ruhemöglichkeiten für die Lendenlahmen), werden Sie am Ufer Blasen aufsteigen sehen. Da kommt Kohlendioxyd perlend hoch, und das heißt, dass der Vulkanismus im Augenblick eindeutig ruht, aber durchaus noch nicht erloschen ist.

An der Mendiger Wingertsbergwand (in ein paar Minuten mit dem Auto erreichbar) ist die Ablagerung der Vulkanaschen erschlossen. Sie können dort in einer vierzig Meter hohen Senkrechten schichtweise sehen, was sich abgelagert hat. Lesen Sie in der Erdgeschichte und erklären Ihren Kindern, wie das zustande kam.

Vielleicht ist eine Tatsache noch berichtenswert. Die gewaltige Explosion des Vulkans hatte zur Folge, dass vom Urwald, der hier Hunderte von Quadratkilometern bedeckte, nichts mehr blieb, dass sämtliche Fluss- und Bachtäler zum Rhein hinab innerhalb eines einzigen Tages schlicht verschwanden. Wir wissen das deshalb, weil Wissenschaftler bei Grabungen entdeckten, dass Baumstämme in den glühenden Gesteinen verbrannten und bis in die feinsten Verästelungen feststellbar blieben. Sie hinterließen Hohlräume.

Schon 1940 wurden der See und seine Umgebung unter Naturschutz gestellt, weshalb ich den Naturkundigen unter Ihnen mitgeben möchte, was Sie alles dort finden können. Laubwaldformationen wie Hainsimsen-Buchenwald und Perlgras-Buchenwald sind schließlich nicht alle Tage zu finden. Kommen hinzu die Alpen-Johannisbeere, das Ährige Christophskraut, das Nickende Perlgras, das Einblütige Perlgras, der Hohle Lerchensporn, der Gefingerte Lerchensporn. Und falls Sie den Widerbart entdecken, sollten Sie bitte zum Kloster rennen und das an der Pforte melden: Denn diese Pflanze ist leider in den letzten Jahren nicht mehr entdeckt worden. Dies zum Thema: Wir kriegen den Planeten schon kaputt.

Im Wasser finden Sie die Seerosengesellschaft, die Teichröhrengesellschaft, es gibt den Zungenhahnenfuß und die Wasserminze. Im See schwimmen Silberfelchen, die Ihnen im Restaurant als Kostbarkeiten auf den Teller gelegt werden. Haubentaucher, Wasserralle, Teichralle, Teichrohrsänger und Rohrammer können Sie beobachten. Und: Sie werden acht Libellenarten finden, wenn Sie sich behutsam bewegen. Ihre Kinder können sich ein Ruderboot mieten oder eines der so beliebten Tretboote. Sagen Sie ihnen, sie sollen sich dem Schilfgürtel vorsichtig nähern, da gibt es viel zu beobachten. Und geben Sie ihnen ein Fernglas mit, damit sie nicht stören müssen.

Zurück zum Basalt! Sie nähern sich also der Stadt Mendig und fragen am besten nach dem Bierkeller oder der Brauerei, oder dem Museum, denn die sind zusammen ein sehenswertes, touristisches Zentrum und basierten und basieren auf dem Basalt, gigantischen Lavaströmen, die in sechseckigen oder fünfeckigen Säulen senkrecht aus der Erde wuchsen – und dann von anderen Gesteinen und Erde wieder überlagert wurden.

Dieses Mendig muss schon im Altertum sehr begehrt gewesen sein, denn im Rückschluss auf längst vergangene Sprachen heißt Mendig: Steinort. Es kann als gesichert gelten, dass schon um 3000 vor Christi Geburt in diesem Gebiet durchziehende Menschengruppen den Basalt als Mühlstein benutzten. Man muss sich diese ersten Mühlen nicht als aufeinander kreisende Steinscheiben vorstellen, sondern mit Sicherheit als Basaltmulden, in denen man mit der Hand Basaltbrocken kreisen ließ und so die Getreidekörner zu Mehl quetschte. Von den Römern wissen wir exakt, wie das funktionierte, und eine weitere historische Mitteilung: Den römischen Legionären wurde das Korn nicht gemahlen geliefert, vielmehr besaßen sie Basaltsteine, zwischen denen sie das zugeteilte Korn mahlten, jeder ein kleiner Müller.

Etwa um 1840 waren die größten basaltischen Lavaströme unter Mendig abgebaut, und die Bayern machten sich ärgerlich bemerkbar. Die bayrischen Bierbrauer nämlich brauten einen Gerstensaft, der lagerfähig war. Und die rheinischen Bierbrauer brauten ein Bier, das schnell verdarb. Ganz rasch begriff man in Mendig, dass die Basaltkeller unter der Stadt eine ideale Lösung darstellten.

Bei der Gelegenheit ein Hinweis: Steigen Sie unter allen Umständen in diese Basaltwelt hinunter, denn so etwas können Sie auf diesem Planeten nur in Mendig erleben. Riesige, zusammenhängende Hallen, in denen es sommers wie winters immer plus sechs bis plus neun Grad kühl ist und in die man mühelos Dorfkirchen setzen könnte.

Um 1840 etwa waren es wieder Kirchenleute, die auf die Idee der Bierlagerung kamen: Die Herrenhuter Brüdergemeinde aus Neuwied, was schlagend beweist, dass fromme Kreise immer schon ein Händchen für Geschäfte hatten. Innerhalb von nur zwei Jahren folgten weitere 28 Brauereien. Und eine davon verlegte sogar den gesamten Brauvorgang in die Basaltkeller.

Im Jahre 1876 wurde allerdings schon der Untergang dieser hervorragend funktionierenden Kühlung eingeläutet, als ein gewisser Deutscher namens Linde die Kühlmaschine erfand. Das wirklich große Brauereisterben setzte nach dem Zweiten Weltkrieg ein, und heute ist uns in Mendig nur noch eine geblieben – und die beeindruckenden Keller aus Basalt sind Teil des Vulkanmuseums. Geblieben aber ist auch ein hervorragendes Bier, das ich Ihnen wärmstens empfehlen kann. Und – zwischen zwei Gläsern können Sie über 150 Stufen nach unten in den Keller marschieren. Einen Aufzug, dies für die Bewegungsarmen, gibt es auch, schräg gegenüber im Museum der Stadt. Die Tourismusfachleute entwickelten für diese Gegend ein neues deutsches Verb: vulkanen. Also, vulkanen Sie gut!

Aber Achtung: Im Winter ist diese Höhle nur beschränkt zugänglich, weil hier die größte Fledermauskolonie Deutschlands, nach Anzahl und Arten, überwintert und nicht gestört werden will. In der Beziehung sind die Eifler, Gott sei Dank, in den letzten Jahrzehnten richtig kleinlich geworden.

Noch ein Hinweis vielleicht, damit Sie eine Ahnung von den Größenordnungen bekommen. Wenn ich geschrieben habe, dass 29 Brauereien dort unten ihre Biere lagerten und eine sogar den gesamten Brauvorgang im Basalt laufen ließ, denn müssen Sie wissen, dass diese Basaltkeller runde vier Quadratkilometer groß sind.

Ich hatte ja bereits erwähnt, dass die Eifel ein Naturparadies ist. Da gibt es eine erzählenswerte Anekdote: In einem meiner Eifelkrimis habe ich erwähnt, dass in der Hillesheimer Kalkmulde (genauer: beim Steinbruch Kerpen) eine Orchidee der seltensten Art gefunden wurde. Die Pflanze wird grüner blasser Jüngling (oder so ähnlich) genannt, die lateinische Bezeichnung habe ich nicht (und bitte um Hinweise). Es handelt sich um eine Orchidee, deren Blüte tatsächlich grün ist. Ich erwähnte das in meinem Schmöker ganz nebenbei und ahnte die Folgen nicht. Wenig später rief mich ein befreundeter Eifler an und sagte atemlos: »Da sind Leute am Steinbruch, die klauen die Orchidee.« Ich wollte es nicht glauben und fuhr hin. Es waren zwei befreundete Ehepaare aus Oberhausen, die mit Plastikeimer und Spaten gut gelaunt unterwegs waren und ganz unschuldig an ihre Gartenpracht zu Hause dachten. Sie wollten die Blume, ganz vorsichtig, ausgraben und in den heimischen Vorgarten setzen. Und sie glaubten ernsthaft daran, dass das funktionieren könne.

Die Eifel ist also Orchideenland. Und von den etwa 60 Arten, die man in Deutschland findet, sind 36 bis 40 in der Eifel vertreten. Es gibt aber immer noch Leute, die sie pflücken und ihrer Angebeteten ins Väschen auf den Nachtschrank stellen. Das ist zwar in Grenzfällen verständlich, weil schließlich ein seelischer Rauschzustand gefeiert werden will, aber es wird dazu führen, dass die Eifel Kostbarkeiten verliert, denn die durchaus meisten Orchideenarten sind massiv gefährdet. Das ist nicht die Schuld der mit Eimern und Spaten anrückenden Naturliebhaber, sondern Entwässerung, Düngung, intensive Nutzung und Nadelholzaufforstungen haben das zur Folge. Erst in den letzten fünfzehn Jahren konnte der Trend des spurlosen Verschwindens ein wenig aufgehalten werden. Es gibt jetzt wieder Landschaften, in denen die Orchideen konsequent gepflegt werden.

Aber natürlich wollen Sie wissen, wo Sie denn diese unglaublich schönen Blumen finden können. Nun, das ist in allen Kalkgebieten der Eifel der Fall. Wenn Sie Begriffe wie Kalkmagerrasen, Buchenwälder, Feuchtwiesen, Borstgrasrasen, Sümpfe und Moore hören, dann wissen Sie: Dort könnte ich Orchideen bestaunen. Haben Sie aber den Mut, in den Informationszentren ausdrücklich danach zu fragen, denn es ist buchstäblich so, dass im vorigen Jahr noch diese oder jene Art zu sehen war, in diesem Jahr aber nicht mehr.

Bei der Gelegenheit ist vielleicht eine Bemerkung wichtig: Auf dieser Erde verschwinden pro Tag dreihundert Arten! Spurlos und unwiderruflich. So kann eine einzige Düngung, die ein Landwirt ausbringt, einen ganzen Bestand töten. Also bitte ich Sie um Vorsicht bei den blühenden Kostbarkeiten.

Ich erinnere mich: Wir waren bei den Fledermäusen und wollten andere Standorte nennen, neben den Basaltkellern in Mendig. Ich entschuldige mich für die dauernden Abschweifungen, aber es ist nun einmal so, dass in der Eifel die seltensten Blumen ausgerechnet dort zu finden sind, wo zwei Meter weiter Rennboliden mit 700 PS durch unsere Grüne Hölle schießen und dabei einen Lärm erzeugen, der sich mit dem von F-16-Phantom-Jets im blauen Himmel über der Eifel durchaus messen kann. Über derartige stählerne Himmelsgeschosse verfügen wir selbstverständlich auch. Schließlich war die Eifel jahrzehntelang der wichtigste hintere Aufmarschraum der NATO – als es noch darum ging, dass möglicherweise schon morgen der damals völlig verrückt gewordene Russe über unsere Heimat herfallen würde. Kalter Krieg nannte man das.

Nebenbei: Sie werden hier unmittelbar neben durchaus rasant verlegten Schnellstraßen über viele Kilometer hinweg schmale Betonbänder links und rechts der Pisten finden, die inzwischen fast allesamt als Zugabe für die geliebten Radfahrer ausgewiesen sind, die hier alljährlich zu Tausenden einfallen. Darauf sind wir sehr stolz, schlagen uns mächtig gegen die Brust, müssen aber um der Wahrheit willen darauf aufmerksam machen, dass ursprünglich diese schmalen Zugaben neben den wirklich imposanten Schnellstraßen als Überholspuren für Jeeps und sehr schnelle hohe Offiziere gedacht waren. Die sollten ja schneller vorwärts kommen als die Mannschaften auf ihren bulligen Trucks und die Panzerfahrer in ihren Kolossen.

Also: Fledermäuse! Selbstverständlich gibt es sie auch in anderen Gegenden der Eifel. Und an einem bestimmten Punkt in der Eifel gibt es fast nur Männchen dieser Tiere: Ausgerechnet in der NS-Ordensburg Vogelsang, die zum Zentrum des 14. Deutschen Nationalpark gemacht wurde und die jetzt großzügig ausgebaut und umgemustert werden soll.

Ganz richtig: Wir haben einen Nationalpark, mit dem untrennbar der Wunsch verbunden ist, endlich wieder Urwald werden zu lassen, wo einstmals über die Jahrhunderte Urwald war. Natürlich sind wir maßlos daran interessiert, dass die ganze Welt erfährt, welche Zusammenballung von Natur wir hier bieten, und zuweilen kommt die Welt uns entgegen und nimmt diesen jüngsten deutschen Nationalpark zur Kenntnis.

Am gründlichsten tat das die in München beheimatete ABENDZEITUNG, in der mein Kollege Elmar Jehn dankenswerterweise über diese Bemühungen hier in der Eifel berichtete und eine Headline fand, die die Unmöglichkeiten dieses lieblichen Landstrichs sehr deutlich machte. Jehn titelte: DIE EIFEL – ELDORADO DER FLEDERMÄUSE. Und dann fuhr er in einer sehr massiven Unterzeile fort: SIE HABEN DAS NÄCHTLICHE REGIMENT ÜBERNOMMEN, WO EINST DIE NAZIS IHREN BRAUNEN SPUK TRIEBEN. Es stimmt, wo einst der Nachwuchs der NSDAP herangebildet wurde, haben sich inzwischen die Fledermäuse niedergelassen und werden liebevoll umsorgt, auf dass kein Tier verloren geht. (Die als putzig beschriebene Art Großes Mausohr ist in Mengen vertreten.) Wir haben nicht das Geringste dagegen, auf diese drastische Weise angepriesen zu werden, aber von Spuk zu reden ist eindeutig zu harmlos. Für uns in der Eifel war das kein Spuk, für uns war das leider erlebte Geschichte, Realität.

Der Nationalpark Eifel sollte unbedingt ein Ziel für Sie sein. Es ist geplant, die Wälder generell im Naturzustand zu belassen und umgefallene Bäume nicht einmal anzurühren. Diese Vision ist geradezu kostbar, bringt mich aber auch auf die Idee, Ihnen klarzumachen, wie wir in Deutschland eigentlich mit Naturschutz umgehen oder umgehen sollten.

Es wird Sie interessieren, dass wir deutschlandweit entschieden mehr Schrebergärten haben als Schutzgebiete, und die durchaus meisten Schutzgebiete stellen Naturparks mit dem niedrigsten Schutzstatus dar. Das ist das, was bitter ironisch als »nette Landschaft für Touristen« beschrieben wird, wie die ehemalige Umweltministerin in Sachsen Anhalt, Heidrun Heidecke, formulierte. Insgesamt ergeben diese Gebiete etwa 30 Prozent der Fläche unseres Landes. Aber: Mit Wildnis hat das alles nichts zu tun, eher schon mit pedantischer Gartengestaltung. Die Kerngebiete der Nationalparks machen gerade mal 0,5 Prozent aller Flächen aus, im Grunde ein lächerlicher Anteil.

Ich nehme an, dass diese Überlegung bei meinen Eiflern mit relativer Gelassenheit aufgenommen wird. Sie sind immer wieder katastrophal durchgeschüttelt worden, die Pest hat sie befallen, in den trüben Zeiten der Hexenverfolgungen wurden hier Dörfer ausgelöscht, sie wurden Opfer ausländischer wilder Horden, die Europa verheerten, die modernen Kriege haben zu einem betrüblichen Teil hier stattgefunden, und letztlich waren sie das Armenhaus in einem Staate, der Preußen hieß. Sie waren rückständig, sagte man, bei allen modernen Errungenschaften standen sie ganz hinten in der Schlange derer, die etwas abhaben wollten von den angenehmen Zutaten moderner Zivilisation. Aber – und das macht sie so liebenswert – sie ließen sich niemals unterkriegen. Und ab 1965 etwa holten sie die hundert Jahre Rückständigkeit in zwanzig Jahren auf, sodass man schwindelig werden kann beim Anblick der vorwärtsstürmenden Horden aus der Eifel. Inzwischen hat das Tempo wieder leicht abgenommen, die Gelassenheit und zuweilen irritierende Ruhe dieses Bergvolkes hat sich durchgesetzt.

Wie sich das bemerkbar machte? Nun ja, zum Beispiel bei dieser kurzen Geschichte aus der frühen Zeit des Tourismus in diesem Landstrich. Es ist wohl dreißig Jahre her, dass ein Autohaus in der Eifel Besuch bekam. Ein leibhaftiger Prinz aus königlichem arabischem Geblüt fiel mit seinem Gefolge ein, er wollte sechzig Autos kaufen, und da gab es mancherlei zu besprechen. Irgendwann gegen Abend bat der königliche Abgesandte aus Arabien, man möge doch ihm und seiner Clique zu ein paar Hotelbetten verhelfen. Vierzig Betten wollte er haben. Der Autoverkäufer sagte erfreut sofortige Erledigung zu und rief den ersten Hotelier am Platze an. Interessant ist nun, wie der Hotelier reagierte: »Och, nee, Mattes«, wehrte er sich. »Guck mal, vierzig Betten nur für eine Nacht. Da muss dat Bärbel am Tag drauf vierzig Zimmer machen und vierzig Betten neu beziehen. Nee, dat wollen wir hier nicht!«

Damit war die Anfrage erledigt. Der Prinz zog mit seinem Tross ins nächste Städtchen, wurde willkommen geheißen und gab bei den erfreut antanzenden Kaufleuten des Gemeinwesens angeblich rund eine Million Mark innerhalb von zwei Stunden aus – für Schmuck, für Mode, für Haushalt und ähnliches Gedöns.

Es ist also generell bemerkenswert, dass die Eifler und ihre Besucher sich zu früheren Zeiten in einigen Punkten extrem unterschieden.

Ich habe jetzt die Orchideen erwähnt, die Nazis und die Fledermäuse, sehr merkwürdige Gastgeber in der Eifel. Nun muss Schluss sein mit den nebensächlichen Bemerkungen, sonst sind wir Weihnachten noch nicht in Trier. Ich schlage also vor, von den Bierkellern Mendigs stracks zur Kreisstadt Mayen zu eilen, über die weiß Gott viel zu sagen ist und die Sie in wenigen Minuten erreichen können.

Mayen und seine Weiber

Man wird mich todsicher bezichtigen, dieses kleine, quirlige Städtchen mit seinen mittelalterlichen Gassen gänzlich ohne Rücksicht auf geschichtliche Fakten beschrieben zu haben, aber das ist ein Vorwurf, mit dem ich locker leben kann. Die nackten Ärsche der Mayener Weiber jedenfalls sind für einen Schreiber allemal ein blendender Einstieg.

Es war in schweren Zeiten nach dem Dreißigjährigen Krieg, Rache spielte überall in Europa eine Hauptrolle, die Zahl der hemmungslosen Zerstörer ging in die Hunderttausende. Wieder einmal mussten die Menschen in der Eifel dafür herhalten, was habgierige Politiker und Landesherren ihnen eingebrockt hatten. Und wie üblich konnten die Eifler im Grunde nichts anderes tun, als beten und darauf zu hoffen, der bittere Kelch möge schnell an ihnen vorbeigehen.

Der Kurfürst Karl Kaspar von der Leyen in Trier hatte dem deutschen Kaiser Leopold I gegen Ludwig XIV beigestanden. In Münster und Osnabrück wurde der Westfälische Frieden geschlossen, und Ludwig XIV sann auf finstere Rache. Er ließ das gesamte Erzstift Trier ausplündern und verheeren, mal wieder blieb in der gesamten Eifel kein Stein auf dem anderen, und die Zahl der Toten konnte niemals genau festgestellt werden.

Es passierte am Laurentiustag 1673.

Die kleine Stadt Mayen, sorgsam gesichert durch eine komplette hohe Mauer, die übrigens heute noch besichtigt und bestiegen werden kann, sah sich einer massiven Belagerung ausgesetzt, und viel Hoffnung bestand nicht mehr. Unter dem Befehl des Marquis de la Trousse waren zehn Tage zuvor die feindlichen Truppen angerückt, um Mayen zu verheeren, zu schleifen und zu brennen und die Einwohner mit dem Tod und allen Übeln zu konfrontieren. Es waren 3500 Mann, davon zweitausend zu Pferde, ausgerüstet mit drei schweren Kanonen, »Feldstücken« wie man sie damals nannte. Alles in allem eine überwältigende Übermacht, gegen die die Mayener nicht die geringste Chance hatten.

Die Stadt hatte nur eine Besatzung von 130 Mann Trierischer Miliz und ihr Befehlshaber war der kaiserliche Hauptmann Johann Melchior Kob aus dem Geschlecht der Koben von Rüdingen in Bitburg. Er hatte zwar die Hilfe der Büchsenschützengesellschaft, der Bürger und vieler Flüchtlinge aus der Umgebung, aber gegen eine derartig überwältigende Übermacht hatte er keine ernsthafte Chance.

Am zehnten Tag, dem Laurentiustag, machten die Belagerten einen gänzlich unerwarteten Ausfall und fielen den Franzosen trickreich in den Rücken, wodurch die wieder einmal erhebliche Verluste hinnehmen mussten. Außerdem hatten sich die Franzosen durch ein merkwürdiges Theater auf den Mauern der Stadt ablenken lassen. Da gab es tatsächlich so etwas wie einen Striptease. Damit hatten sie nicht gerechnet, und der Marquis schäumte vor Wut und brüllte den Belagerten auf die Mauern wüste Beschimpfungen hinauf, was die wiederum mit einem lauten Lachen und Gekreisch erwiderten. Wie auch immer, der Franzose brach die Belagerung ab und verzog sich samt seiner gewaltigen Streitmacht.

Die Mayener auf den Mauern waren entzückt, und besonders das weibliche Hilfspersonal tat sich mit grellem Hohngelächter und einer standesgemäßen Verabschiedung hervor: Die Damen ließen erneut die Hosen runter, rafften die Röcke hoch und zeigten den abziehenden Franzosen ihre nackte Kehrseite. Und sie zeigten damit auch, dass niemand bei den Belagerten Hunger zu leiden hatte – die Hintern waren eindeutig prall und ohne jedes Hungerloch.

Die Mayener jedenfalls sind heiteren Gemütes und lieben

ihre Obrigkeit nicht. Das bewiesen sie auch dem Grafen von Virneburg, dessen Ländereien sie ausraubten, weil er in der Fehde mit dem Bischof von Trier ein paar Mayener Bürger ausgeraubt hatte. Dem Ritter Rullmann von Bell verbrannten sie das Haus und machten es dem Erdboden gleich. Und eines Tages stürmten sie, gänzlich ohne Ehrfurcht, das Kloster Maria Laach, in dem ungehorsame Mönche es gewagt hatten, ihren Prior einfach abzusetzen.

Nun sind wir also in dem Städtchen, das auch mit der »Mayenzeit« für sich wirbt, einer wirklich eleganten Umschreibung der Heiterkeit, die hier zu finden ist.

Zwanzigtausend Einwohner zählt man, die Zahl der mittelalterlichen Häuser ist groß, die kleinen Gassen sind geradezu eine Einladung an alle, sich einmal treiben zu lassen, von Herzen faul zu sein, Träumen nachzuhängen oder aber in schönen Läden die Garderobe aufzufrischen. Sie müssen allerdings nicht gleich die Hosen herunterlassen, wenn Sie den begehbaren Teil der Wehrmauer inspizieren wollen, um nachzuempfinden, wie das 1673 gewesen sein mag. Ein Paradies übrigens für Ihre Kinder, die auf diese Weise lernen, mit Geschichte umzugehen und sie spannend zu finden. Einstens gab es vier Tore, zwei stehen noch in alter Pracht.

Dann die Genoveva-Burg mitten in der Stadt, den ganzen Ort überragend, aus nahezu jedem Winkel sichtbar, benannt nach der Gemahlin des Pfalzgrafen Siegfried, der wunderschönen Herzogstochter Genoveva aus Brabant. Ihr ist auch die kleine Wallfahrtskirche Fraukirch zu verdanken, gleich um die Ecke, gewissermaßen vor Mayens Haustür auf dem Gebiet der kleinen Gemeinde Thür. Ein Chronist aus dem 15. Jahrhundert lässt uns wissen: Seht her, ihr Gläubigen, an diesem entscheidenden Punkt im damaligen Urwald ließ der Pfalzgraf Siegfried diese Kirche bauen, zu Ehren der Mutter Maria und zum Andenken an die großartige Genoveva.

Diese Fraukirch in Thür gehört zu den großen Überraschungen, die die Volkskunst in der Eifel hervorgebracht hat.

Fahren Sie die Hauptrichtung Kottenheim, dann werden Sie einen Hinweis auf die Fraukirch bekommen. Mitten in den Feldern liegt eine Gruppe uralter Bäume wie eine überraschende Insel. Es gibt die alte Kirche gegenüber von einem Barockgebäude, Sie fühlen sich in eine andere Zeit versetzt. In der Kirche stehen Sie vor einem hochragenden Altaraufbau, der ein großes, vielfarbiges Steinrelief trägt. In geradezu martialischer Detailtreue zeigt dieses Relief, gesäumt von farbigen Säulen, die Geschichte der Genoveva, die nämlich fast einer Intrige Golos, des Dieners ihres Mannes, der ihr Ehebruch andichtete, zum Opfer gefallen wäre, wenn mitleidige Knechte sie nicht hätten entkommen lassen. Das ist Volkskunst, das zeigt genau die Kleidung zu jener Zeit, von den Knopflöchern eines Wamses bis zu wehenden Helmbüschen und Hutfedern, kurze Pumphosen, fließende Gewänder. Ikonografische Feinsinnigkeiten können Sie nicht entdecken, das ist Realismus und deswegen ungemein kostbar.

Die Menschen in der Mayener Gegend waren immer schon angetan von den fruchtbaren Böden und wichtigen Bodenschätzen, also den Steinen in allen Qualitäten. Eindeutig ironisch heißt es in der gesamten Eifel: Wir sind steinreich! Die ältesten Spuren reichen bis in die Altsteinzeit zurück, also ungefähr zwölftausend Jahre, und so kann mit Sicherheit gesagt werden, dass alle früheren Menschen hier beim Ausbruch des Laacher-See-Vulkans ums Leben kamen. Wie auch alle anderen Lebewesen.

Das Gebiet wurde anschließend immer wieder und immer neu von Menschen in Beschlag genommen. Als Julius Cäsar um 50 vor Christus das Land eroberte, fand er hier eine hoch entwickelte (Stein-)Kultur vor und gab ihr durch typische römische Errungenschaften einen immensen Schub. Er begriff die Chancen von Steinmetzen, und er begriff die Chancen von industriellen Wegen. Es gab bereits ein Grubenfeld, in dem alle Steine von Bims über Schiefer bis Basalt gewonnen wurden, und er begriff, dass dieser Landschaft eines fehlte: ordentliche, gut befestigte Straßen, Transportwege. So ließ der Feldherr eine wichtige Verbindung bis zum Rheinhafen in Andernach bauen, wodurch es möglich wurde, alle Steinerzeugnisse in nahezu alle Zentren Europas zu verschiffen, und überall dort wurde Steinzeug aus der Mayener Gegend hilfreich und beliebt – und Jahrhunderte später gefunden.

Unmittelbar an die Zeit der Römer (etwa gegen 400 nach Christus) schloss sich eine europaweit nachzuweisende Töpferkunst an, deren größte Werkstätten bisher unmittelbar am Rhein gelegen hatten, jetzt aber sicherheitshalber ins Hinterland, also nach Mayen, verlegt wurden. Der Rhein war selbst auf der linken Seite nicht mehr sicher. Zu viele Stämme der Chatten lauerten darauf, den Fluss zu queren und römische Siedlungen zu überfallen. Im ganzen Alpenraum und auch in England fand man seither Töpferwaren aus Mayen, das Geschäft blühte.

Die ersten Erwähnungen dieser quirligen, lebhaften kleinen Stadt unter den Namen megina und megena stammen aus der Zeit um 943 und 1041. Wahrscheinlich geht der Name auf das keltische Wort magos zurück, was Ebene und Feld bedeutet.

Die Eroberung durch Cäsar hatte auch zur Folge, dass hier in späterer Zeit auf dem nahen Katzenberg eine Befestigungsanlage gebaut wurde, die in Teilen rekonstruiert worden ist und die Sie unbedingt besuchen sollten. Wahrscheinlich existierte dort eine ständige Wache der römischen Soldaten, die sich solche Erhebungen in der ganzen Eifel zunutze machten, weil von dort aus die römischen Besatzungen Signale weitergeben konnten. Im Übrigen war es eine Regel, dass diese Befestigungen in Notzeiten auch für die Zivilbevölkerung offenstanden. Kurzum, Wissenschaftler sagen uns, dass Mayen ein bedeutender römischer Etappenort war. Die Mayener sind also Fremde gewohnt, die Mayener sind geradezu begierig auf Fremde, wollten immer schon Neues erfahren. Und die Fremden heißen auch nicht mehr Fremde, sondern Besucher.

Etwa um das Jahr 1000, das ist sicher, war die Stadt eine lockere Ansiedlung verschiedener Mühlen und Höfe, die sich um eine ursprünglich kleine und wohl aus Holz gebaute Kirche gruppierten: die Clemenskirche.

Unmittelbar vor den Toren der kleinen Stadt sind mindestens 1300 Gräber gefunden worden, die schon sehr alt waren, als die Clemenskirche gebaut wurde. Und auch hier stoßen wir erneut auf eine Besonderheit der Eifel: Es gibt überall sehr alte Gräber, es gibt überall Siedlungsreste, es gibt überall römische Landhäuser und auch die deutlichen Spuren ganzer Dörfer, die irgendwann einfach verschwunden sind. So liest man in wissenschaftlichen Abhandlungen durchaus den Satz: »Hier bestatteten die Kelten nach zentraler Einäscherung kleine Urnen mit Trachtenbestandteilen wie Fibeln und Nadeln. Neben Lanzen und Schwertern wurden Hämmer und Reibsteine gefunden. Den nachfolgenden Römern konnten 700 Grabstätten zugeordnet werden, von den Franken konnten 600 Gräber freigelegt werden.« Dann bekommt der aufmerksame Leser die Nachricht zugeschoben: »In der Nähe der Fraukirch wurden durch Luftbilder deutliche Grundrisse von Gebäuderesten einer großen Siedlungsanlage bekannt... Das gesamte Areal wurde von einer Mauer umgeben. Es handelt sich um ein bedeutendes archäologisches Denkmal, auch wenn an der Erdoberfläche zumindest für den Laien nicht viel zu erkennen ist.«

In uraltem Kulturland wie der Eifel ist das Phänomen häufig: Die Fachleute wissen genau, wo Friedhöfe lagen, wo einzelne Gebäude, wo landwirtschaftliche Höfe, wo ganze Weiler und Dörfer, die aus irgendeinem Grund scheinbar spurlos verschwanden. Fotografien aus Flugzeugen sind die besten Zeugnisse, weil sie Grundrisse erkennen lassen, Straßen, Wege, Einfriedungen, Gebäude. Da fragt der Laie sofort, warum wurden diese Funde nicht ausgegraben? Die Antwort ist einfach: Da fehlt das Geld. Für eigentlich todsichere Ausgrabungen (weil klar ist, wo wir graben müssen) müssten in der Eifel große landwirtschaftliche Flächen brachgelegt werden und ganze Wälder verschwinden. Und derart geschichtsbesessen sind denn die Eifler auch wieder nicht.

Da hat unser Besucher sofort die Frage, wie, um Gottes willen, ist denn erklärbar, dass ein Dorf zum Beispiel aus nicht erkennbaren Gründen schlicht verschwand? Die Antwort lautet: Es gab in der Eifel zwei trostlose Möglichkeiten. Die erste ist die, dass die Bewohner zu Zeiten der Pest restlos ausgerottet wurden. Das ist in Zweifelsfällen beweisbar, aber nicht immer. Kommt der zweite Grund hinzu: Die Eifel war einstmals das Armenhaus im westlichen Grenzland zu unseren Nachbarn. Vor allem im neunzehnten Jahrhundert entschlossen sich viele, vor allem ganz arme Bauern, zur Auswanderung. Es ging vor allem in die Vereinigten Staaten.

Betrachten wir die Genovevaburg, die hoch über Mayen thront und unter der ein Schieferbergwerk betrieben wurde, in das Sie heute noch einfahren können. Das sollten Sie sich auf keinen Fall entgehen lassen.

Die erste Ansiedlung von Menschen in dieser Gegend wird von der Wissenschaft auf etwa 3000 v. Chr. datiert. Im Jahre 1280 ließ Erzbischof Heinrich von Finsterlingen die Genovevaburg über dem Marktplatz als Schutzburg errichten, der 34 Meter hohe Goloturm, der auf den verräterischen Diener des Pfalzgrafen, Golo, hinweist, ist noch heute steinernes Wahrzeichen. Die Stadt bekam 1291 die Stadtrechte. Die Burg übrigens wurde dauernd teilweise oder nahezu ganz zerstört, wieder aufgebaut, wieder zerstört, sodass man die rechten Ausmaße der ursprünglichen Anlage gar nicht mehr erkennen kann. Das gilt im Übrigen auch für das Schieferbergwerk unmittelbar unter ihr, das sich gegen Ende des Zweiten Weltkrieges als sehr heilbringend erwies, weil die Stadt kurzerhand das Bergwerk mit Beschlag belegte, denn die Angriffe der alliierten Bomber wurden so gnadenlos, dass man die Bevölkerung zum Schutz in die Stollen brachte. Mayen überlebte also im Schiefer.

Schiefer ist ein ganz besonderer Stoff, der zudem in der Eifel auf ein uraltes Problem hinweist. Bevor es Dachziegel aus Ton und allen anderen möglichen Materialien gab, litten nahezu alle Dörfer in der Eifel unter einem massiven feuertechnischen Problem: Die Häuser waren mit Stroh gedeckt und brannten, wenn die Deckung noch relativ neu war, wie Zunder. Nur ganz selten brannte ein Haus allein ab, in der Regel fanden die Flammen sofort den Weg zum nächsten Haus und weiter zum nächsten. Brannte ein Haus, so brannte nicht selten das ganze Dorf ab.

Selbstverständlich wussten die Eifler, dass sie sich mithilfe des Schiefers aus Mayen hätten helfen können. Aber: Die Dachdeckung mit Schiefer war immer schon ein bisschen teurer, das konnte wirklich niemand der Bauern bezahlen. Im 19. Jahrhundert wussten alle Landräte in der Eifel, dass man die Strohdächer sofort abschaffen musste, wollte man nicht bei jedem Brand ein Chaos riskieren. Aber erst nach 1900 wurden die Strohdächer rigoros per Erlass verboten.

Schiefer ist ein ganz besonderer, ein elitärer Stoff. Wir nennen ihn in der Eifel unser blaues Gold. Schiefer entstand vor rund 400 Millionen Jahren auf dem Grund des Devonmeeres durch einen geradezu gigantischen Druck des Wassers auf die Ablagerungen am Meeresboden. Als später dann im Zuge der Auf- und Abfaltungen der Landmassen Gebirge sich hochwölbten, kam Schiefer an nur wenigen Orten der Welt senkrecht oder schräg gelagert aus der Tiefe. Der Moselschiefer aus Mayen, deswegen so genannt, weil auch die Weinberge an der Mosel aus diesem Stein geformt sind, machte die kleine Stadt buchstäblich weltberühmt. Und noch heute gibt es eine Firma, die komplette Pakete mit schiefergedeckten Häusern anbietet, in denen auch die Küchen mit elitärem Schiefer ausgelegt werden, aber auch Badezimmer, denen Schiefer richtig guttut. Der Stoff war – wie erwähnt – schon immer ein bisschen teurer, garantiert aber von Bestand über Generationen hinweg und hat etwas von zeitloser Eleganz.

Dann ist noch zu erwähnen, dass das Museum eine eigene Route anbietet und in seinen Mauern eine Geschichte der gesamten Eifel erzählt. Es geht um die Landschaft, die Herrschaft, die Menschen, ihre Arbeit und ihren Glauben. Dann das Grubenfeld, das Sie sich unter keinen Umständen entgehen lassen sollten. In der Adorfhalle und gleich daneben finden Sie Bergbaugeschichte aus zwei Jahrtausenden. Aber auch ganz moderne Kunst ist zu sehen. Die Ausstellung LAPIDEA nicht zu vergessen, die im Vulkanpark alle drei Jahre moderne Künstler einlädt, die aus Eifelsteinen ihre Träume und Vorstellungen formen.

Was da für Menschen wohnen? Nun ja, sie sind witzig, diese Mayener, erzählen gern, übertreiben auch mal, und sie sind von einer erschreckend offenen Gradlinigkeit, und ihr vornehmster Vertreter heißt Mario Adorf. Der verlebte dort seine Kindheit und Jugend und hat eindringlich darüber geschrieben. Ich rate Ihnen, in einem Buchladen eine Portion Adorf zu besorgen und sich wie zu Hause zu fühlen. Mit Adorf geht das.

Ritter und edle Burgfräulein

Von Mayen aus können Sie zwei Burgen anfahren, um die uns die ganze Welt beneidet: Schloss Bürresheim und die Burg Eltz. Wir haben in der Eifel wahrlich Burgen genug und verfallenes Gemäuer zuhauf, aber diese beiden sind einmalig: unzerstört im alten Gewand und von außen nach innen zu besichtigen. Das ist nicht nur etwas für Ihre Kinder, das ist auch etwas für Ihre eigenen Eltern. Ich schlage also kurzerhand einen Drei-Generationen-Ausflug vor. Und wenn Sie nicht beeindruckt sind, erstatte ich Ihnen die Eintrittsgelder – leichtsinnig, wie ich bin.

Das Schloss Bürresheim liegt versteckt, abseits jeder großen Straße. Gäbe es keine Hinweisschilder, würden Sie es möglicherweise gar nicht finden. Es beherrscht ein kleines, schmales Tal dicht am Zusammenfluss der Nette und der Nitz und war ununterbrochen sieben Jahrhunderte lang bewohnt, was – europäisch betrachtet – schon ziemlich einmalig ist. Sie können hier sehen, wie Menschen in anderen Jahrhunderten lebten, was sie trieb, wie sie gewohnt haben, wie ihr Alltag aussah, und wie ihre Möbel gefertigt waren. Es ist eine Reise von der mittelalterlichen Wehrburg bis hin zum romantischen Refugium – und das alles in einem einzigen Bau vereint.

Wenn man in der Geschichte Deutschlands zurückblättert, die Kriege des 17. und 18. Jahrhunderts bedenkt oder gar die vandalistischen Auswüchse der Französischen Revolution in Rechnung stellt, ist das, was man da vor sich sieht, ein wahres Wunder, gewissermaßen so, als habe eine gnädige Riesenhand die Burg jedes Mal versteckt, wenn Gefahr drohte. Und es drohte immer Gefahr, und meistens rührte die aus den ungeheuer dramatischen gesellschaftlichen Umwälzungen her.

Das vieltürmige Schloss Bürresheim mit seiner weltberühmten Ausstattung aus vielen Jahrhunderten war im Normalfall niemals als ein Ort gedacht, in dem Touristenmassen sich treffen würden. Weil das aber jetzt so ist, muss erwähnt werden, dass das erst 1921 nach einem tödlichen Unfall überhaupt denkbar war. Damals raste Marie Louise von Renesse, letzte im Schloss residierende Gräfin, mit ihrem Automobil in einen Pferdewagen und starb. So unglaublich es klingt: Seit fast achthundert Jahren hat in diesem bemerkenswerten Gebäudekomplex immer feudales Leben geherrscht. Zurück blieb ein Ensemble von Wehr-, Wohn-, und Repräsentationsbauten, und viele dieser hochadligen Bewohner trugen in ihrer Zeit Einrichtungen zusammen, die niemals aus dem Fenster geworfen, stattdessen gehegt und gepflegt der nächsten Generation übergeben wurden. So können Sie durchgehend vom 12. bis zum 17. Jahrhundert sehen, wie der Adel lebte.

Dabei startete das Unternehmen Schloss Bürresheim unter dem Zeichen von totaler Zerstörung bis hin zur Brandschatzung: Nachdem Heinrich, der zweite namentlich bekannte Besitzer der Burg (sie wurde 1157 zum ersten Mal erwähnt), um 1190 die Burg an den Kölner verkauft hatte, erwarb auch der Kurtrierer Erzbischof einen Teil der Anlage. Natürlich fand unter diesen beiden Herscherhäusern kein gemeinsamer Ausbau oder Umbau statt, im Gegenteil, sie mochten sich nicht. Und also gab es seitdem eine Kölner Burg und – nicht einmal einen Steinwurf entfernt – eine trierische Hälfte, die sich jahrhundertelang völlig getrennt gegenüberstanden. An verschiedene Edelgeschlechter verliehen, wurde die Anlage im 13. bis 16. Jahrhundert als Ganerbenburg ausgebaut. Und dann tauchten die derer von Breitbach auf, die sich um 1659 als Alleinbesitzer durchsetzen konnten. Und dieser Familie gelang es, den Ostteil der Burg mit dem Westteil durch den sogenannten Kapellenbau zu verbinden – und erst dann wurde es das Schloss, das Sie heute besichtigen und bestaunen können. Das ist deutsche Burgenarchitektur vom Feinsten.

Sie gehen durch den tunnelartigen Gang in den Innenhof. Der Burghof wartet mit einer spätgotischen Fassade auf Sie, den Arkaden der Sommerküche, dem romantischen Bergfried, dem barocken Prunkportal und den malerischen Fachwerkgiebeln von Vogts- und Amtshaus. Hier beginnen auch die lohnenden Führungen durch das Schloss. Sie werden in den Fluchten von Sälen, Zimmern und Gängen mit einer schier unerschöpflichen Fülle an Ausstattungsstücken von der Spätgotik bis zum Barock konfrontiert. Und oben im Marschallzimmer treffen Sie auf die zwei Rundscheiben im Erkerfenster im spätgotischen Palas, überaus seltene Stücke profaner Glasmalerei (ungefähr um 1490). Ihre Entwürfe werden dem unbekannten »Meister des Hausbuches« zugeschrieben. Der Mann war im süddeutschen Raum berühmt, arbeitete auch in Mainz, wo der Bruder des Johann von Breitbach Domherr war. Eingefügt sind die Wappen des Johann und seiner Frau Loretta von Schönbach, eingefasst von Liebesgartenszenen und verschlungenem Geäst mit Tieren und grotesken Figuren.

Und natürlich gehört zu diesem Schloss auch ein geheimnisvoller unterirdischer Gang, den Sie in der sogenannten Genovevahöhle betreten können. Fahren Sie nach Ettringen und lassen Sie sich den Weg zur Höhle zeigen. Sobald Sie einen rechts aus dem Wald herausragenden Felsen mit einer Aussichtskanzel sehen, sind Sie am Ziel. Neben dem Nerother Kopf und den Eishöhlen bei Birresborn (zu denen ich später komme) ist dies das dritte schaurig-schöne Eifelszenario, das man sich nicht entgehen lassen sollte. Die Höhle führt nur 20 Meter in den Berg, aber ein gewisser Carl Wilhelm Nose beschrieb in einem Buch, dass er mit einem Förster um 1790 hier war, der steif und fest behauptete, dass es einen unterirdischen Gang gebe, dem man nur eine Stunde Weges folgen müsse, um in einem Kellerraum des Bürresheimer Schlosses zu stehen. Das sind so die Geschichten, um die uns Hollywood beneidet.

Von diesem Schloss Bürresheim aus können Sie auf einer ganz schmalen Straße durch das sehr reizvolle Welschenbachtal nach Kirchwald und weiter nach Langenfeld und Jammelshofen fahren. Sie sind dann in der Hohen Eifel, im dicht bewaldeten Bergland um die Hohe Acht und die Nürburg, die über der einstmals längsten Rennstrecke der Welt thronen. Es sind die höchsten bewaldeten Erhebungen dieser Landschaft, und gleichzeitig sind das die ältesten Tertiär-Vulkane. Die Vulkane der Hohen Eifel sind vergleichsweise Mumien, deren Feuerschlote bis weit in die Magmakammern ragen. Kleinstkinder dagegen die Maare, in zeitlicher Relation betrachtet.

Bevor wir dort am Nürburgring vorübergehend zu Gast

sein werden, lassen Sie mich eine zweite Burg vorstellen, die im Grunde noch viel verrückter als Schloss Bürresheim ist. Die Burg Eltz.

Jedes Mal, wenn ich vor dieser Burg stehe, überfällt mich der Verdacht, dass Walt Disney eines Tages die Eifel besuchte, einen Film drehte und anschließend vergaß, die Burg Eltz wieder abzuräumen.

Es sind acht Wohntürme, die da steil aufragend in den Eifelhimmel wachsen. Und dieses kostbare Stück ist schon älter als 850 Jahre und war – wie Schloss Bürresheim – immer bewohnt. Da steht man denn einigermaßen fassungslos.

Diese Burg ist auf einem Grund gebaut worden, der nichts anderes ist als eine Felsnase mitten im Tal des Eltzbaches. Und die Erbauer und Zubauer und Umbauer hatten im Laufe der Jahrhunderte einen Grund und Boden zur Verfügung, der eine Länge von etwa sechzig Metern nicht überschritt und eine Breite von etwa vierzig Metern hatte. Auf dieser Unmöglichkeit erbauten sie einen in den Himmel ragenden Überfluss an Türmen und Türmchen, an Häusern und Kapellen, den man nicht für möglich hält. Ironisch hat der jetzige Vertreter des Hauses Eltz, der dort nicht wohnt, sondern als Berater des internationalen Kapitals in Frankfurt/Main tätig ist, geäußert, es handele sich um eine der ersten Wohngemeinschaften des späten Mittelalters. Auf eine erheiternde Weise stimmt das, denn jede Linie der ehrbaren Adeligen schuf sich in der Burg eine eigene Burg, was zu geradezu überquellendem Formenreichtum führte. Aber die ganze Sache ist nur zu verstehen, wenn man etwas über die Geschichte dieser WG erfährt.

Betrachtet man den Grundriss dieser Burg, diese irrwitzig kleine Fläche auf dem Basalt im Eltztal, wird man gezwungen, in Etagen zu denken. Und tatsächlich rauben die steil abfallenden Mauern Leuten mit Höhenangst durchaus die Nerven, man misst sechs Geschosse und sieben Geschosse – kommt auf das Haus und auf den Turm an. Und man kann auf herausragenden Söllern stehen und in den Abgrund blicken – weil da nichts ist, außer ganz unten der Eltzbach.

Dabei – und diese Freude muss ich Ihnen nehmen – ist das Gebilde im klassischen Sinne nicht einmal eine Burg, sie ist architektonisch und historisch ein Sonderfall. Sie hat keinen Palas (Hauptgebäude) und keinen Burgfried (Großer Hauptturm, bzw. Wohnturm), sie besteht aus einer Aneinanderreihung vielgestaltiger Turmbauten, von denen bei genauer Betrachtung keiner dem anderen gleicht. Auf dem Grundriss mit Erläuterung liest man etwas von Zwingeranlagen, von Platteltz, vom Amtmannsgärtchen, von Kempenicher Häusern, Rodendorferhäusern, Remisenbau, Goldschmiedehaus. Aha, denkt man, kann sich aber nicht so richtig in das architektonische Durcheinander hineinversetzen.

Diese Burg, das ist die Begründung, war eine Ganerbenburg. Und wir müssen weit zurückgehen, um das aufzulösen. Genauer bis zu Friedrich mit dem roten Bart, genannt Barbarossa. Der nämlich hat im 12. Jahrhundert eine Urkunde unterschrieben, in der diese Burg genannt wurde. Damals teilt sich das Haus derer von Eltz in drei Linien, die sich nach ihrem Wappen Eltz vom goldenen Löwen, Eltz vom silbernen Löwen und Eltz von den Büffelhörnern nennen. Alle drei besitzen als Ganerben gemeinsam Burg Eltz, das heißt: Schon damals sind sie Mitglieder einer mittelalterlichen Erben- und Wohngemeinschaft.

Nun wollen Sie endlich wissen, was denn eine Ganerbenburg ist. Ein Ganerbe ist im älteren deutschen Recht der an einem Familienbesitz erbberechtigte familienangehörige Miterbe. Später sind Ganerbschaften auch vertraglich festgelegt worden, und zwar häufig mit Leuten, die nicht zur Familie gehörten.

Um 1268 saßen also drei Linien der Familie auf dieser Burg. Für die Unterhaltung von Toren, Brunnen und Wehranlagen waren sie gemeinsam zuständig. Die sonst in der Eifel üblichen und häufig sehr brutalen Auseinandersetzungen unter

Erben hat diese Familie erstaunlich diplomatisch vermieden. Und so entstanden vom 12. Jahrhundert an bis etwa 1650 mehrere Residenzen von verschiedenen Linien der Familie in insgesamt sieben Wohntürmen, jeder eine kleine Burg für sich selbst und alle auf dem gleichbleibenden winzigen Grundriss. Sie hatten keine andere Möglichkeit, als in die Höhe zu bauen.

Da nun jede der Familien auf eine möglichst repräsentative Art bauen ließ, ergab sich hier auf beinahe grotesk kleinem Raum eine Überfülle reizvoller architektonischer Details. Im Burghof werden Sie überwältigt sein von dem Formenreichtum der Türme und Portale, der Fensterfronten und Fachwerkgiebel, der vorragenden Erker und der steilen Dächer – die übrigens alle mit Schiefer gedeckt sind.

Ist diese Burg jemals erobert worden? Ja, ist sie. Aber nicht im kriegerischen Streit, sondern durch Aushungern nach zwei Jahren der Belagerung. Das war im Jahre 1333, und die Geschichte dieser Belagerung ist des Erzählens wert. Denn die Burg wurde wie durch ein Wunder nicht zerstört.

Damals herrschte in Trier ein recht brutaler Machtpolitiker, der Erzbischof Balduin. Das Ziel dieses Mannes war der Sieg über die sogenannten reichsfreien Ritter. Er musste den Weg von Trier entlang der Mosel nach Koblenz freikämpfen, und dabei waren ihm massiv die Ritter von Waldeck, Schöneck und Ehrenburg im Weg. Diese drei beherrschten Zugänge zur Mosel aus dem Hunsrück. Sie bedrohten, zusammen mit den Rittern von der Eltz auf der Eifelseite, den freien Weg an der Mosel entlang, eine für das Erzbistum lebenswichtige Verkehrsader. Diese vier Rittergeschlechter hatten sich zu einem Schutzbündnis zusammengetan. Sie verpflichteten sich, neben ihren Burgbesatzungen fünfzig schwer bewaffnete Reiter zu stellen, wenn einem von ihnen Krieg und Angriff bevorstanden.

So viel tatkräftiger Widerstandsgeist ging dem Bischof entschieden zu weit. Noch im gleichen Jahr, 1331, begann er mit einem Feldzug gegen das Ritterbündnis. Es kam zu der berühmten Eltzer Fehde. Balduin schätzte die Eltzer richtig ein, also energisch und streitlustig. Mit einem geradezu unvorstellbaren Kraftakt schloss er Burg Eltz ein. Er ließ auf einem vorspringenden Felsen eine eigene Burg nur für die Belagerung errichten, die sogenannte Trutzeltz. Diese Burg lag höher als die Burg Eltz, sodass die Belagerer Burg Eltz von oben sahen. Sie schossen mit gewaltigen Steinkugeln auf die widerspenstigen Ritter (Sie können einige dieser Steinkugeln in der Burg heute noch sehen). Aber erst zwei Jahre später, also 1333, musste die Eltz ihre Niederlage eingestehen, die Burgbesatzung war nahe am Verhungern. Es gab sicherlich niemanden auf der Burg, der nicht felsenfest überzeugt war, dass die Sieger die Burg jetzt schleifen würden. Anzünden und Zerstören lautete dabei das Motto. Und genau das passierte nicht. Stattdessen wurde 1336 am 9. Januar die »Pax de Eltz« geschlossen, die Ritter mussten ihr Bündnis aufgeben, und plötzlich waren die von Eltz ein Lehen des Trierer Bischofs.

Als Mitte des 19. Jahrhunderts die Linie Eltz-Kempenich Alleinbesitzer der Anlage wurde, ließ sie um 1850 die ganze Burg renovieren, und heute steht Ihnen die gesamte Anlage zur Verfügung, denn auch die Inneneinrichtung wurde über die Jahrhunderte nicht angerührt. Die Phantasien Ihrer Kinder, wie denn wohl das Leben der Ritter ausgesehen haben könnte, werden hier noch übertroffen, und ich kann nur einige wenige Glanzpunkte nennen, weil über diese Burg ganze Bücher geschrieben wurden.

Den Waffensaal mit einer in den Türkenkriegen erbeuteten Waffensammlung sollten Sie sich nicht entgehen lassen, auch nicht den Rübenacher Untersaal mit einer Gemäldesammlung. Sie können dort ein Werk von Lucas Cranach dem Älteren sehen. Dann das weltberühmte Rübenacher Schlafgemach, vollkommen mit Blüten und Rankenwerk ausgemalt. Darin ein um 1520 entstandenes Stufenbett mit einem geschnitzten Baldachin. Angrenzend ein freskengeschmückter Kapellenerker mit kostbaren Glasfenstern aus dem späten 15. Jahrhundert. Das Kurfürstenzimmer mit französischen Gobelins, ein Rittersaal mit Prunkrüstungen des 16. Jahrhunderts finden Sie in den Rodendorfer Häusern. Ein architektonisches Meisterstück ist der Fahnensaal mit seinem reichen spätgotischen Netzgewölbe.

Was die Unterhaltung dieser Pracht pro Jahr kostet? Nun, die zurzeit tonangebende Dame des Geschlechtes, mit Hauptsitz in Frankfurt/Main, gibt freundlich Auskunft. Sie sagt, dass die jährlich heranströmenden Besuchermassen mit etwa 300 000 bis 400 000 Personen »gerade so eben mal« die ständig anfallenden Kosten tragen.

Nun muss ich hier im Maifeld, abgesehen von Bürresheim und Eltz, noch einige Anmerkungen machen, denn sonst würde jeder Kunstbegeisterte dem Autor zu Recht einige Vorwürfe machen. Fahren Sie einmal Saffig an, denn dort wird Ihnen ein Werk Balthasar Neumanns vorgeführt, nach dessen Plänen der ebenfalls in Süddeutschland wirkende Johannes Seiz von 1738 bis 1742 einen Kirchenbau schuf, bei dem man sich unwillkürlich nach Franken versetzt fühlt. Tatsächlich könnte diese Kirche in einem der malerischen Dörfer am Main stehen.

Auf ein sehr hübsches Ortsbild mit vielen Fachwerkhäusern treffen Sie in Bassenheim. Nicht vergessen: Gehen Sie in die Kirche und sehen Sie sich das Reliefbild des heiligen Martin zu Pferde an, von dem Dehio als »einzigartig« schwärmt und fortfährt: »... Das um 1239 entstandene Werk des Naumburger Meisters gehört zu den größten schöpferischen Leistungen deutscher Klassik der Stauferzeit.« Wie Sie sehen können, ist noch im letzten Winkel dieser eigenwilligen Eifel Großartiges zu finden.

Wenn Sie dann von Bassenheim zurück nach Plaidt fahren, von wo es über Ochtendung nach Lonnig weitergeht, passieren Sie im Nettetal die Burg Wernerseck, die weit über die

Höhen ragt. Sie ist eine der letzten rheinischen Höhenburgen und wurde vom Trierer Erzbischof Werner von Falkenstein als vorgeschobene Festung gegen das kurkölnische Andernach gebaut, die Eifel wimmelte halt von sehr martialischen katholischen Priestern, die lieber das Schwert gürteten als den Strick der Mönche. Ein beeindruckend großes, massives Bauwerk. Die Hauptburg war fünfeckig, der Bergfried riesig und drohend. Bei dieser Burg muss man darauf hinweisen, dass das Mauerwerk so dick war, dass man auch mit den damals gebräuchlichen Kanonen keine wirkliche Bresche hineinschießen konnte. In der Eifel gilt der Krieg durchaus nicht als Vater aller Dinge, aber bei vielen Dingen hat er eine Rolle gespielt.

Unheil über der Eifel

Beruhigen Sie Ihre Kinder, zunächst keine langweilige Kirche mehr. Ich habe eine spannende Geschichte zu erzählen.

Wenn Sie von Naunheim hinüber nach Münstermaifeld fahren, so wird Ihnen das Städtchen an einem dunstigen Sommertag oder einem leicht nebligen Herbstmorgen wie eine Hommage ans Mittelalter vorkommen. Über den geduckten, den Hang hinaufgebauten Häusern erhebt sich das gewaltige Westwerk der ehemaligen Stiftskirche. Sie liegt auf dem höchsten Punkt des Maifeldes und beherrscht mit ihrer Turmgruppe die ganze Landschaft. Über vierzig Kilometer im Umkreis bis weit in den Hunsrück hinein ist sie sichtbar – ein Symbol für die Macht der Kirche in vergangenen Jahrhunderten und leider auch für geschichtlich sehr düstere Zeiten.

Alles begann mit einem historisch verbürgten Irrtum. 1690 rückte der französische General Boufflers an die Mauern der Stadt, der Mann war für seine Brutalität bekannt. Als Tage später der ganze Ort in Flammen aufging, war nichts mehr zu retten. Unglaublich, aber wahr: Der General hatte Münstermaifeld mit Münstereifel verwechselt. Und dieses Feuerchaos war nur das schreckliche Ende eines unbeschreiblichen Elends, das diese Stadt und ihre Bewohner jahrelang hinter sich gebracht hatten.

Diese Geschichte ist brutal, wie so oft in der Eifel. Das hat mit diesem ungeheuer eindrucksvollen Kirchenbau nur bedingt zu tun. Hier stoßen wir auf ein Problem, das in der ganzen Eifel zu finden ist: die Hexenprozesse im späten Mittelalter. Die für verbrannte, hingerichtete Frauen, Männer und sogar Kinder stehen, von denen die meisten ihr ganzes Leben lang absolut nichts Böses getan haben. Und es ist kein Trost, wenn ich betonen muss, dass das auch im gleichen Umfang in evangelischen Landschaften der Fall gewesen ist.

Dieses Münstermaifeld war bereits im 6. Jahrhundert ein Zentrum der Mission in der südlichen Eifel. Im 9. Jahrhundert vermerkte man »fratres in loco sancti Martini«, also Ordensbrüder an der St. Martinskirche. Mit diesen frommen Männern tauchten in das »Meynefelds«, wie es damals genannt wurde, Bildung und Kultur ein. Ein Mann namens Geramnus wird im Jahre 1052 der erste Probst des Stiftes, das nun einen sehr schnellen Aufschwung nahm. Das Stift war bald so mächtig, dass es dem Papst trotzte. Ausgerechnet der hatte immer wieder versucht, die Stellung des Probstes im Stift Münstermaifeld, die mit hohen Einkünften versehen war, seinen persönlichen Günstlingen in der oberen Kirchenhierarchie zuzuschustern. Die Kanoniker im Maifeld dachten absolut nicht daran, sich das gefallen zu lassen, und wählten mehrere Male schlichtweg Gegenpröpste. Das führte dazu (und das war eine päpstliche Ohrfeige), dass alle Mitglieder des Stiftkapitels in Bausch und Bogen exkommuniziert wurden.

In diesem nicht enden wollenden Konflikt mit dem sogenannten Heiligen Stuhl standen bedeutende Persönlichkeiten dem Stift vor. Unter anderem ein Mann namens Nikolaus von Kues, genannt Cusanus, der einer der bedeutendsten Gelehrten seiner Zeit war. Hier in Münstermaifeld hat er nachweislich seine heute noch für die Sozialwissenschaften aktuelle Schrift unter dem Titel »De docta Ignorantia« verfasst.

Wie auch immer, die Pröpste des Stiftes in Münstermaifeld besaßen die Hochgerichtsbarkeit, verfügten also über eine große Machtfülle in der ganzen Region. Das Hochgericht (auch Halsgericht genannt) urteilte im Mittelalter über schwerste Verbrechen, also auch über Mord und Raub. Am Sitz des Gerichtes fand man ein Schafott, den Galgen, die Richtstätte, denn damals war eine Hinrichtung auch immer ein gesellschaftliches Ereignis, zu dem viele Leute aus nah und fern herbeiströmten.

1489 verfassten zwei Dominikanermönche in Trier eine Schrift unter dem Titel »Der Hexenhammer«. Es waren Heinrich Institoris und Jakob Sprengers. Sie schäumten vor Wut, sie polemisierten gegen die Frauen, sie forderten, Hexen sollten unter allen Umständen als Hexen verurteilt werden, gepeinigt, getötet, verbrannt. Wir wissen inzwischen, dass diese beiden Mönche ganz ohne Zweifel auf eine bestimmte Weise krank waren und von ihren Ängsten gegenüber den Frauen kaum zu heilen. Dieses Phänomen ist in der Kirche immer wieder zu beobachten gewesen, aber damals waren Gründe nicht bekannt, und kaum jemand äußerte einen solchen Verdacht. Die beiden Mönche beriefen sich unter anderem auch auf den großen Kirchenlehrer und Heiligen Augustinus, von dem wir heute mit Sicherheit feststellen können, dass er Frauen hasste und die Geschlechtlichkeit der Menschen aufs Tiefste verurteilte und vor allem die Frauen zu niederen Tieren erklärte.

Die Schrift »Der Hexenhammer« hatte auch Papst Innozenz III. (1432–1492) erreicht, und der verfasste unter dem Eindruck des Gelesenen die Bulle »Summis Desiderantis Affectibus«. Er löste sich damit von der bisherigen Haltung der Kirche und übergab alle (wahrscheinlichen) Hexen dem Henker. Er löste damit – auch in der Eifel – eine geradezu besessene

Jagd auf Hexen aus, eine wahnwitzige, krankhafte Serie von Prozessen gegen Frauen, Männer, Kinder. Und später dann auch gegen katholische Priester und sogar hochgelobte Ratsherren. In der Eifel herrschte ein Denunziantentum der übelsten Sorte, die Szenerie war schwül, jeder hatte Angst vor jedem, aber viele hatten auch Hoffnung auf reiche Ernte. Denn es gab in Verbindung mit diesen Prozessen eine feste Regelung: Die gesamte Habe des jeweils Verurteilten und dann Getöteten wurde unter den Richtern, den Advokaten, den Schöffen aufgeteilt, und sogar noch der Henker bekam ein wenig davon ab. Es war eine unbeschreibliche Mischung, in der Raffgier ebenso zu finden war wie starke Anzeichen geistiger Erkrankungen, wie Verfolgungswut und heillose Obsessionen.

Die kleine Stadt war von Panik erfüllt, und sie hatte allen Grund dazu: Schon 1594 war in Münstermaifeld der hoch angesehene Stadtrat und Hochgerichtsschöffe Gerhard Küster zusammen mit seiner Ehefrau zum Scheiterhaufen verurteilt worden. Nicht bekannt scheint zu sein, ob die beiden lebend in das Feuer gestellt oder aber vorher (aus Gnade!) stranguliert wurden, ehe man sie verbrannte.

Es gibt kaum genaue Zahlen, da die meisten Akten dieser Prozesse unmittelbar nach der Hatz auf die Hexen und Zauberer wahrscheinlich systematisch vernichtet wurden. Allein in den zwölf Jahren zwischen 1587 und 1599 wurden in der Eifel mehr als 2000 Hexen nach der Folter verurteilt und verbrannt. Gefragt, wie viele denn in den Jahren der Verfolgung in Europa wohl gefoltert und hingerichtet wurden, lautet die lapidare Auskunft: Zehntausende. Die Eifel war zur damaligen Zeit ein sehr dünn besiedeltes Gebiet, sodass man bei einem Historiker die Feststellung liest: »... fiel jeder Dritte dem Hexenwahn zum Opfer.« Man kann davon ausgehen, dass kein Dorf verschont blieb und dass Dörfer schlicht verschwanden und nicht mehr aufgebaut werden konnten.

Zunächst, das ist sicher, betraf es immer Frauen, und unter

ihnen besonders die Hebammen. Hebammen waren in der Regel kluge Frauen, kannten genau die in der Natur vorkommenden Arzneien und wussten viel von den Frauen, denen sie bei der Geburt halfen. Hebammen waren also mächtig und mussten nach Ansicht der Verfasser des Hexenhammers ohnehin getötet werden, da sie alle Hexen seien. Und der unsagbare, brutale Blödsinn wurde rasch fortgesponnen: Man lege zwei Besen kreuzweise übereinander vor die Haustür – und wer dann morgens zuerst ins Haus kommt, ist eine Hexe. Oder man hänge einen Kranz von Hexenkraut in den Durchzug: Er dreht sich hin und her, steht aber plötzlich still, wenn eine Hexe das Zimmer betritt.

Der Dreißigjährige Krieg begann als ein Krieg der Religionen und endete 1648 als ein in ganz Europa tobender Machtkampf. Von 1635 bis 1637 traf es Münstermaifeld besonders hart. Es war Krieg (einquartierte Truppen spielten der Bevölkerung übel mit und nahmen die Lebensgrundlage weg: die Lebensmittel), es herrschte die gänzlich hilflos machende Verfolgung angeblicher Hexen und Zauberer, und dazu kamen die Pest, Hungersnöte und Seuchen, von denen ich später erzählen werde. In den Kurstaaten Köln, Trier und Mainz traf es 205 Städte, 2033 Dörfer und 327 Schlösser.

Ganz selten ist es uns vergönnt, durch genaue Zahlen einen Blick auf die Ereignisse vermitteln zu können. Das ist in Münstermaifeld der Fall, wo Matthias Kordel, ein Chronist der Eifel, auf Niederschriften des Stadtschreibers zurückgreifen konnte. Der notierte zu den Zahlen im Amte Münstermaifeld, dass von 1107 Einwohnern im Städtchen selbst und den 33 umliegenden kleinen Ortschaften und Weilern 1638 nur noch 487 am Leben waren. Zu einzelnen Ortschaften schreibt er etwa: »Pillig, dem ganz ruinierten Dorf von 50 auf 14 Personen«, »Polch, von 125 auf 50 Personen, so mehrenteils verderbt«, »Ochtendurch, wo alle Bäue eingerissen wurden, von 75 auf 18« und weiter heißt es »Dorf und Kirche geplündert«, »das ganze Dorf fast ausgebrannt«, »Häuser verwüstet und Schaden gemacht«. An einer anderen Stelle erwähnt er: »Fast noch nichts gesät und gebauet.« Da hatte die Soldateska der Region schon so übel mitgespielt, dass die Bauern nichts mehr zum Säen hatten. Und nach einer Viehzählung aus dem Jahre 1638 muss man lesen: »Von den 716 Pferden verblieben nur noch 99, den 3789 Kühen noch 145 Stück, und die 13 039 Schafe sind bis zum letzten Stück verloren.«

Und das sehr traurige Kapitel der Hexenprozesse kommt noch hinzu. Durch einen Zufall fand man in einem abseits gelegenen Archiv, dass in Münstermaifeld 1626 und 1652 sehr viele Frauen und Männer hingerichtet wurden: 26, davon 22 gesicherte und vier wahrscheinliche, 18 Frauen und acht Männer.

Kordel schreibt: »Dazu gesellten sich auch Hungersnöte, ausgelöst teils durch Schädlingsplagen, Witterungskatastrophen, Feuer und Ähnliches mehr. Es war derart furchtbar, dass man Gras aß und sich Fleisch vom Schindanger holte. Ganze Dörfer sind damals für immer verschwunden.«

Zur Hexenverfolgung bleibt festzuhalten: Der Hexenwahn wurde von katholischen Theologen erfunden, weltliche Gerichte – an die historische Verantwortung abgegeben werden soll – traten erst in Aktion, wenn Kirchenmänner den Fall auf die Tagesordnung gebracht, untersucht und für den weltlichen Richter freigegeben hatten. Es war eine unheilvolle Kumpanei, und die allermeisten Angeklagten hatten nicht die geringste Chance, verfügten über keinerlei Schulbildung, konnten nicht lesen und nicht schreiben.

Wenn Sie in Münstermaifeld durch das schöne, mittelalterlich anmutende Städtchen gehen und in diese großartige Kirche, werden Sie das Gefühl haben, in einen weiten, weitläufigen Raum zu kommen. Obwohl der Besitz des Stiftes durch Krieg und Brand vernichtet oder von den Franzosen versteigert und verstreut wurde, lassen die wenigen in der Kirche verbliebenen Kunstwerke den Reichtum und die Pracht erkennen. Der berühmte Münstermaifelder Goldaltar wird Sie gefangen nehmen. Es handelt sich hier um die Arbeit einer jener Antwerpener Werkstätten um etwa 1520, die die ganze Eifel belieferten.

Und da wir immer noch im Mayener Gebiet herumreisen, empfehle ich Ihnen dringend einen Besuch in Monreal, einem winzigen Ort südwestlich von Mayen, in ein paar Minuten leicht zu erreichen. Der Ort ist Inbegriff der Eifler Fachwerkromantik, der malerische Anblick ist schwer zu überbieten, Sie werden begeistert sein.

Die Grafen von Virneburg, ein starkes Grafengeschlecht aus dem 14. und 15. Jahrhundert, beheimatet nur ein paar Kilometer weiter in Virneburg, haben aus Monreal, als das Geschlecht Bischöfe in Köln, Mainz und Münster stellte, eine schwer befestigte kleine Stadt mit Türmen und Toren und einer die Gemeinde vollständig einschließenden schweren Mauer gemacht. Es muss im Mittelalter eine imposante Befestigungsanlage gewesen sein, gekrönt von zwei Burgen, einer Kleinen, die »Rech« genannt wird, und der großen Hauptburg direkt gegenüber. Diese befestigte Anlage dürfte nicht gerade einen friedlichen Eindruck gemacht haben – und sie war auch durchaus nicht friedlich gedacht.

So erfolgte schon der Bau der Hauptburg im Jahre 1229 auf fremdem Territorium. Graf Herrmann III von Virneburg setzte die Anlage auf das Gebiet seines Bruders, und die unvermeidliche Familienfehde konnte nur durch einen komplizierten Vergleich geregelt werden.

1334 legte sich dann der wohl ungestüme Graf Heinrich II mit dem mächtigen Trierer Erzbischof Balduin an und fiel von Monreal aus die Stadt Mayen an, und die war eindeutig Trier zugehörig. Mayen und Balduin siegten, und Monreal wurde Sitz eines Trierer Amtes.

Nicht genug damit, erschienen im Jahre 1632 im Dreißigjährigen Krieg die Schweden vor den Toren des Städtchens und verheerten es. In ihrem planmäßigen Zerstörungsfeldzug erschienen dann die Franzosen 1689 und legten einen Großbrand, dem beide Burgen und fast das ganze Dorf zum Opfer fielen. Dann dürfte eine gespenstische Stille gefolgt sein, das Geschlecht der Virneburger endete.

Und trotzdem kamen die Monrealer wieder auf die Beine, denn Tuchmacher eroberten die kleine Gemeinde ganz friedlich im 18. Jahrhundert, von denen noch heute die großartigen Fachwerkhäuser zeugen, die wirklich einmalig sind. Genießen Sie die schmalen Gässchen beiderseits des Baches, und genießen Sie auch das auf der mittleren alten Steinbrücke stehende Löwendenkmal aus Basaltlava.

Das wertvollste Erbe allerdings, das die Virneburger hinterließen, ist die große gotische Pfarrkirche unten im Ort. Original gotisch ist der schöne Sakramentsschrein an der nördlichen Chorwand.

Noch etwas will ich Ihnen mitgeben: Wenn Sie Zeit und Lust haben, melden Sie sich telefonisch rechtzeitig im Stellwerk an, einem wunderschönen Weinlokal. Es ist meistens ausgebucht – so hervorragend ist es.

Bliebe die Frage, was für Menschen hier wohnen. Nun ja, da will ich kurz von Pitter erzählen, der hier in der Gegend bis vor Kurzem vom Immobilienhandel lebte. Der zeigte ein leerstehendes Haus, dicht an den Steilhang gepresst, einem interessierten jungen Ehepaar. Die Frau ging prüfend durch die Räume und zischte plötzlich empört: »Also, da läuft ja Wasser an der Wand runter!« Reagierte Pitter höchst entrüstet: »Was verlangen Sie denn bei dem Preis? Cognac?«

Die Verrückten vom Ring

Tut mir leid, wenn ich Ihnen auf dem Weg zur berühmtesten Rennstrecke der Welt gleich von Beginn an nicht viel Mut machen kann, denn am Ring wird gebaut. Und zwar so groß, dass Sie außer einem gewaltigen Durcheinander wenig besichtigen können. Ich denke, dass zurzeit das Fahrsicherheitstraining läuft, das meiste jedoch liegt bis gegen Ende 2009 still. Treten Sie jetzt aber nicht auf die Bremse, Ihnen bleibt ja immer noch die Hohe Acht, die Nürburg, das hübsche Adenau, die endlosen Wälder.

Ich schrieb den Kriminalroman »Eifel-Rallye« als sechsten der Eifel-Reihe, und die Recherchen dazu machten mir sehr viel Freude und noch mehr Arbeit. Im Grunde war ich an der Glitzerwelt der Gebrüder Schumacher nicht sonderlich interessiert, denn in dieser Welt kommen meine Eifler Mädchen und Jungen nicht vor, da sind sie nur Zaungäste und meistens sogar Zaungäste ohne Neid. Ihnen macht etwas anderes Spaß, und ich erinnere mich sehr deutlich, dass ich lange dazu brauchte, um zu der Frage vorzustoßen, was denn die Verrückten am Ring dazu treibt, sich Tag und Nacht um die Ohren zu hauen, nur um im 24-Stunden-Chaos eine einzige Runde heil zu überstehen. Als ich dann meinen Kick erlebte, auf die achtzehnjährigen Typen stieß, die unermüdlich in Vaters Garage einen Opel-Kadett, der schon zu den Antiquitäten gezählt werden muss, auf runde 300 PS zu bringen, war ich wirklich zu Hause. Denn diese Leute brachten es tatsächlich fertig, dass sie geschlagene vier Wochen lang erregt über die Möglichkeiten diskutierten, wie sie zu einem doppelten Satz Reifen kommen könnten, ohne gleich Insolvenz anmelden zu müssen. Und falls der Fahrer dann in Gefahr geriet, zum wichtigsten Termin der letzten zehn Jahre eine Grippe auszubrüten, war eindeutig das Ende der Welt gekommen.

Bei der Nürburgring GmbH von heute heißt das Ganze wie mit einem Trompetenstoß: RACING, BUSINESS, ADVEN-

TURE, HOLIDAY, TRAINING, EVENTS, ENTERTAINMENT, EDUTAINMENT, BACKSTAGE, ACTION. Ach ja, nicht zu vergessen, natürlich: WELLNESS! Eine Nummer normaler wäre schöner, wenngleich ich persönlich die Werbetexter der Firma erst einmal in eine Weiterbildung schicken würde. Die schreiben Sätze wie: »Graf Ulrich hätte sich im 12. Jahrhundert wohl nicht träumen lassen, dass am Fuße seiner altehrwürdigen Nürburg einmal die Königin der Rennstrecken Menschen aus aller Herren Länder anziehen würde.« Ich ahne, was der Graf damals geträumt hätte: LmaA!

Doch bevor ich Werbeblasen vorführe, erst einmal etwas Substanzielles, die Rennstrecke betreffend.

Haben Sie einmal neben einem Rallye-Europameister in seinem Arbeitsgerät gesessen, der mit Ihnen einen schmalen Wirtschaftsweg mit zweihundertzwanzig Stundenkilometer entlangbrettert, dabei gelassen einen wohlklingenden Vortrag hält, wie es sich hinter 480 PS denn so fühlt, dann plötzlich in die Eisen steigt, sich auf der Stelle dreht, Vollgas gibt und Sie schreckerstarrt nur die eine Frage haben: Was macht der da? Es war ein Toyota, und bis dahin war ich immer von der Annahme ausgegangen, ich sei eigentlich ziemlich mutig. Wohl nicht. Ich hatte nur das Gefühl, überlebt zu haben. Dann stieg nach mir der Landesvater Kurt Beck in die Schleuder und entschwand in den Feldern meiner Heimatgemeinde. Er überlebte auch, wie Sie täglich im Fernsehen bemerken können.

Ich bin zum ersten Mal in einer Ente über den Ring gerollt und hatte viel Spaß damit, einem Porsche knappe zwei Kurven lang im Weg gewesen zu sein. Mann, war der sauer!

Beschäftigen wir uns ein paar Sätze lang mit der Geschichte dieses Asphaltbandes, um uns dann den beunruhigend vielen Baggern zuzuwenden, die zurzeit dort herumkurven – auf einer Baustelle, die nichts als Verwüstung ausdrückt und bis zum Horizont reicht.

Im Grunde ist diese Landschaft der Hohen Eifel sehr einsam, Sie werden auf Ihrer Karte, abgesehen von den Bundesstraßen, verträumt schmale Landsträßchen in engen, grünen Tälern finden, so schmal, dass der Gegenverkehr bedrohlich wirkt. Aber gerade das macht diese Landschaft aus, gerade das kann einem gestressten Menschen von Herzen guttun, wenn er denn den Mut hat, seine Blechkiste irgendwo abzustellen und einfach in einen Waldweg hineinzugehen, ohne zu wissen, wohin er ihn führt. Unter hohen Buchen das Rauschen des Windes zu hören, kann Teil eins einer Therapie sein. Gleich neben der Trasse des Nürburgrings. Sie könnten ja auch Weißbrot, Käse und Rotwein von der Ahr mitbringen, um sich einfach an einem Waldrand niederzulassen, in die Sonne zu blinzeln und träge zu sein. Ich habe natürlich den geheimen Plan, dass Sie in der Eifel wieder lernen, von Herzen faul zu sein.

1925 wurde mit dem Bau des Nürburgrings begonnen. Es war eine echte Pioniertat der Straßenbauer, und es war eine Arbeitsbeschaffungsmaßnahme. Sie bauten in 20 Monaten eine Strecke, die rund 28 Kilometer lang war und 174 Kurven und Maximalsteigungen von 17 Prozent aufwies. Jeder kann diese längste Rennstrecke der Welt heute befahren, wenn er sich traut.

Die heutige Grand-Prix-Strecke wurde 1984 gebaut, ist nur 4,5 Kilometer lang und wurde nach dem Grundsatz vollendet: Wenn der Besucher ein Ticket kauft, hat er auch das Recht, möglichst viel vom Rennen selbst zu sehen – was er nicht sehen kann, ersetzen Kameras und Großbildleinwände.

Die Eröffnung der großen Rennstrecke feierte die Eifel am 18. Juni 1927, also vor gut 80 Jahren. Und in der Festschrift hieß es: »Sei uns gegrüßt, Nürburg, mit dem dich umgebenden Ring, sei uns gegrüßt, Rennstraß', die da eben vollendet!«

Der Mann, der das schrieb, war ein hoch geachteter Bürger namens Delges, und er war Kreisdeputierter des Landkreises Adenau. Was die wenigsten Menschen wissen: Er war ein katholischer Priester, und er hatte begriffen, dass die Eifel Hilfe brauchte, Anstöße. Delges war es leid, unter Menschen zu leben, die nur die Stereotype mitteilen konnten, sie seien arm und Hinterwäldler.

Ja, es hat auch viel Tod gegeben. Und betroffen stand ich an der breiten, grauen Piste, auf die jemand zittrig mit weißer Farbe gesprüht hatte: »Jonny! – gest. am 17. 2. 1984!«

Der Nürburgring ist die bekannteste Rennstrecke der Welt, ein Ort finsterer Niederlagen und ein Ort, an dem die kühnsten Träume wahr wurden. Es gibt keinen Formel-1-Fahrer auf dem Planeten, der hier nicht fuhr, es gibt kaum bekannte Autokonstrukteure, die hier nicht gearbeitet haben. Es gibt sogar kaum Innenausstatter von Autos, die nicht auf den Straßen und Sträßchen um den Nürburgring kurven, wobei sie ängstlich beobachten, wie Sitze sich verschieben oder aber Leder knarzt, oder wie Scheiben ohne ersichtlichen Grund zu Bruch gehen, oder ein Auspuff nicht mehr ganz so satt klingt, wie er klingen sollte. Wollte ich aufzählen, was an wichtigen Patenten in der Welt der Autos zuerst dort ausgebrütet wurde, müsste ich bei diesem kleinen Buch 500 Seiten vom Verlag erbitten.

1927 gebaut, rutschte die Strecke unmittelbar nach ihrer Einweihung in die weltweite Wirtschaftskrise, und nichts deutete darauf hin, dass sie große Tage erleben würde. Dann kamen 1934, als die Wirtschaft sich vorsichtig erholte, die Tage der Silberpfeile. Zu dem Begriff soll es gekommen sein, als das Team von Mercedes eine Nacht vor dem Rennen den Lack von ihrem W25 Rennauto abkratzte, um das vorgeschriebene Gewichtslimit von 750 Kilogramm einzuhalten, und also nichts mehr blieb als das blitzende Aluminium. Beim Eifelrennen 1939 stellte Hermann Lang mit einem 12-Zylinder-Mercedes mit 9 Minuten 25 Sekunden einen Streckenrekord auf, der bis 1956 ungeschlagen blieb. Und der, der den großen Preis von Deutschland gewann, hieß damals Rudolf Caracciola, ein sehr schneller Mann, ein Held.

Kein Raum für Motorsport gab's im Zweiten Weltkrieg, stattdessen die Angleichung der Rennstrecke an miese Eifler Kriegsverhältnisse: Das Hotel an der Tribüne wird zum Notlager und Lazarett, die Trasse selbst von Panzern verwüstet.

Schon 1947 startet die neue Ära mit dem »Eifel-Pokal-Rennen«, der Eintritt kostet fünf Reichsmark – inklusive Verzehrbon für Wurst, Wein und Brot, die Bevölkerung hatte vom Krieg gründlich die Nase voll. 1951 die erste Formel-1-Weltmeisterschaft. 1954 beim Großen Preis von Europa schätzt man 400 000 Besucher. Schätzung deshalb, weil man überall von den Wäldern ungehindert bis zur Piste vorstoßen kann, niemand kann das kontrollieren. Ein gewisser Juan Manuel Fangio wird zum Idol der Massen. Dann taucht in den Sechzigern Graf Berghe von Trips auf, ein völlig neuer Typ, ein Gentleman mit Flügeln gewissermaßen. Er verunglückt später tragisch, doch 1961 sehen 100 000 Besucher zu, wie dieser Mann gegen einen gewissen Stirling Moss verliert. Im Jahre 1969 gewinnt der Belgier Jackie Ickx, Autorennen steigen weiter in der Gunst des Publikums, die Fahrer werden verehrt wie Popstars. 1970 ist es so weit, und Kenner der Materie staunen nicht einmal mehr: Nach schweren Unfällen im Grand-Prix-Sport fordern die Fahrer eine umfangreiche Umgestaltung der Grünen Hölle, wie Jackie Stewart den Ring etwas pathetisch nannte. Es werden Seitenstreifen, Fangzäune, Leitplanken eingebaut, und 1971 gibt es wieder einen Grand-Prix, 130 000 Zuschauer bejubeln Jackie Stewart. Am 1. August 1976 rutscht Niki Lauda wie eine Rakete gegen die Barrieren und steht in Flammen, dass er überlebt, ist im Grunde Glück. Der Nürburgring verliert seine Formel-1-Zulassung, der Brite James Hunt gewinnt das letzte große Rennen. Nolens volens entscheidet der Aufsichtsrat, eine neue, kürzere Rennstrecke zu bauen, 1984 wird sie eröffnet.

1985 dann wieder ein Grand-Prix, der Sieger heißt Michele Alboreto auf Ferrari. Das Musikspektakel »Rock am Ring« wird erfunden sowie der Truck-Grand-Prix des

ADAC, an den viele anfangs nicht glauben, der aber heute sehr viel Geld bringt. Und dann taucht in den Neunzigern ein gewisser Michael Schumacher auf und gewinnt 1995 als erster deutscher Fahrer auf dem Nürburgring einen Lauf zur Formel-1-Weltmeisterschaft. Die Motorwelt spielt verrückt – die Spezialisten am Nürburgring natürlich auch, Michael Schumacher ist aus dem Stand eindeutig sehr viel Bargeld wert.

Es klingt unglaubwürdig, dass ein einzelner Mann, ein Fahrer mit 700 PS unter dem Hintern, dermaßen viele Besucher in die Eifel locken kann. Aber das stimmt tatsächlich. Man kann heute getrost sagen: Wäre Michael Schumacher nicht gewesen, würden etwa 80000 bis 120000 Menschen pro Rennen nicht gekommen sein. Der Ring wäre zu teuer, der Ring wäre zu weit entfernt, würden sie sagen.

Genau dieses Wunder passiert heute den Engländern mit einem gewissen sehr aktuellen Star namens Lewis Hamilton – sie haben Rummel, sie haben ausreichend Geld, sie können richtig klotzen.

Dann fuhrwerkt ein ehemaliger Autohändler namens Bernie Ecclestone in der Szene herum – seit Jahrzehnten. Er ist Brite, 1930 geboren, bis 1958 auch Rennfahrer, anschließend Besitzer des Brabham Teams, bis 1970 Manager von Jochen Rindt, ab 1970 in der kompletten Vermarktung des Formel-1-Zirkus tätig, ein Mann mit zweifellos goldenem Händchen. Er hat die Rennställe unter Vertrag, ohne ihn läuft in diesem Geschäft nichts mehr, seine Holding beherrscht das gesamte Geschäft. Was Bernie nicht gefällt, braucht Bernie nicht zu tun, mit anderen Worten: Sollte irgendeine Rennstrecke sich nicht nach Bernies Decke strecken, braucht er das Rennen nur dem nächsten Betreiber anzubieten und wird es los.

Wie teuer der Rennsport genau kommt, ist nicht bekannt. Dr. Walter Kafitz, aktueller Chef der Nürburgring GmbH, sagt dazu: »Wir haben uns geeinigt, dass präzise Zahlen nicht genannt werden. Wir zahlen alle zwei Jahre für den Rennzirkus mehr als zehn Millionen Euro.« Wie viel mehr als zehn, sagt er nicht. Er sagt auch: »Diese Summe können wir mit anderen Unternehmungen hier am Ring nicht erarbeiten.« Damit ist Kafitz' Bilanz defizitär, der Ring im Grunde seit langem pleite.

Guter Rat war also wirklich teuer, zumal der Landesrechnungshof des Bundeslandes Rheinland-Pfalz und auch der Verband der Steuerzahler monierten, dass es kaum angehen könne, dass eine solche öffentlich gewollte und geförderte Unternehmung dauernd hart in der Pleite agiert und dabei auch noch ständige Rückgriffe auf die Gelder der Steuerzahler nötig macht. Denn der Ring gehört zu 90 Prozent dem Land Rheinland-Pfalz und zu zehn Prozent der Gemeinde Adenau. Der Nürburgring ist also eine öffentliche Sache.

Als ich »Eifel-Rallye« recherchierte, war ohne fachliche Hilfe nicht auszukommen. Ich wandte mich an meinen alten Freund Wilhelm Hahne, einer von den berühmten Hahne-Brüdern, der selbst Rennen fuhr, der am Nürburgring zu Hause ist, der bei einem Unfall fast gestorben wäre. Hahne ist einer der ganz wenigen, die richtig gut über den Nürburgring und seine Grunddaten Bescheid wissen. Er ist ein Fachjournalist, unbequem, und es besteht kein Zweifel, dass der Dr. Walter Kafitz ihn nicht sonderlich mag, weil Hahne tagein, tagaus im Internet darauf aufmerksam macht, was der Kafitz an Fehlern so macht oder welche Probleme er zu verstecken versucht.

Deshalb also alle die Bagger und die vielen Arbeiter auf einer Baustelle, die bis an den Horizont reicht und durchaus erschrocken macht. Denn Kafitz hat intensiv jahrelang auf sein Problem aufmerksam gemacht: Entweder der Ring ist pleite, bleibt pleite und wird auf lange Zeit von den Wäldern wieder zurückerobert oder aber sein Aufsichtsrat springt aus dem eigenen Schatten und genehmigt der Nürburgring GmbH den ganz großen Schluck aus der Pulle.

Genau das ist passiert. Seit November 2007 hat Walter Kafitz 215 Millionen Euro zur Verfügung, und er hat sofort losgelegt mit dem neuen Ring, diesmal unter dem Titel ERLEBNISREGION NÜRBURGRING 2009.

Der neue Nürburgring wird also gegen Ende 2009 wieder angeboten, bis dahin herrschen die Bauarbeiter, und Kafitz schwelgt in Vorfreude. Er bekommt ein neues Verwaltungsgebäude, dessen Kosten ich jetzt einmal randständig erwähne, weil sie alles in allem marginal sind, läppische sechs Millionen Euro.

Mein Freund Wilhelm Hahne hat eine diebische und journalistische Freude daran, dem Walter Kafitz so eng auf die Pelle zu rücken, dass es sicher Schmerzen bereitet.

So startete am Ring eine neue Einrichtung namens Bike-World, in der es die neuesten Motorräder zu bestaunen gab, aber es war buchstäblich keiner da, der diese Dinger auch verkaufen konnte. Die GmbH des Dr. Walter Kafitz war daran beteiligt und musste jetzt die Beteiligung daran wieder aufgeben. Das kostete runde 4,8 Millionen Euro. Der Landesrechnungshof sagt: Hätte man die Beteiligung aufgegeben, als wir dazu rieten, wäre die Sache eine Million billiger gewesen.

Das sind so die Kinkerlitzchen, die hier am Ring niemanden mehr sonderlich stören. Außer Hahne, den stören sie sehr. Und der Dr. Kafitz gründete so viele Nebenfirmen, an denen die GmbH beteiligt war, dass nur wenige den Durchblick behielten – Hahne eben.

Es wurde sogar, laut Hahne, von einem Ponyhof gesprochen und auch von sehr viel Outdoor-Sport, aber: Es gibt in Adenau nicht einmal einen Bahnhof, der die notwendigen Massen heranbringen könnte. Der wurde 1984 zur Eröffnung des neuen GP-Kurses geschlossen, und einen Schienenstrang zum Rhein hin gibt es nicht mehr, abgerissen.

Kafitz baut jetzt im Rahmen der neuen Ringplanung ein Viersternehotel, ein Feriendorf, ein Freizeit- und Businesszentrum mit insgesamt angeblich 1500 Betten.

Hahne: Das eine vorhandene Hotel wirft schon dauernd mit Extraangeboten herum und riskiert es, wegen der minimalen Preise von der eigenen Konzernleitung für verrückt erklärt zu werden. Ein Hotel in Adenau, gleich um die Ecke, hat, laut Hahne, eine Auslastung von 25 Prozent. Also, was haben die da vor?

Es wird eine Indoor-Arena geben, eine Eventhalle und einen Boulevard mit »Markenerlebniswelten« (schon für diesen Begriff müsste Kafitz auf die Schwarze Liste der Leute vom Duden) führender Automobilhersteller und Zubehör-Spezialisten. Ich nehme an, Kafitz meint Geschäfte.

Von den hingesprudelten Quadratmetergrößen, die geradezu Wahnwitziges versprechen, will ich hier einmal keine Kenntnis nehmen, die wechseln eindeutig, eindeutig zu oft. Es wird eine Kart-Bahn geben (mit entsprechenden Karts für kleine Kinder) und jede Menge elektronischer Spielereien für die großen und kleinen Kids, wobei mitteilenswert erscheint, dass Teile der Tribünen und das bisherige Erlebniszentrum bereits abgerissen sind, was Neubauten eindeutig nötig macht. Ja, das Ringtaxi von BMW wird uns erhalten bleiben. Sie können also behelmt diese Reise in die Grüne Hölle antreten. Mit 560 PS. Und ich kann Ihnen versichern, dass das wirklich Spaß macht.

Auch Rock am Ring bleibt uns erhalten, der Truck-Grand-Prix auch. Ja, und Sie können in den neuen Hallen einem Sport frönen, der todsicher bisher nicht auf Ihrer Liste stand: Ferrari streicheln! Formulieren die Marketingleute. Und sollte ein Besucher absolut nicht mehr wissen, was er anstellen könnte: Der Hubschrauber steht jederzeit bereit.

Walter Kafitz, gegenwärtig Herr über viel Geld, wird gern ein Visionär genannt, und wir sollten nicht so kleinlich sein, dauernd an ihm herumzumäkeln. Er ist eindeutig ein guter Marketingmann und schrieb seine Doktorarbeit zum Thema: »Der Einfluss der musikalischen Stimulierung auf die Werbewirkung – eine experimentelle Untersuchung.« Mein Freund Hahne wirft ihm vor, mit der Welt der schnellen Autos in seinem ganzen Leben so gut wie nichts zu tun gehabt zu haben.

Abgesehen davon, dass er ein Dienstauto von BMW zur Verfügung hat, das ebenfalls über 500 PS hat.

Es ist jedoch eindeutig: Wem es gelingt, bei seinem Aufsichtsrat weit über 200 Millionen lockerzumachen, der muss nach menschlichem Ermessen gut sein, viel besser jedenfalls als der Durchschnitt.

Der Zoff mit Wilhelm Hahne hat auch durchaus Erheiterndes, er nannte den Manager des Rings schon einen »Eifel-Schrempp«. Er stellte auch die Frage, ob Kafitz da eventuell eine Waltergate-Affäre anrichte. Und er stellte die bissige Frage: »Warum wird auf dem Parkplatz der Erlebniswelt kein Kamelreiten angeboten?«

Und was ich Ihnen bisher verschwieg: Kafitz wird auch einen 18-Loch-Golf-Kurs bauen, obwohl vorsichtig einzuwenden wäre, dass die Eifel schon Golfplätze genug hat, die allesamt unter gegenseitiger starker Konkurrenz leiden.

So sind denn all die Kneipenbesitzer, Restaurantinhaber, Hoteliers und Menschen mit Pensionszimmern verunsichert. Was passiert uns, wenn die GmbH am Nürburgring mithilfe des großen Geldes und mithilfe des Drucks, den dieses Geld auslöst, ein alles dominierender Faktor wird? Können wir da überhaupt noch mitreden, oder rauschen wir in die Pleite?

Ich traue dem Dr. Walter Kafitz eindeutig nicht zu, dass er sich die Welt schönredet oder gar in Vernebelungstendenzen ausweicht. Er greift nach den Sternen, aber selbst das ist bekanntlich immer mal wieder gelungen. Sein eigentliches Problem sieht ein wenig schlichter aus, viel schlichter sogar. Es gipfelt in der Frage: Wie viele Menschen kann ich pro Jahr dazu überreden, in die Eifel zum Nürburgring zu kommen? Da wurden Zahlen gehandelt, die schwindelig machen. Vier Komma eins Millionen? Drei Komma sechs Millionen? Zwei Komma vier Millionen? Zwei Komma null Millionen, Tendenz steigend?

Niemand, wirklich niemand hat zurzeit eine Antwort darauf, und ich bin gezwungen, Sie zu vertrösten. Wir sehen uns am Ring, etwa im Frühjahr 2010 nach Christi Geburt. Dann müsste der letzte Bagger weg sein, und vielleicht trinken der Wilhelm Hahne und der Walter Kafitz dann erlöst zusammen ein kühles Bier und gedenken der sprühenden Fehde.

Kommen wir zurück auf den Grafen Ulrich in der Nürburg, den die Texter der Marketingleute des Nürburgrings so stark ramponierten. Er heißt mit vollem Namen Graf Ulrich von Are. Der baute die Burg auf dem »mons nore« (Nürburg) um 1150. Er war aber nicht der Erste, der hier eine starke Befestigung über die Ebene baute. Schon die Römer hatten hier auf den Bergkegel eine befestigte Anlage gesetzt, was schlicht mit dem phantastischen Blick zu tun hatte: Die ganze Eifel liegt zu Ihren Füßen, der Punkt war immer schon strategisch wichtig.

Diese Burg steht auf einem tertiären Vulkan – 678 Meter hoch und ungefähr 33,5 Millionen Jahre alt. Gleich daneben die Hohe Acht, 747 Meter hoch und etwa 38 Millionen Jahre alt. Beide sind gewaltige, senkrechte Basaltsäulen, beide sind Schlote, die kilometertief in das flüssige Magma der Erde reichen.

Jetzt werden wahrscheinlich Ihre Kinder fragen: Wieso ist das der Schlot eines Vulkans? Und wenn: Wo sind die gewaltigen, kreisrunden Ringwälle, die Vulkane aufbauen, wenn sie glühendes Gestein spucken? Die Frage ist berechtigt, denn eine Umwallung haben diese Schlote tatsächlich nicht. Die Antwort lautet, dass die Umwallungen der Erosion zum Opfer fielen. Ich weiß, ich weiß, die nächste Frage wird todsicher lauten: Und was, bitte, ist denn Erosion? Sie könnten antworten, das ist der Lauf der Zeit, der Lauf der vielen Millionen Jahre.

Auf die Vulkane komme ich noch zurück, will aber noch erwähnen, dass diese höchsten Erhebungen der Eifel sehr typisch sind. Sie werden diese Bergkegel noch an anderen Punkten der Eifel finden, zum Beispiel den majestätischen

Aremberg, der bei Antweiler das obere Ahrtal beherrscht. Dann gibt es den Hochkelberg, den Selberg, den Tomberg bei Rheinbach. Und in der Hillesheimer Kalkmulde den Arensberg. Sie sind alle aus Basalten geformt und reichen viele Kilometer tief durch den devonischen Untergrund bis in die glühenden Magmakammern. Es sind Kegelberge, die die ältesten Vulkanruinen in der Eifel sind, die Wälle sind den unendlichen Zeiten zum Opfer gefallen.

Und: Diese Berge tragen in der Regel mittelalterliche Befestigungen oder aber prähistorische Fluchtlager. Natürlich lautet die Frage: Papa, was sind denn prähistorische Fluchtlager? Diese Antwort ist leicht zu geben. Schon unsere Urahnen, noch völlig unbeleckt von festen Bauten, zogen sich bei Gefahr auf die höchsten Erhebungen zurück und bauten Ringe aus schweren Gesteinsbrocken, hinter denen sie Schutz fanden, wenn die Nachbarstämme sie überfielen. Darauf komme ich noch zurück.

Zurück zu Graf Ulrich von Are, der die Nürburg baute. 1290 fiel diese gewaltige Anlage an das Kölner Erzbistum, das sie 1530 bis 1545 zu einer stark befestigten Burg mit 400 Meter langen Umfassungsmauern ausbaute. Es gab Zwingeranlagen und zahlreiche vorspringende Rundtürme.

1689 (wie schon häufig erwähnt) tauchten die Franzosen auf und griffen an. Die Burg fiel erst nach langer Belagerung und angeblich nur durch Verrat.

Wenn Sie nach Adenau hineinfahren, sollten Sie wissen, dass diese kleine, quicklebendige Stadt ein Stützpunkt des Johanniterordens war. Im dritten Kreuzzug wurde Jerusalem an die sogenannten Ungläubigen verloren, und die Herren von Nürburg sorgten dafür, dass dieser Orden in der Eifel neue Stützpunkte bekam. Schenkungen von Höfen und Kirchen gingen an die Johanniter-Kommende in Adenau, der drittältesten Niederlassung des Ordens auf deutschem Boden. Sie können auf den Spuren der Malteser Ritter einen Rundgang um Adenau machen, auf dem Sie viel über die Ritter hören werden. Unter anderem machen Sie auch Rast in Barweiler. In diesen kleinen Ort pilgern noch heute sehr viele katholische Christen. Dort wird die Mutter Gottes verehrt, und nicht selten ziehen Pilger über weite Distanzen her, unter anderem aus Krekel, fünfunddreißig Kilometer entfernt.

Dann sollten Sie unbedingt in der Blauen Ecke Station machen. Das ist ein 400 Jahre altes Haus, Hotel und gute Restauration. Sie könnten dort Adenauer Äpfelfleisch bestellen oder Himmel un Ääd, exquisite Gerichte aus diesem Land. Das Haus hat sogar eine kleine Werkstatt, falls Ihnen am Motorrad irgendetwas kaputtgegangen ist.

Nicht vergessen: Am alten Buttermarkt hat man mit liebevoller Kleinarbeit einen alten Rittersitz wieder auferstehen lassen. Besuchen Sie unbedingt die Periferia, ein schönes Lokal in einem uralten Haus. Es ist ratsam, vorher anzurufen, das Haus ist oft belegt. Und noch etwas ist mir persönlich wichtig: Laden Sie Ihre Familie auf ein Essen oder einen Brunch im Sonnenhof ein. Der liegt hoch über Adenau, idyllisch einsam, ist vom Standpunkt des Gastes immer für eine blendende Mahlzeit gut – und manchmal steht ein Rennauto vor der Tür.

Die Römer, der Wein und eine Quelle

Sie brauchen keine Angst zu haben, sich in der Eifel zu verirren, nehmen Sie einfach entweder die B 257 oder die B 412. Entweder kommen Sie an eine Kreuzung, von der aus Sie einen Weg nach Bad Neuenahr angeboten bekommen, oder aber Sie schleichen sich gewissermaßen von hinten in das Ahrtal, über Burgbrohl oder das Vinxbachtal. Oder aber Sie nehmen die direkte Abfahrt Bad Neuenahr auf der A61.

Nicht vergessen, von hier stammt The Queen of Table Waters, Apollinaris.

Aber Sie sollten vielleicht die Burg Olbrück mitnehmen, kurz vor Niederzissen. Es lohnt sich. Dort können Sie übrigens auch eine Vesper einlegen, die Restauration ist blendend, und bestellen Sie einen Gruß von mir.

Wir sind in der Gegend um die Burg Olbrück in einem Zentrum fast vergessener romanischer Bauten. Fragen Sie danach, wenn Sie die nächste Tourist-Information anfahren. Fragen Sie nach dem Kloster Wehr, nach St. Germanus in Niederzissen.

Die Burg selbst steht auf einem sehr hohen Felsen und liegt mitten in einem Gebiet großer Wälder. Die Burg ist majestätisch, ungewöhnlich groß, und das hat seinen Grund. Begonnen haben den Bau die Grafen von Wied um 1100. 1190 wurde sie der Lehnshoheit der Kölner unterstellt. Diese Lehnshoheit ließ mehrere Lehensträger zu. So wurde sie im 14. Jahrhundert mit vier großen Wohnbauten für vier Adelsfamilien ausgebaut, sie wurde zur Ganerbenburg. Und entsprechend fielen die Befestigungen aus. Also wieder einmal so etwas wie eine sehr frühe Wohngemeinschaft. Allerdings war sie über Jahrhunderte der Gegenstand heftigster Erbstreitigkeiten. Der Ausspruch: »Die lieben Verwandten!« könnte auf der Olbrück entstanden sein. Auch hier tauchten 1689 die Franzosen auf, sprengten die Anlage und brannten sie nieder. Nur der mächtige Bergfried blieb, und sein Wohnkomfort muss für damalige Zeiten ungewöhnlich gut gewesen sein, fünf Geschosse hoch, 24 Meter in den Himmel über der Eifel.

Bad Neuenahr ist ein lebhaftes Städtchen unmittelbar an der A61, Neuenahr liegt nicht am Beginn oder Ende des Ahrtals, sondern mittendrin. Zum Rhein hinunter finden Sie noch Heppingen, Gimmingen, Heimersheim, Green, Ehlingen, Lohrsdorf und dann Bad Bodendorf – allesamt kleine Gemeinden, in denen nur eines wichtig ist: der Wein. Und natürlich die Besucher.

Das Tempo wird erheblich langsamer, denn Wein macht in der Regel gemütlich und besinnlich. Kommt hinzu, dass Sie in allen Ahrgemeinden gut ausgebaute Wanderwege angeboten bekommen, und einen davon sollten Sie zumindest mit der ganzen Familie in Angriff nehmen. Nicht vergessen: eine gute Flasche Rotspon, ein Weißbrot und Käse. Sie müssen unterwegs nicht unbedingt singen, aber letztlich stört das auch niemanden, denn irgendwer an der Ahr singt immer. Weil sein Wein preisgekrönt wurde, weil sein Wein ausgezeichnet wurde, weil er den Rotwein des Jahres brachte, weil er Winzer des Jahres wurde, Aufsteiger des Jahres … Es ist unglaublich, was denen alles im Laufe von zwölf Monaten einfällt. Für jemanden, der zumindest gelegentlich mit Sprache umgeht, ist diese Gegend gefährlich. Nicht etwa, weil sie ihm dort abhandenkommt, sondern weil er mit Sprachpflanzen zu tun bekommt, die ihm die Sprache verschlagen. Haben Sie mal einen Rotwein getrunken, der »im Abgang alles bietet, was er haben sollte. Also Süffigkeit, also jene Nussigkeit, die wir wollen, dieses teils herbe, teils unglaublich leichtsinnige Dahinrollen, wenn er die Zunge verlässt, um dann noch einmal leicht an sich zu erinnern, und …« Es gibt Leute, die für so etwas bezahlt werden.

Bad Neuenahr ist eine neue Kurstadt, weil die Thermalquellen dort erst um 1856 von einem Winzer namens Georg Kreuzberg entdeckt wurden. Kreuzberg hatte einen neuen Weinberg gekauft und schuftete und ackerte und grub, um den Berg für die Weinstöcke vorzubereiten. Dann hatte er es plötzlich mit einer Unglaublichkeit zu tun – wahrscheinlich glaubte er zu träumen. Da sprudelte eine Quelle mit natürlicher Kohlensäure, und das Wasser war warm, 36 Grad. Der Kreuzberg widmete diese Quelle dem Heiligen Apollinaris, obwohl der eigentlich ein Heiliger ist, der sich um Wein und Winzer kümmert. Egal, zwei Jahre später schon wurde der Badebetrieb aufgenommen.

Dann wuchsen die kleinen Dörfer Wadenheim, Beuel und Hemessen langsam zu einem Ort zusammen, und man stand vor einer Schwierigkeit: Wie sollte man die jetzt entstandene

Gemeinde nennen? Bad Wadenheim? Klingt nicht besonders, aber Bad Hemessen oder Bad Beuel ebenso wenig. Man erinnerte sich an die alte verfallene Burg, die Neuenahr, und nannte sich fortan so.

Da die Anwendung des Wassers nachweislich bei Diabetes, Leber-, Darm-, Gallen- und Nierenleiden wohltut und die Leiden mindert, war die Quellenstadt bald international und ist es heute noch. Wundern Sie sich also nicht, wenn Sie zum Beispiel im Steigenberger absteigen, dass Ihnen ein gründlicher Gesundheitscheck angeboten wird, inklusive großes Labor, inklusive genauer Untersuchung – alles im Haus.

Das alte Kurzentrum am Park hat besonderen Charme, und wenn Sie abends einmal nicht genau wissen, was Sie tun sollen, gehen Sie einen Whisky im Steigenberger trinken – die Bar ist ausnehmend gut. Und dann können Sie auch gegenüber die Spielbank besuchen, Sie müssen ja nicht gleich ihr Häuschen riskieren.

Empfehlen kann ich Ihnen in Bad Neuenahr neben der schönen und aufwendigen Badelandschaft der Ahrthermen das Essen in Steinheuers Zur alten Post, das Gutshotel Burggarten und selbstverständlich eine Einkehr in eine Straußenwirtschaft. Dort bekommen Sie die Weine des Hauses und in der Regel etwas Deftiges zu essen.

Bad Neuenahr und das unmittelbar angrenzende Ahrweiler gehen ineinander über, und in Ahrweiler gibt es am Silberberg etwas, das Sie sich unbedingt ansehen sollten. Es ist eine römische Villa, die erst 1980 entdeckt wurde. Es wird angenommen, dass sie zu einem großen römischen Landgut gehörte, denn bei denen war es Regel, die Villa des Hausherrn an einem Südhang zu bauen. Mit den Villen in Nennig an der Obermosel und Otrang bei Bitburg gehört sie zu den besterhaltenen römerzeitlichen Villenanlagen in Europa. Sie wurden entdeckt und sofort unter Dach gebracht, das heißt: Ehe man durch möglicherweise zerstörende schnelle Grabungen einen Überblick über die Villa erhielt, brachte man das gesamte Areal unter Dach und Fach. »Bewahrende archäologische Denkmalpflege« nennt man diese Form der Konservierung. Sie treten in eine große Halle und haben die komplette Ausgrabung vor sich.

Die Villa am Silberberg aus dem dritten Jahrhundert ist eine typische Portikusvilla mit Eckrisaliten (kleinen Häuschen). Es ist der Baustil, der im 2. und 3. Jahrhundert sehr beliebt war. Um einen Innenhof gruppierten sich verschiedene Räume. An der südlichen Seite steht der einstöckige Portikus, eine Wandelhalle. Zu beiden Seiten schlossen sich die zweistöckigen kleinen Häuschen an. Die Villa besaß die gleichen Annehmlichkeiten wie Stadthäuser und unterschied sich nur durch ihre exponierte Lage. Die sehr kostbare Wohnanlage besaß eine gartenartige Hofanlage, kunstvolle Mosaikfußböden, marmorverkleidete Bäder und Badehäuser mit Wasserversorgung. Und sie hatte eine Fußbodenheizung, die für angenehme Temperatur sorgte. Natürlich hatten auch die Toiletten fließendes Wasser. Um einen Innenhof (Atrium) gruppierten sich die wichtigsten Räume, und für ausreichenden Lichteinfall sorgten verglaste Fenster.

Noch im ersten Jahrhundert nach Christi Geburt waren verglaste Fenster ein Luxusgut, am Ende des zweiten Jahrhunderts kann man schon von einer Massenware sprechen, das heißt Glas wurde bezahlbarer. Die Glasstärke lag zwischen zwei und vier Millimeter, die Scheiben hatten eine Größe von 20 bis 30 Zentimeter. Die beim Gießen des Glases entstandenen zahlreichen Luftbläschen beschränkten die Transparenz, und das Glas war auch meistens noch relativ trüb, der Farbton war grün-gelblich. Die Schlafräume (meistens fensterlos) lagen zum Atrium hin, weil es dort am ruhigsten war. An den verputzten und bemalten Wänden hingen reich verzierte Spiegel. Als Beleuchtung dienten hauptsächlich Öllampen aus Ton und Bronze in verschiedenartigsten Formen. Die Einrichtung der Wohnräume waren kunstvoll gearbeitete kleine Tischchen, Sessel, Stühle, Holzschränke, Regale und Sofas.

Über diese Villa ist wenig bekannt, man kann aber, wie die Wissenschaftler versichern, davon ausgehen, dass hier Wein angebaut wurde. Dann muss der Hausherr in der Villa gut verdient haben, denn die römischen Legionäre bekamen täglich ein Deputat von vier Litern Wein. Sehr schwer vorstellbar, dass ab Mittag noch einer der Legionäre in der Lage war, das römische Weltreich zu verteidigen.

Gottfried Kinkel, der Schriftsteller, dem es die Hohe Acht besonders angetan hatte, brachte sein Standardwerk über das Ahrtal 1845 in Bonn heraus. Und wie Ernst Moritz Arndt und Karl Simrock wagte sich Kinkel damals auf die schlechten Straßen und einsamen Bergpfade das Ahrtal hinauf bis zur Quelle des Flüsschens in Blankenheim. Zur gleichen Zeit war der Rhein längst das Ziel einer internationalen Touristik, die Eifel aber war unbekannt, wild und bergig und geradezu schrecklich abseits. Niemand wusste etwas darüber. In einer seltsamen Mischung aus Schöngeist und Wissenschaftler beschrieb Kinkel auch die merkwürdige Wandlung des kleinen Flusses, der in der lieblichen Senke der Hillesheimer Kalkmulde leise murmelnd heranströmt, um dann in einem Neunzig-Grad-Winkel bei Ahrdorf auf die im Unterdevon gebildete Schiefer- und Grauwackenzone zu treffen, in die sich der Fluss über die Jahrmillionen tief eingesägt hat, sodass die Wände links und rechts zuweilen mehr als hundert Meter hoch sind. Für die Romantiker war das Ahrtal die schmale Eintrittspforte in eine damals unbekannte Welt, die sie tief beeindruckte.

In den Kriegen der Neuzeit war die Ahr das weit geöffnete Ausfalltor zum Rhein. Besonders für die Franzosen, die ja am Rhein eine künftige Frontlinie bilden wollten. Das Ahrtal hatte schon im Dreißigjährigen Krieg entsetzlich zu leiden, weil immer wieder Heere und Heerhaufen diesen Weg benutzten. Noch schlimmer kam es dann im dritten Raubkrieg Ludwigs XIV., der die Grenze Frankreichs unbedingt an den Rhein legen wollte. Das Ahrtal war immer wieder der Anmarschweg, damals ging das Tal wiederholt in Flammen auf, kein Dorf wurde verschont, keine Siedlung von der völligen Zerstörung ausgelassen. Es kam so weit, dass Burgenbesitzer ihre Burgen selbst in die Luft sprengten, um dem Feind keine guten Ausgangspositionen zu schaffen. Und man kann nicht sagen, dass das Tal im Zweiten Weltkrieg friedlich blieb.

Nun zu Ahrweiler selbst, bei dem Ihre Kinder garantiert vor Wonne ausflippen, wenn sie Ritter mögen und Burgen, Türme und Wehrgänge. Diese kleine, alte Stadt ist komplett von einer Mauer mit richtigen Toren umgeben und der Inbegriff einer mittelalterlichen, wehrhaften Siedlung. Eine schöne Legende berichtet, dass im Jahre 1440 ein von der Wallfahrt nach Jerusalem heimkehrender Ritter geradezu elektrisiert war, als er das Städtchen sah. Beim Anblick der Türme und Mauern stockte sein Schritt und er glaubte, dass Ahrweiler dem heiligen Jerusalem ähnlich sei. Er gewahrte einen »anmutigen Hügel« über dem Städtchen, der ihm als Darstellung Golgathas erschien. Er maß die Entfernung zwischen dem Hügel und dem Städtchen, und es ergab sich, dass es vom Hügel zur Pfarrkirche genauso weit war wie vom Kalvarienberg in Jerusalem zu dem Prätorium, dem Sitz des Pilatus. Diese damals aufsehenerregende Entdeckung verbreitete sich in Windeseile. Eine solche Übereinstimmung musste ein Wink Gottes sein. So gelobte die Bürgerschaft, den anmutigen Hügel dem Gekreuzigten zu weihen. Dieser Hügel trug im Volksmund den Namen Kop, und obendrauf war ein Galgen des Hochgerichtes. Der wurde jetzt in peinlicher Verlegenheit schleunigst entfernt, und man errichtete eine kleine Kapelle, die bald den Andrang der Wallfahrer nicht mehr fassen konnte.

Die viel gerühmte Stadtbefestigung, die besterhaltene des ganzen Rheinlandes, wird Sie und Ihre Familie faszinieren. Im Dreißigjährigen Krieg wurde die Stadt gleich dreimal belagert, erobert und geplündert. Am 1. Mai 1689 steckten die Truppen des französischen Sonnenkönigs die Stadt an und ließen sie abbrennen. Nur zehn Häuser blieben stehen.

Nur Minuten weiter und gut zu Fuß zu erreichen: Walporzheim. Dort übrigens steht das älteste Weinhaus des Ahrtales, Sanct Peter, 1246 gebaut. Das sollten Sie sich nicht entgehen lassen, aber rufen Sie vorsichtshalber erst einmal an, denn dort sind nicht immer Tische frei.

Jetzt weiß ich gleich, dass mindestens drei Ahrgemeinden mit lebenslanger Folter drohen, denn was ist schon Walporzheim heute gegen Dernau, Rech und Mayschoß? Ja, gut, ich schweige von jetzt an und rede nicht mehr von der Konkurrenz.

Der rüstige Kinkel beschrieb seinen Weg Richtung Marienthal wie folgt: »Gleich hinter Walporzheim treten wir nun in die engen Felsgeschiebe ein. Sie sind in ihren scharfen Formen so phantastisch, dass sie den träumenden Volksgeist zu düsterer wie zu heiterer Legende befruchten mussten.« Besser könnte man das heute auch nicht sagen.

Damit mache ich nun erst einmal Schluss mit dem Ahrtal, jetzt geht es rechts steil hinauf in die Berge und dann hinunter in das, was unter diesen Bergen liegt: der Bunker der Bundesregierung, der Ausweichsitz der deutschen Regierung in Krise und Krieg, runde 9000 Meter vom damals regierenden Bonn entfernt.

Vom Wahnsinn des Kalten Krieges

Es war 1983, als ein Verleger mich in München besuchte und mir sagte, er würde gern ein Buch über den Bunker der Bundesregierung im Ahrtal herausbringen. 20 000 Bauarbeiter hätten sich ein Jahrzehnt lang in die Erde gebuddelt und niemand wisse etwas darüber. Das machte anfangs keinen großen Eindruck auf mich. Ich wusste, dass die NATO-Staaten sich vertraglich verpflichtet hatten, für ihre eigene Regierungsmannschaft einen solchen Sitz in Krise und Krieg bereitzuhalten. Das war nicht neu. Und dass niemand über ein solch großes Bauwerk etwas wusste, glaubte ich schlicht nicht.

Sie brauchen keine Furcht zu haben, ich erzähle nicht von meinen Heldentaten als Journalist. Die gibt es nicht. Aber dies ist eine Geschichte, an der ich fast zerbrochen wäre, und sie trägt zutiefst Eifler Züge.

Es wurde eine der längsten Recherchen, die ich je angegangen bin, es dauerte Monate und letztlich sogar zwei Jahre, ehe ich wirklich alles wusste, sofern man alles über einen Bau wissen kann, der etwa 5,7 Milliarden Mark verschlang und damals wohl das teuerste Gebäude Europas genannt werden konnte. Im Code der Geheimdienste hieß der Bunker der Rosengarten.

Das Erste, was ich damals feststellte, war die Tatsache, dass niemand bisher Grundsätzliches und Hintergründiges über diesen Bau geschrieben hatte. Dann traf ich einen jungen Lokalredakteur, der kühl erklärte: »Also, es ist einfach so, dass der Regierungsbunker für uns nicht zu existieren hat. Es hat darin mal gebrannt, es war ein Samstag. Und wir haben gesehen, wie die Feuerwehren durch das riesige Eingangstor in die Röhren rasten. Natürlich haben wir auch fotografiert. Und als wir dann in der Druckerei die Montagsausgabe klarmachen wollten, standen die mit den Schlapphüten plötzlich da und kippten die Seiten. Das war es.«

Ich entdeckte, dass man sich Jahre zuvor offenkundig mit den Zeitungsverlegern geeinigt hatte: Der Bunker existierte nicht.

Wie kann etwas nicht existieren, das mithilfe von zwanzigtausend Bauarbeitern in zehn Jahren gebaut worden ist?

Nun muss man wissen, dass der Bunker über neunzehn Kilometer Röhren verfügte, die von Dernau bis Bad Neuenahr reichten, immer unter dem schiefrigen Gewölbe der Weinberge entlang. Es gab mindestens zwölf Betonportale, die massiv aus der Erde quollen und mit Gittern und Nato-Stacheldraht gesichert waren. Eines dieser Tore, in Dernau, war mit einem Kinderspielplatz garniert, mit Rutschen und Schaukeln, was absolut abartig wirkte, zugleich aber witzig.

Über die ganze Betonherrlichkeit lief der »Deutsche Rotweinwanderweg«. Das war grotesk, denn viele Wanderer marschierten mit einer Flasche guten Rotweins über den Bunker, und sie fotografierten einander und hatten viel Spaß. Und natürlich standen sie dann etwas erschreckt vor den riesigen Portalen. Und die wurden natürlich auch fotografiert. Das durfte aber nicht sein, denn den Bunker gab es ja nicht, und also verlangten die Wachleute die Filme.

Mein Tagespensum war erheblich. Ich sprach unentwegt mit anderen Menschen. Ich versuchte herauszufinden, ob es Menschen gab, die Jahre vorher schon einmal am Bunker gearbeitet hatten und die jetzt in Rente waren. Ich erfuhr, welche Firmen dort ab 1961 gebaut hatten, welche Maschinen man hatte erfinden müssen, um zum Beispiel die zwanzig Tonnen schweren Türen in Nanosekunden zu schließen. Wie viele Leute sollten dort überleben? Wie sollten diese Menschen da unten leben? Und wie lange? Und was würde man mit Leuten machen, die dort starben? Auf diese letzte Frage gab es eine sehr schnelle, höchst fragwürdige Antwort. Es hieß: Die werden in Säure aufgelöst und in die Kanalisation gespült. Und wenn der furchtbare Russe den Westen atomar angreift, wer hat dann das Recht, zur Bunkerbesatzung zu gehören? Werden da Teilnahmescheine ausgegeben?

Dann gab es Gerüchte. Zum Beispiel das hier: Es sollte vom Bunker an der Ahr direkt bis zur Hardthöhe Bonns und in das Verteidigungsministerium hinein eine Röhre geben, durch die man fahren und gehen konnte. Dann hieß es, der Bunker sei absolut atombombensicher – aber nur so lange, bis ein alter, grauhaariger Handwerker mich ansah und murmelte: »Der Bunker ist doch für den Arsch, Junge, die verrecken doch alle, der ist doch nicht sicher bei Atombomben.«

Zahlen gab es, die mich schwindelig machten. Hier ist eine: Der Bunker ist angelegt für zehntausend Personen über drei Jahre. Das klang grotesk idiotisch, denn was wollten die Zehntausend machen, wenn sie drei Jahre überlebten und die Tore öffneten, um dann sofort verstrahlt und also getötet zu werden? Was und wen wollten die Insassen des Bunkers überhaupt noch regieren? Ein verstrahltes Land mit Millionen von Toten?

Dann kam die Kenntnis vom sogenannten EMI, dem elektromagnetischen Impuls. Das heißt: Wenn eine atomare Explosion stattfand, löste das einen elektromagnetischen Impuls aus, der im Fall des Bunkers sämtliche Elektroleitungen nicht nur gestört, sondern zerstört hätte. Und was, bitte, machen dann die Tausende da unten, die vollkommen abhängig sind vom selbst erzeugten Strom?

Manchmal hatte ich Glück. Als ich herausfinden wollte, wovon sich die Bunkerinsassen denn ernähren würden, wurde mir gesagt, dass das Nahrungsmagazin dort unten sehr gut sei und alle zwei Jahre ausgewechselt würde. Für elf Millionen Mark. Ich ging eines Tages in eine Straußwirtschaft und bestellte einen Strammen Max. Der Wirt, der mich bediente und seit Wochen kannte, stellte die Herrlichkeit vor mich hin und zwinkerte mir zu: »Sie essen jetzt Schinken aus dem Bunker.« Es stellte sich heraus, dass man die ausgewechselten Nahrungsmittel regelrecht bei der Verwaltung des Bunkers bestellen konnte. Sie waren billig, und sie waren gut.

Dann war da die Sache mit dem Flugfeld im Zuge der A 61 in Höhe Kreuz Bliesheim, runde sechs Kilometer Luftlinie vom Bunker entfernt.

Immer wieder hieß es: Wenn der Bundeskanzler im Falle der Krise und des Krieges im Bunker ist, muss die Möglichkeit bestehen, ihn schnell ausfliegen zu können – etwa, um den westlichen Alliierten bei Beratungen zur Verfügung zu stehen. Für mich klang das sehr logisch. Und tatsächlich gab es auf der A61 im Bereich des Kreuzes Bliesheim eine sehr lange

Gerade, an der ein großer Parkplatz ausgewiesen war, der aber niemals freigegeben wurde. Und es kam etwas hinzu. Die Mittelleitplanken waren herausnehmbar, es gab keinen Grünstreifen, stattdessen eine durchgängige Asphaltierung, also eine beachtliche, komfortable Landebahn.

Immer wieder fuhr ich auf schmalen Wirtschaftswegen durch die Felder diese merkwürdige Stelle an. Und eines Tages gesellte sich ein Bauer zu mir, sagte kein Wort, sondern hielt mir einen Umschlag hin. Ich nahm ihn und zog eine Reihe Schwarzweißfotos heraus. Die Bilder zeigten den Start und die Landung von Düsenjets der Bundeswehr auf genau diesem Abschnitt der Autobahn. Und dann noch die Landung und den Start einer kleinen Boeing.

»Alle Leute hier reden von dir«, sagte der Bauer, und zum ersten Mal begriff ich damals, dass viele reden wollten, aber nicht wussten, wie sie an mich herankommen konnten.

Es musste Tausende Menschen gegeben haben, die schon in diesem Betonmonster gewesen waren, denn die berühmt-berüchtigten Wintex- und Fallexübungen liefen dort unten ab. Dort residierte der »Bundeskanzler üb.«, was »Bundeskanzler übungshalber« heißt und gewöhnlich jemand war, der in der Hierarchie der Bundesrepublik ganz oben angesiedelt war. Und über diese Übungen war vieles durchgesickert, manches Abartige.

Die Übungen gingen immer davon aus, dass die Bundesrepublik Deutschland aus Osten von den Sowjetstaaten angegriffen wurde. Da kam es in der von mir herausgefundenen Situation vor, dass eine schnelle Truppe der Bundeswehr auf dem Weg an die Grenze zu Dänemark von unübersehbaren Flüchtlingsströmen aufgehalten wurde. Deutsche flüchteten im Krieg nach Dänemark, es waren Tausende. Dann entschied man sich, die Flüchtlinge erst zu erschießen oder weitgehend mattzusetzen, um sie dann mitsamt ihren Fahrzeugen per Räumpanzer von der Autobahn zu schieben. Es gab Hunderte solcher angenommener »Zwischenfälle«.

Einen befreundeten Baulöwen hatte ich gebeten, mir unter der Hand auszurechnen, wie teuer so ein Bunker sein könnte. Er kam auf eine Summe von runden fünf Milliarden, machte mich aber darauf aufmerksam, dass die tatsächliche Summe wahrscheinlich höher lag. Und noch höher wäre sie gewesen, wenn es unter den Weinbergen der Ahr nicht bereits diese Tunnels gegeben hätte; für Eisenbahnen waren sie gedacht, um das Braunkohlengebiet der Kölner Bucht mit dem Stahl- und Eisenzentrum in Elsass-Lothringen zu verbinden, aber in die Tunnels waren niemals Schienen gelegt worden.

Die Bewohner von Bad Neuenahr und Ahrweiler hatten die Tunnels 1944/45 als Luftschutzbunker benutzt. Die Tunnels hatten also schon alle Zutaten eines Krieges.

Dann hatte ich herausgefunden, dass bereits 1955, als die Bundesrepublik noch keine eigene Armee hatte, in diesen Tunnels auf schwere Stahlplatten geschossen wurde. Testschüsse, mit denen herausgefunden werden sollte, wie gut deutscher Stahl wieder war. Immerhin bereits zu einem Zeitpunkt, als niemand an Bundeswehr dachte, aber die Stahl- und Eisenleute schon wieder daran werkelten.

Und es hatte sich herausgestellt, dass in den letzten Kriegsjahren rund 2500 Kriegsgefangene am Bahnhof in Dernau ein Gefangenenlager bezogen hatten. Man brauchte viele Männer, um gewisse Arbeiten in den Tunnels weiter voranzutreiben.

Und ich saß dem Maler Schorsch Kreuzberg gegenüber, der mir im Dämmerlicht von ein paar Kerzen eine gespenstische Geschichte erzählte. Kreuzberg war mit einer schweren Schussverletzung aus dem Krieg heimgekommen und hatte etwas Bedrückendes entdeckt. Oberhalb des Dorfes, auf einem schmalen flachen Damm, hatte er mitten in den Weinbergen die Reste eines Lagers entdeckt. Und einen Haufen Kleidung in einem Betonkeller, die aussah wie die gestreifte Kleidung von KZ-Insassen. Und Schuhe, Holzschuhe, die wie die von KZ-Insassen aussahen.

Es erschien mir gänzlich unmöglich, dass die Bundesregierung in einer solchen Szenerie kurz nach dem völligen Desaster von 1945 daran gedacht hatte, ausgerechnet dort ihre Regierung in einem Bunker überleben zu lassen. Es war zwar klar, dass der Bunker wirklich nicht atombombensicher war, aber diese Tatsache schien unerheblich, denn der Bunker wurde Tag und Nacht »vorgehalten«, wie Verwaltungsfachleute das nennen – war also jeden Tag rund um die Uhr bereit, die Regierung aufzunehmen.

Ich habe übrigens niemals herausfinden können, wie teuer das pro Jahr gewesen ist. Fachleute sagten mir später, ihrer Meinung nach müsse der Bunker pro Jahr mindestens dreißig Millionen gekostet haben. Andere Schätzungen bewegten sich bei vierzig und fünfzig Millionen. Soweit ich herausfinden konnte, waren die gesamten Kosten des Bunkers, also die Baukosten, die Installierungen, die laufenden Kosten, in den Etats verschiedener Ministerien versteckt worden.

Mithilfe der späteren Ministerpräsidentin von Schleswig-Holstein, Heide Simonis, die als Etatspezialistin der SPD im Bundestag saß, kriegten wir Stück um Stück dieses gigantischen Etats zusammen. Nur ein Beispiel: Im Etat des Bundeslandwirtschaftsministeriums entdeckten wir einen Posten, der seltsam anmutete. Da stand: Für Straßenräumgeräte DM 80000. Das waren einfach Schaufeln, für 80000 Mark Schaufeln. Außerdem gab es im Bunker ungeheure Mengen von Diazepamen, vulgo Valium, für Millionen Mark. Weil man fest damit rechnete, dass die Insassen ausrasten könnten. Die Mittel waren im Etat des Innenministeriums versteckt.

Aber: tatsächlich ein KZ am Bunker? Tatsächlich, ja. Auf der KZ-Karte Europas hatte es im Jahre 1944 in Dernau ein KZ gegeben, ein Außenlager des KZ in Buchenwald. Ungefähr einhundert KZ-Häftlinge, deren Namen heute bekannt sind, waren dort zu einer Spezialaufgabe hintransportiert worden. Sie fertigten die berühmte Wunderwaffe V2, mit der Hitler alles wenden wollte, als er längst besiegt war. Das Flugleitwerk der Raketen wurde dort installiert. An dem Lager, in dem sie hausten, gab es zwei Türme mit Maschinengewehren. Und als die Fertigung im Stollen eingerichtet werden sollte, tauchte dort der Professor Ferdinand Porsche auf, um die Werkstatt aus der Taufe zu heben. Später stellte sich dann glücklicherweise heraus, dass es im KZ in Dernau keine Toten gegeben hatte.

Und dann hatte ich die Bekanntschaft mit einem Toten gemacht. Er hieß Moses Bär, und er war Metzger in Dernau gewesen, ein jüdischer Metzger.

Er lag oberhalb der Gemeinde auf einem winzigen jüdischen Friedhof in den Weinbergen. Sein Grabstein sah neu aus, ein schwarzer Kunststein. Darauf standen außer Moses Bär noch seine Frau Emma Bär und seine Schwester Minna Bär. Und zwei Söhne von ihnen. Alle mit dem vagen Todesdatum 1942. Was war da passiert?

Zu Beginn des Jahres 1942 hatte man die beiden Söhne, wie es damals hieß, »ins Gas geschickt«. Die drei Zurückgebliebenen bekamen mitgeteilt, einer der Söhne sei auf der Flucht erschossen worden, der zweite »im Osten verschollen«. Dann bekamen die drei, die übrig blieben, eine schwere Grippe und starben in ihrem Haus innerhalb einer Woche. Ich habe ihre Totenscheine. Darauf eingetragen war als Todesursache Grippe. Der Arzt, der das bescheinigte, war ein gewisser Dr. Habighorst, ein Mann, der ein Gegner der Nazis war. Es ist bewiesen, dass die drei in ihrem Haus nicht mehr mit Lebensmitteln versorgt wurden, und es ist auch geklärt, dass es viele Bürger Dernaus trotzdem taten, heimlich und gegen den Willen der örtlichen SS. Aber die drei waren nicht mehr zu retten, vermutlich sind sie trotz heimlicher Hilfe an Hunger gestorben.

Ich brach meine Recherchen ab, wahrscheinlich auch, weil ich befürchtete, dass Weiteres in dieser Gemeinde aus dem Geflecht der Jahrzehnte aufsteigen könnte. Ich weiß auch, dass ich Angst hatte, dass ich unsicher war und dass ich mich fragte, was das alles mit mir machte.

Der SPIEGEL schickte mir den Redakteur Fred David, der meine Recherchen gegencheckte, Wolfram Bickerich in Hamburg hob sie ins Blatt, und ich war für Wochen und Monate ein beinahe öffentlicher Mann. Ich war es nicht gern, und ich fand es idiotisch, dass man mich einen Bunkerforscher nannte.

Doch eigentlich begann die Geschichte erst jetzt und von Neuem, und sie wurde immer konfuser. Ich bekam einen Anruf von einem Mann, der sich Werner Nührenberg nannte und der mich unbedingt treffen wollte, um mir Dinge mitzuteilen, »die schaurig sind«. Ich will es kurz machen: Werner Nührenberg war der jüngste Brigadegeneral der Bundeswehr, hatte eine traumhafte Karriere hinter sich und ein Erlebnis, das ihn in eine Schreckstarre versetzt hatte. Die Bundeswehrakademie in Hamburg rief zu einem Manöver. Es sollte geprobt werden, wie man die gesamte Akademie kurzfristig innerhalb von Tagen an die Ägäis auslagern könne. Nührenberg bekam einen Stuhl und ein Schreibpult in einem Hörsaal zugewiesen, damit er die Übung in seinem Bereich durchziehen konnte.

Er fand auf dem Pult seine Unterlagen, aber dann noch eine weitere schriftliche Unterlage, die offenbar fälschlicherweise dort liegengelassen worden war. In der stand zu lesen, dass kein Regierungsmitglied jemals in Krise und Krieg den Bunker der Bundesregierung betreten würde. Stattdessen werde geübt, wie man die Bundesregierung samt allen Ministern und dem Bundeskanzler, samt allen Ehefrauen und Kindern mit der gesamten Flotte der Lufthansa nach Orlando/Florida fliegen würde. Dort stehe ein Hotel zur Verfügung, dort habe die Bundesregierung ein gutes Viertel des Flughafens in Orlando für diesen Fall gemietet. Die Flugzeuge der Lufthansa würden anschließend sofort zu Truppentransportern umgerüstet und nach Europa geschickt – GIs auf den Sitzen.

Ich hatte keine Schwierigkeiten mit Nührenberg, ich glaubte ihm aufs Wort. Mit dieser neuen Geschichte allerdings konnte ich niemandem kommen. Die Sache war zu abartig, das Ding war zu heiß. Ich sprach in Orlando mit einem Verwaltungsbeamten des Flughafens, der mir freundlich bestätigte: So ist das, so wird es ablaufen. Im Notfall heißen wir die Deutschen willkommen. Ich erinnere mich daran, dass ich vor Chefredakteuren saß, die einfach dichtmachten oder aber wütend wurden oder aber schrien: »Das können Sie mir doch nicht weismachen wollen!«

Nührenberg übrigens starb kurz darauf, er litt unter einer tödlichen Krankheit. Niemand nahm von der Beerdigung Notiz, auch nicht die Bundeswehr. Nur eine Frau folgte dem Sarg – seine letzte Freundin.

Sie werden sich fragen, warum ich diese Geschichte ausgerechnet in diesem kleinen Buch erzähle. Nun ja, mit Dernau und Marienthal an der Ahr war es im Grunde wie sehr häufig im Laufe der Jahrhunderte. Die Leute in der Eifel wurden missbraucht, und sie mussten über Nacht mit vielen geschichtlichen Wahrheiten leben, an deren Entstehung sie in keiner Weise beteiligt gewesen waren. Und das macht mich noch immer wütend.

Sie könnten zu einem Beweis fahren. Am Ende von Dernau geht nach rechts eine schmale Straße in die Berge hinein. Nach einer weit geschwungenen S-Kurve liegt linker Hand der kleine jüdische Friedhof, 26 Steine nur, viele unleserlich. Der Stein des Moses Bär und seiner Familie ist der einzige neue. Lassen Sie ein Steinchen auf diesem Stein liegen, zum Zeichen, dass Sie hier waren.

Das laute und das leise Tal

In diesem Tal kann es ganz leise zugehen – und auch sehr laut, etwa wenn die Busse aus dem Ruhrgebiet an die Ahr kommen. Dann gehen Sie doch einfach in die andere Richtung.

Dernau, Rech, Mayschoß, Altenahr – so beginnt unsere

Ahrtour, wobei ich von Beginn an sagen möchte, dass Sie mit dem Auto allein das meiste verpassen werden. Sie fahren auf einer schmalen, sehr kurvenreichen Straße zwischen steil ansteigenden schiefrigen Bergen entlang und können aus Ihrer Konservendose nicht viel sehen. Deshalb der Rat: Halten Sie regelmäßig an. Zu Fuß macht das Ahrtal entschieden mehr Spaß. Das gilt zum einen für die vielen Straußwirtschaften, Kneipen und Restaurants. Zum anderen für die traumhaften Wanderwege direkt in die Weinberge hinein. Und Sie wissen ja: Weißbrot, Käse und eine gute Flasche Wein gibt es an jeder Ecke. Außerdem ist das Ahrtal besonders an Sonn- und Feiertagen mit Autos schnell überfüllt.

Fangen wir also dort an, wo wir schon waren: In Marienthal, das zu Dernau gehört. Nach Dernau wird das Tal eng, es geht über Rech nach Mayschoß. Und dort stand mit der mächtigen Saffenburg die wohl älteste Befestigung des Ahrtals. Ein Adalbert de Saffenberg wird bereits 1074 erwähnt. Sie können nur noch die Reste besichtigen, aber die lohnen sich: Der Berggipfel wurde durch zwei ins Gestein gehauene Gräben in drei Plateaus geteilt, auf denen die Hauptburg durch zwei hintereinander gelegene Vorburgen gesichert wurde. Die Burg war so mächtig, dass sie das ganze Tal sperren konnte, und selbst nach Einführung der Feuerwaffen war sie nur schwer einnehmbar. Im Dreißigjährigen Krieg war sie hart umkämpft. Um zu vermeiden, dass ein Feind ihre hervorragende Stärke und Lage ausnutzen konnte, wurde sie 1704 gesprengt.

In der Pfarrkirche zu Mayschoß finden wir dann auch Reste der barocken Ausstattung des Klosters in Marienthal wieder. Hier finden Sie auch das Grabmal der Gräfin Katharina von der Mark, eine schön gearbeitete Tumba aus schwarzem belgischem Marmor, selten und eindrucksvoll.

An der Lochmühle durchbricht die Straße zum ersten Mal die Felswände, und Sie sollten spätestens hier Ihr Auto verlassen, denn linker Hand geht es geradeaus in einen kurzen

Abschnitt das Tales, in dem keine Straße zu finden ist. Hier kriegen Sie eine Ahnung, wie es früher in diesem Tal aussah. Ruhig, nur der Fluss murmelt, idyllisch.

Wenn Sie also ein paar Hundert Meter stille Ahr in sich aufgenommen haben, wenn Sie im Gras hockten und dem Murmeln des Flusses lauschten, dann können Sie gelassen zu Ihrem Auto zurückmarschieren und sich auf den Höhepunkt des Ahrtals vorbereiten: auf Altenahr.

Es folgt ein weiterer Straßendurchbruch durch den Schiefer des Tals. Und kurz vorher – aus dem Auto nicht sichtbar – schwebt mehr als 100 Meter in der Senkrechten über Ihnen wie eine Vision die Ruine der Burg Are. Es geht nun auf den eigenen Füßen weiter, aber Sie müssen ja nicht rennen. Es geht auf den Burgfelsen, und selbst hier sind Sie wieder auf dem Deutschen Rotweinwanderweg, der unter der Burg Landskron in Bad Neuenahr begann. Folgen Sie also einfach der Rotweintraube.

Schon nach wenigen Minuten den Berg hinauf erreichen Sie die Gymnichportz, eine halb im Wald und zwischen den hohen Felsen versteckte Torburg, die den Burgberg nach dieser Seite hin abriegelte. Folgen Sie dem Weg noch ein paar Minuten, und Sie haben das klassische Ahrtal-Panorama vor sich. Sie müssen zugeben, dass das überwältigend ist.

Der schon öfter genannte Gottfried Kinkel schrieb über diese Stelle: »... unter uns Altenahr, in Obstbäumen, Gärten, Kornfeldern versteckt, dicht vor uns aber die prächtigen Burgtrümmer, dahinter die phantastischen Felsenhäupter, die das Tal von Altenahr so wunderbar und einzig machen. Dies ganze Labyrinth haben wir in einem Blicke vor uns. Es ist keine Stelle, welche den eigentümlichen Zauber der Ahr so tief und mächtig auf den Beschauer wirken ließe ...« Diese Worte sind berühmt geworden, und dem es die Sprache verschlug, griff hier zu Pinsel oder Stift. In unzähligen Gemälden, Zeichnungen und Kupferstichen des 19. Jahrhunderts wurde dieser Blick festgehalten.

Die Hochburg der Ruine Are bestand bereits im Jahr 1121 und war Sitz der Grafen von Are. Die schenkten die Burg um 1246 dem Kölner Erzbistum. Das machte die Felsenkeller sofort zum gefürchteten Gefängnis für aufmüpfige Kölner Patrizier. 1690 wurde die Festung von den Franzosen neun Monate lang belagert und dann bis 1706 besetzt. Dann legte das Kölner Domkapitel eine Besatzung in die Burg, die sich zu einer derartigen Landplage entwickelte, dass der Kurfürst Joseph Clemens 1714 die Burg erobern und dann in die Luft sprengen ließ, man hatte die Nase voll von Kölnern.

Zum Schrecken Ihrer Kinder fehlt jetzt noch der Hinweis auf die dreischiffige romanische Pfeilerbasilika zwischen alten Häusern mitten in Altenahr. Sie wird schon 1166 genannt. Es ist ein Bau von höchst eindrucksvoller Strenge.

Wie abgeschnitten hört nach Altenahr der Weinbau auf. Tatsächlich war es so, dass im 19. Jahrhundert jenseits der Reben die terra incognita begann, heute würde man einen Aufenthalt in dieser geradezu abseitigen Welt einen Abenteuerurlaub nennen. Der Weg die Ahr weiter flussauf bedeutete immer eine Wanderung in ganz unbekannte Welten. Das Land war nicht nur unbekannt, es war auch zutiefst einsam und völlig verarmt. Reisende gab es nur auf Schusters Rappen, und die mussten sich aufmerksam umhören, um gegen Abend ein Wirtshaus ansteuern zu können, oder auch nur einen verarmten Bauern, der zwar nichts zu essen, aber möglicherweise eine Übernachtung im Heu anbieten konnte.

Wenn Sie Altenahr verlassen haben, kommen Sie an eine Abzweigung, an der es heißt Kreuzberg. Nehmen Sie sich Zeit für den Blick auf die Burg Kreuzberg. Hier fließen die Vischel und die Sahr zu. Auch diese Burg ist Inbegriff der Romantik um die Ritter. Der Ritter Cuno von Fischerich erhielt von den Herren in Altenahr, den Kölner Erzbischöfen, die Erlaubnis zum Bau einer Burg auf dem Kreuzberg. Für die Kölner war sie Sicherung ihrer Besitzungen im Ahrtal. Prompt wurde die Feste 1686 von den Franzosen erobert und gesprengt. Die Burg befindet sich im Privatbesitz, gehen Sie trotzdem hinauf. Dort steht eine Kapelle mit drei schönen Reliquienmonstranzen aus dem Jahr 1790.

Dann geht es weiter nach Burgsahr, Kirchsahr, fallen Sie einfach in die Wälder ein, parken Sie, wo Sie mögen, und hören Sie der Stille zu. Ausgerechnet im kleinen Kirchsahr steht mit einem gemalten Tryptichon eines der bedeutendsten Eifelkunstwerke überhaupt. Der Altar steht in der winzigen Dorfkirche und konnte nur aufgestellt werden, weil Gebäuderippen des Chores ausgebrochen wurden. Dass dieses schöne Stück hier zu finden ist, verdanken wir einem Priester namens Johannes Cremer, 1750–97. Er war Prediger hier und wirkte so überzeugend, dass die Stiftsherren von Münstereifel ihm einen Wunsch freistellten. Er wählte diesen Flügelaltar, weil die Münstereifeler ihn nicht mehr wollten. Damals war Barock gefragt, und ein gotisches Stück wollte man in Münstereifel nicht mehr haben. Zuweilen geht große Kunst seltsame Wege.

Auf der anderen Seite der B 257 kann ich das Gleiche empfehlen, wenn Sie in Ahrbrück hinauf nach Kesseling und Staffel fahren. Achten Sie in Staffel am Ende der Gemeinde auf ein linker Hand gebautes, allein stehendes Mehrfamilienhaus, eine beachtliche Hässlichkeit. Machte aber Sinn, denn das Haus steht genau vor dem Postbunker, der den Regierungsbunker mit Nachrichten versorgen sollte. Sie können von hier aus hinauf auf die Hohe Acht fahren.

Im Tal der Ahr wird Ihnen eine schmale, kleine Straße rechts hinein nach Liers und Obliers angezeigt. Tun Sie sich den Gefallen und fahren Sie einfach hinein, ein schöneres Seitental der Ahr kann man kaum entdecken, liebliche Wiesenauen unter tiefen Wäldern.

Achtung in Dümpelfeld. Geradeaus führt die Straße auf Adenau zu, rechts hinein geht es weiter die Ahr hinauf. Und wundern Sie sich nicht, denn die Ahr ist hier buchstäblich menschenleer. Ehrlich gestanden habe ich in all den Jahren in der Eifel nie verstanden, warum sich hier nicht die Besucher der Eifel drängeln, denn die Wiesenauen sind märchenhaft, und im Sommer steht das Gras mannshoch, das ganze Tal blüht, und in der Ahr blüht der Gemeine Froschbiss und bildet weiße Blütenmeere über dem Wasser.

Ein kleines Stück weiter als Dümpelfeld hat sich die Ahr wieder durch senkrecht stehende Felsbarrieren gesägt, Sie sind in Dümpelfeld, das von drei Seiten vom Fluss eingefasst ist. Zu Zeiten Kinkels war ab hier in diesem Tal nicht einmal eine Straße, was zur Folge hatte, dass die Menschen völlig verarmten. Es ist eine verwunschene Gegend, mit dem Aremberg, auf dem im dichten Wald die versunkenen Reste einer prachtvollen Herzogsresidenz zu finden sind.

In Antweiler treffen Sie die kleine Straße, die nach rechts dorthin führt. In steilen Windungen geht es den Talhang hinauf. Oben angekommen sehen Sie ein altes Dorf, geduckt im Schatten einer mächtigen, bewaldeten Bergkuppe, die wirkt, als habe man sie der Landschaft aufgesetzt. Tatsächlich ist es einer der größten tertiären Vulkane, der mit ungeheurer Macht das devonische Grundgestein durchschlug und den Basaltkegel auf die Landschaft setzte.

Man will es kaum glauben, aber im Mittelalter brauste hier das Leben. Auf diesem Berg bauten 1166 die Herren von Aremberg eine mittelalterliche Burg, zu deren Füßen im 14. Jahrhundert ein mit Mauern und Türmen befestigtes Dorf entstand. Die Aremberger, deren Haus heute noch existiert, hatten durch alle Jahrhunderte zwei Vorteile auf ihrer Seite, die sie klug zu nutzen verstanden. Erstens waren sie wohlhabend, sogar reich. Sie betrieben im nahe gelegenen Lommersum und Freilingen Erzbergwerke, in Antweiler und Ahrhütte erfolgte die Weiterverarbeitung. Und sie hatten eine unbedingte Treue zum deutschen Kaiserhaus. Das Wohlwollen des Kaisers brachte ihnen 1549 den Aufstieg in die Reichsgrafschaft, 1576 den Fürstenstand und 1644 die Herzogswürde. Ihrer wachsenden Bedeutung entsprechend bauten sie den Aremberg zu einer so starken Befestigung aus, dass sie in der sogenannten Jülicher Fehde eine wichtige Rolle spielten. Sie bauten eine groß angelegte Barockfestung. Etwa um 1670 bedeckte den ganzen Berg ein System spitzwinklig vorstoßender Bastionen, Gräben, Kasematten und Vorwerke.

Die Festung war so gewaltig, dass sie Hunderte von Soldaten beherbergen konnte, und sie besaß sogar eine Esplanade, einen Exerzierplatz. Die Franzosen wagten in den Raubkriegen Ludwigs XIV. nicht, die Feste anzugreifen. Aber nach dem Frieden von Nijmwegen im Jahre 1679 entließ der Herzog die teure Garnison, und prompt geschah es. In einer kalten Februarnacht des Jahres 1682 drangen Franzosen in die unbewachte Festung ein, erbeuteten die damals riesige Menge von 46 Geschützen und setzten sich fest. Sie begannen sofort mit dem Ausbau. Ihr Ziel war ein Stützpunkt in der Eifel, in dem sie dreitausend Mann unterbringen konnten, und die Aremberg war groß genug, das zu ermöglichen.

Den Franzosen passierte jedoch eine Panne. Sie wollten mit einer Sprengung die Quelle im Brunnen erweitern, sie brauchten mehr Wasser. Die Sprengung ging schief, die Quelle wurde zugeschüttet. Jetzt war der Berg ohne Wasser, jetzt taugte die ganze Festung nicht mehr. Ein Jahr später, also 1683, zogen die Besatzer ab. Vorher versuchten sie allerdings, durch Sprengungen so viel Schaden wie möglich anzurichten.

Die militärische Geschichte des Arembergs war vorbei, die Herzöge kehrten zurück und erbauten aus den Trümmern ein prächtiges Schloss. Aus den mächtigen Bastionen, denen die Sprengungen nichts hatten anhaben können, wurden Terrassengärten unter dem weithin sichtbaren Schlossbau.

Aber die Franzosen kamen zurück. Am 13. Oktober 1794 erschienen die ersten Soldaten der französischen Revolutionsarmee, beschlagnahmten das Schloss, ließen es 1803 versteigern und abbrechen. Damit war das Leben auf dem Aremberg erloschen.

Über die Jahrhunderte war das Dorf darauf ausgerichtet,

die Herrschaft auf dem Berg in jeder Hinsicht zu versorgen. Jetzt gab es keine Herrschaft mehr. Gottfried Kinkel kam hierher, als das alles gerade eben vorbei war: »Durch den öden Garten tritt man auf das Ruinenfeld... Frage, wen du willst, von Leuten über dreißig Jahren; jeder wird dir von der Pracht dieses Baues erzählen und von seinem Schmerz, als er mit ganz unbegreiflicher Rohheit abgebrochen wurde... Der Flecken Aremberg aber, der zu Füßen des Burgkegels am Ende des Parks liegt, auch einst blühend und auf den Landkarten noch trügerisch als ein ansehnlicher Ort hingezeichnet, ist zum elendsten Dorf herabgesunken...«

Gehen Sie trotzdem in die alte Pfarrkirche und finden Sie hier einen bedeutenden Teil der Barockausstattung des Klosters Marienthal wieder. Der Schlosshof heute ist eine Wiese, Sie können unter gewaltigen Rotbuchen sitzen und sich vorstellen, wie das Leben hier gewesen sein mag. Es herrscht nichts als eine tiefe Stille.

Die Franken kommen

Zurück im Ahrtal, in Müsch, stoßen Sie auf die B258, die vom Nürburgring her kommt. Sie können jetzt nach rechts die Ahr aufwärts bis Blankenheim fahren, das Auto abstellen und durch die hervorragend rekonstruierten Gässchen und zwischen den mittelalterlichen Häusern herumspazieren. Dieses sehr sympathische Städtchen, überragt von der Burg, war nach 1794 völlig verelendet und verfallen. Denn in jenem Jahr verließ die letzte Gräfin von Blankenheim den Berg und das Tal, ihre Familie kehrte nie mehr in die Eifel zurück.

Grund für die Flucht waren die anrückenden französischen Revolutionstruppen. Sie beschlagnahmten die Burg und verkauften sie auf Abbruch. Das Schloss, in dem über viele Jahrzehnte ein glanzvoller Hof gehalten wurde, wurde buchstäblich bis zur Tapete geplündert. In den Häusern waren kostbare Sammlungen: Gemälde, Takenplatten, Porzellan, Kristalllüster, eingebaute Kostbarkeiten an Möbeln. Die weitläufige Anlage wurde weitgehend demoliert. Von dieser Weitläufigkeit ist heute nichts mehr zu sehen, die kostbaren Sammlungen wurden in alle Winde zerstreut, sind nicht mehr nachweisbar.

Die preußische Regierung wollte Blankenheim um 1816 zu einem Hauptkreisort machen, aber es folgte ein entrüsteter Aufschrei der Beamten: »Nur nicht nach Blankenheim!« In einem offiziellen Schreiben hieß es: »Die Wege nach Blankenheim führen durch stundenlange Heiden, keine Spur einer menschlichen Wohnung ist anzutreffen, sie führen über Berge durch unwegsame Wälder, sie sind beschwerlich und gefährlich!«

Heute würde man diesem Schreiben nicht glauben wollen, denn nach dem Zweiten Weltkrieg entwickelte Blankenheim sich wieder zu einer blühenden Gemeinde.

Damit Sie im Bilde sind: Blankenheim ist eine fränkische Gründung, was ganz einfach aus dem Namen herzuleiten ist. Am 23. Juni 723 wird dieses blancio (Blankenheim) erstmals urkundlich erwähnt.

Der Ansturm aller möglichen Stämme aus dem Osten zum Rhein hin (und damit gegen die Römer) ging am Ende des 4. Jahrhunderts erst richtig los. Die Römer zeigten Schwächen, die Heere der Römer waren zu teuer, Rom, ohnehin in einer Krise, wollte und musste sie heimholen. Die Franken sind zwischen dem 2. und dem 4. Jahrhundert zu einem bedeutenden Volksstamm zusammengewachsen. Als die Römer dann Platz machten, den Rhein verließen, kamen auf breitester Front die Franken in dieses Gebiet, rückten über den Rhein nach Westen vor.

Wir sind hier in der geografischen Mitte der Eifel, in einem Gebiet, in dem Franken sehr früh siedelten. Allerdings unterschieden sie sich grundsätzlich von den Römern, organisierten ihr Leben anders, nutzten es anders, hatten auch andere

Ziele, schufen eine eigene Welt. Hier bei Blankenheim lag die Kreuzung zweier bedeutender Fernstraßen: Trier–Köln und Koblenz–Aachen. Aus dem 5. und 8. Jahrhundert fanden sich fränkische Gräber, deren Beigaben vorzüglich im Kreismuseum Blankenheim gezeigt werden.

Wenn Ihre wissbegierigen Kinder fragen, so sagen Sie: Die Franken waren im Gegensatz zu den Römern Bauern. Sie siedelten also folgerichtig in den besten Lagen der Kalkmulden und in den fruchtbaren Talsohlen. Sie mochten auch die steinernen Villen und Häuser der Römer nicht, ließen sie verfallen. Sie waren Menschen, die Viehzucht betrieben, die Wert auf dorfnahe, feuchte Weideplätze legten.

Wir wissen nur, wie ihre Häuser aussahen und wie sie sie bauten. Und es kann für Ihre Kinder sehr reizvoll sein, sich das vorzustellen. Die Franken kamen aus einem Gebiet, in dem das Einraumwohnhaus gebaut wurde oder das Wohnstallhaus. Es war ein einziger großer Raum, in dem alle Menschen lebten und alle Tiere. Natürlich waren die Bereiche für die Tiere abgetrennt, aber die Wärme der Tiere sorgte im Winter für die notwendige Wärme im ganzen Raum. Es war also sehr praktisch.

Die Wände wurden aus Holz und Weidengeflecht aufgebaut und danach mit Lehm abgedichtet. Auf Pfosten und Stützen ruhte das Dach. Falls weitere Wirtschaftsgebäude gebraucht wurden, gruppierte man sie um den Zentralbau. Der Fachwerkbau, den Sie jetzt in Blankenheim so reich und perfekt sehen können, ist nichts weiter als eine Fortentwicklung der ersten Techniken der Franken.

Vielleicht noch ein Wort zu den Bestattungsriten der Franken. Sie begruben ihre Toten in Reihengräbern, und bis zum endgültigen Durchbruch des Christentums (was sich in der Eifel sehr lange hinauszog) war es üblich, dem Mann seine Waffen und lieb gewordenen Gegenstände ins Grab zu legen, und der Frau gab man ihren Schmuck mit und Teile des Haushaltsgerätes für die lange Reise in ein anderes Leben.

Doch etwa ab 700 bleiben die fränkischen Gräber von Beigaben leer. Wir nehmen an, dass die katholische Kirche die Grabbeigaben verboten hat, und also schließen wir daraus: Diese Eifler sind missioniert und Christen geworden.

Und die letzte Empfehlung in Blankenheim kommt wieder von Gottfried Kinkel, der das alles zu Fuß erledigte. »Für den aber, der längs der Ahr zurückkehren möchte, sei noch dies zum Schlusse gesagt: Die Ahr ist an einzelnen Schönheiten so überreich, dass man aufwärts und abwärts ganz verschiedene Wege wählen und so die Gegend recht eigentlich doppelt genießen kann.« Der Mann hat recht, und ich hoffe, Sie kommen einmal wieder, weil es Ihnen so gut gefiel.

Fahren Sie nun doch ins Lampertstal bei Ripsdorf. Dort wartet auf Sie, vor allem aber auf Ihre Kinder, ein Lehrsteinbruch im Hang des Hönebergs, den Sie nicht versäumen sollten. Eine Tafel macht Ihnen klar, was Ihre Kinder unter Umständen hier finden können. Fossilien, und zwar Schnecken und Korallen, denn die hier zutage tretenden mitteldevonischen Kalke sind Teil des etwa 370 Millionen Jahre alten Meeresbodens des Devon-Meeres. Und das war voller merkwürdiger Lebewesen, auf die ich später noch komme.

Der Hirsch auf dem Marktplatz

Sie sollten auch in Nettersheim Station machen. Die Römer müssen diesen Landstrich besonders geliebt haben, denn sie hinterließen viele Spuren. Weltberühmt wurde Nettersheim allerdings durch ein römisches Projekt, das vor allem Wasserbauer entzückt. Hier an der Urft begann die Wasserleitung der Römer nach Colonia Claudia Ara Agrippinensium, dem heutigen Köln, eine technische Meisterleistung.

Folgen Sie den Hinweisschildern, die zum Grünen Pütz weisen. Die Brunnenstube ist aus Fundstücken rekonstruiert worden. Wir stehen hier auch am Beginn technischer Raffinessen. Die Wasserleitung, die hier einen ihrer Anfänge nahm, ist neunzig Kilometer lang. Sie lesen ganz richtig: neunzig Kilometer bei einer Höhendifferenz von nur rund 300 Metern.

Zum grünen Pütz: Auf der einen Seite mündet eine etwa 80 Meter lange Sickerleitung in einer feinen, als Filter wirkenden Kiesanlage, deren Werksteinfassung aus großen Sandsteinen original erhalten ist. Auf der anderen Seite beginnt der gewölbte Kanal in Richtung Köln. Wahrscheinlich gehört diese Leitung zu den bedeutendsten technischen Leistungen der Römer nördlich der Alpen, und wahrscheinlich war sie überhaupt nicht notwendig, denn Köln besaß eigene Quellen.

Wahrscheinlich ist, dass die Römer verwöhnt waren und dass ihnen das kalkhaltige Wasser in Köln nicht schmeckte. Also wurde die Leitung beschlossen. Zum Teil wurde sie auf Pfeilerwerken geführt, zum anderen Teil unter der Erde. Andere, aus Seitentälern kommende Gewässer wurden angeschlossen, zum Beispiel auch Münstereifel mit der Erft. Streckenweise war die Leitung so stark an Umfang, dass ein Mann gebückt darin gehen konnte, auf jeden Fall aber wurde die Leitung tagtäglich überwacht. Und: Die Erbauer hatten in unregelmäßigen Abständen Kläranlagen eingebaut. Interessant, wie viel Wasser denn der Domstadt zufloss: Es waren pro 24 Stunden rund 20 000 Kubikmeter, was Technikfreaks noch heute begeistert.

Es ist nun an der Zeit, das entzückende Bad Münstereifel zu besuchen, eine kleine Stadt, die in Deutschland kaum ihresgleichen hat. Aus welcher Richtung Sie auch immer kommen, Sie stoßen auf Mauern und Türme. Und mitten durch die mittelalterliche Herrlichkeit fließt die Erft, die sehr gezähmt und malerisch dahingluckert, aber in anderen Jahrhunderten wild und reißend daherkommen konnte, sodass in einer Nacht zweihundert Bürger ertranken und dreitausend Stück Vieh.

Sie können sehen, an welcher Stelle des Flüsschens die Hausfrauen ihre Wäsche wuschen und wo das Vieh getränkt wurde. Es geht um eine vollkommen erhaltene Stadtbefestigung mit kleinen Plätzen, Brücken und Gassen, alles ist harmonisch gegliedert, alles mittelalterlich geprägt und gebaut, und nichts ist gemogelt. Sogar die Erft ist am Einfluss und Ausfluss in dieser kleinen Stadt durch Wassertore gesichert. Merke: Angreifer könnten tauchend die Kommune überwältigen.

Um das Jahr 950 wurde das Kloster ein – umgewandeltes – Kanonikerstift, erhielt 898 Markt- und Zollrechte, blieb aber von Prüm abhängig, das es von Schutzvögten verwalten ließ. Es menschelte sehr, es war alles wie im wirklichen Leben, denn diese Schutzvögte waren stark bewaffnet und betrachteten Münstereifel sehr bald als ihr Eigentum, was den Münstereifelern gewaltig stank. Nach langen Streitereien konnte sich Jülich gegen Kurköln durchsetzen und sich die kleine Stadt einverleiben. Damit war ein wichtiger Stützpunkt in der Nordeifel gewonnen, und sofort wurden eine große Burg und eine aufwendige Stadtbefestigung gebaut.

Münstereifel blieb bis zum Jahre 1792 bei Jülich, unterscheidet sich aber wesentlich von anderen kleinen Orten, denn hier tauchte ein Mann namens Toni Hürten (1888–1978) auf, der seiner Heimat eine Stadtchronik schrieb. Es ist ein einzigartiges Dokument der Stadtgeschichte und macht den oft traurigen und gleichermaßen heiteren Alltag einer solchen Siedlung nachvollziehbar.

Da heißt es zum Beispiel über das Jahre 1451, dass die Stadt nach der Pest völlig verlassen war und auf dem von Gras und Sträuchern überwucherten Markt ein großer Hirsch erlegt wurde.

Hürten beschreibt lebensnah den sehr verbissenen Streit der Bürger nach der Reformation, als die Katholiken den

Protestanten verbieten wollten, ihre Toten auf dem Friedhof zu beerdigen. Das erinnert sehr an die Bürger von Schilda, denn die zwei Fraktionen wären gut beraten gewesen, sich auf alle Fälle gütlich zu einigen. Da sie das aber partout nicht wollten, riefen die Katholiken spanische Truppen zu Hilfe, die evangelischen Christen riefen holländische Truppen. Nun könnte man erwarten, dass die beiden militärischen Hilfen aufeinander einschlagen würden, aber das scheint nicht so gelaufen zu sein. Stattdessen brandschatzten beide das Städtchen um die Wette und ließen die Gegenseite fröhlich leben.

Die Münstereifeler Ratsherren scheinen ein ganz eigenwilliges Völkchen gewesen zu sein, über sie schreibt Hürten Besonderes. Zu den Ratssitzungen wurde kostenlos Wein gereicht. Das scheinen die hohen Herren gründlich missverstanden zu haben, denn wiederholt wird von Missständen gesprochen, was wahrscheinlich auf gut Deutsch heißt, dass der Rat der Stadt betrunken war und definitiv nichts entscheiden konnte. Daher beschließt man, dass die Ratsherren künftig andere Präsente für ihre Anwesenheit bekommen. Diese Präsente wurden gern angenommen, aber der nächste Streit war vorprogrammiert. So heißt es über den 10. März 1663: »Da im Senatu große Unordnung herrscht, dass es vorkommt, dass zur angesetzten Stunde der Ratssitzung um 8 Uhr Ratsherren erst um halb neun, neun Uhr, halb zehn und zehn Uhr kommen und dabei ihr praesenta völlig genießen wollen, wird nun bestimmt, dass, wer nicht um 8 Uhr oder spätestens eine Viertelstunde nachher anwesend ist, dessen praesenta verfällt und von den Anwesenden verzehrt wird.« Ich habe nicht herausfinden können, was diese praesenta denn waren, nehme aber an, es waren ein deftiger Braten und viele Liter Bier.

Dann folgte ein Skandal. Als am 13. November 1678 die plündernden Truppen des französischen Sonnenkönigs in Münstereifel einfielen, verließen alle Ratsherren ohne Ausnahme ihre Heimatstadt, überließen die Bevölkerung der Katastrophe und flohen nach Köln.

Und auch an dieser Stelle schreibt Hürten seine Wahrheiten. Es mussten jedem einzelnen der feindlichen Besucher aus Frankreich große Mengen an Bier, Brot und Fleisch serviert werden. Dadurch wurden die Reserven der Bürger sehr schnell verbraucht, sodass die Einwohner schwer darbten, während die Truppen ein üppiges Leben führten.

Unter Androhung von Brand und totaler Demolierung der Häuser verlangten die Franzosen ungeheure Summen an monatlich zu zahlenden Geldern, die die Zurückgebliebenen unmöglich leisten konnten. Schon nach kürzester Zeit hatten sie kein Geld mehr. Der Stadtschreiber Horstgen erreichte zwar immer wieder einen Aufschub, aber die Sache sah nicht gut aus. Kam hinzu, dass einzelne französische Offiziere zusätzlich Geld für ihre Privatschatullen verlangten. Diese Zahlungen standen unter dem schon damals unglaublichen Titel »Verehrung des Herrn Offiziers«.

In höchster Not wandten sich die Münstereifeler an ihre nach Köln geflüchteten Ratsherren, ohnehin die reichsten Bürger in Münstereifel. Diese Männer lehnten jede Hilfe ab.

Münstereifel kam in dieser Zeit vollkommen herunter, das große Kloster verfiel, die nachfolgenden Kriege verhinderten jeden Wiederaufstieg. Und als noch das Tuchmacherhandwerk unter dem Druck der Konkurrenz aus dem benachbarten Euskirchen erlahmte, setzte eine völlige Verarmung ein, die weit bis in die ersten Jahrzehnte des 20. Jahrhunderts reichte.

Wie so oft in der Eifel ist das Elend der letzten 250 Jahre der strikte Weg zu einem langsamen Wiederaufstieg gewesen. Da die Mittel für einen grundsätzlichen Neuanfang fehlten, blieb die Stadt so erhalten, wie sie seit 200 Jahren war: reines Mittelalter. Bad Münstereifel wurde Kurstadt (Kneipp!), und ihre Bewohner liebten jetzt das alte Flair und wollten und mussten es erhalten. Also wurde das jahrelange Elend groteskerweise zum wichtigsten Faktor der Neuzeit, zum Grund für diese strahlende Präsenz einer mittelalterlichen kleinen, quirligen, vollkommen erhaltenen Stadt.

Falls Sie eine Pause wünschen, gehen Sie ins Portofino oder ins Café T. Und ja, den Barden Heino haben wir auch – im Rathaus-Café samt den von ihm kreierten Nusskuchen und erlesenen Schokoladen. Falls er da ist, grüßen Sie ihn schön.

Anschließend sind Sie gestärkt für den Besuch des bedeutendsten Gebäudes der Stadt, der Pfarrkirche St. Chrysanthus und Daria.

Im Mittelraum dieser Kirche sehen Sie zuerst das Hochgrab des Grafen Gottfried von Bergheim, der um 1335 starb. Auf der Deckplatte die Liegefigur des Verstorbenen mit einem reich gestalteten Baldachin über dem Haupt. Die Figur trägt eine sehr genau gearbeitete Ritterrüstung der damaligen Zeit, in der die Entwicklung des Kettenhemdes hin zum Plattenharnisch ablief. In der Krypta sollten Sie eine schlanke, 68 Zentimeter große Madonna betrachten, ».. . die in ihrer elegischen Schönheit auf die französische Hofkunst um 1320 weist«, wie Walter Pippke und Ida Pallhuber es angemessen beschreiben. Außerdem ist dort der vergoldete Holzschrein aus dem 18. Jahrhundert zu sehen mit den Gebeinen der Märtyrer Chrysanthus und Daria.

Auf der gegenüberliegenden Seite des Klosterplatzes steht das Romanische Haus. Eine dendrochronologische Untersuchung ergab, dass die Bäume für die Errichtung des Hauses im Jahre 1167 gefällt worden sein müssen. Der Bau stellt eines der wenigen erhaltenen romanischen Häuser nördlich der Alpen dar. Und heute beherbergt er das wirklich sehenswerte Münstereifeler Heimatmuseum. Das – und auch die Wehrmauer – sollten Sie auf keinen Fall versäumen.

Und jetzt ein Wort zu dem eigentlichen Grund, weshalb ich Sie bat, hierherzukommen. Der Grund ist ein Buch und der Autor dieses Buches. Schon der Titel ist ungewöhnlich, er lautet: »Hochnötige unterthänige wemütige Klage der frommen Unschültigen«. Der Autor heißt Hermann Löher.

Löher ist ein Sohn des Kaufmanns Gerhard Löher, wurde in Münstereifel im Jahre 1595 geboren. Hermann wurde ebenfalls Kaufmann und übernahm politische Ämter, 1627 ist er als Bürgermeister genannt, 1631 als Schöffe.

In jenem Jahr begann in Rheinbach eine Serie von Hexenprozessen, und als Schöffe gehörte Hermann Löher zum Gerichtspersonal. Ab dem dritten Prozess, in dem die reiche Witwe Christina Böffgen angeklagt war, lag die Prozessführung in den Händen eines berüchtigten Hexenrichters: Franz Buirmann. Was sich dann in Rheinbach abspielte, hatte mit den zum Tode Verurteilten viel weniger zu tun als mit den widerlichen kommunalpolitischen Auseinandersetzungen innerhalb der Rheinbacher Führungsschicht. Im Schöffenkollegium gab es zwei Befürworter der Prozesse und fünf Skeptiker. Fünf Jahre später schon waren die Prozessgegner entweder selbst der Verfolgung zum Opfer gefallen oder geflohen – wie Hermann Löher selbst, der 1636 den Rheinbacher Amtmann bestach und mit seiner Familie über Köln und Wesel nach Amsterdam floh, um selbst der Anklage als Hexer zu entgehen. Es gelang ihm, dort im Wollhandel Fuß zu fassen und zu Wohlstand zu kommen.

Die grausamen Ereignisse in Rheinbach aber ließen ihn nicht los, sie beschäftigten und quälten ihn bis zu seinem Tode. Im hohen Alter schrieb er nieder, was er in Rheinbach erlebt hatte. Es wurden 600 Seiten. Und das Besondere daran ist wohl der Umstand, dass Löher der einzige Autor zu diesem Thema ist, der niemals juristisch oder theologisch ausgebildet wurde. Er schrieb leidenschaftlich gegen das Hexenbrennen.

Vermutlich hat er den Druck seines Werkes nicht mehr erlebt, sein Buch, das die Jahreszahl 1676 trägt, ist nicht vollständig, verschiedene Seiten enthalten noch Lücken, in die wahrscheinlich Namen eingetragen werden sollten. 1678 starb Löher in Amsterdam, er war 83 Jahre alt.

Des Weiteren soll es um Göttinnen gehen, es geht um den Glauben der römischen Legionäre. Wenn Sie von Bad Münstereifel in Richtung Zingsheim, vorbei an Nöthen und Gilsdorf, fahren, entdecken Sie vor der Ortschaft Pesch linker Hand einen Wandererparkplatz. Sie können nur zu Fuß weiter, Richtung »Heidentempel«. Wir werden es jetzt mit Muttergottheiten zu tun bekommen, die man romanisiert Matronen nannte.

Das Zentrum des Matronenkultes lag in Bonn, die Göttinnen spendeten Segen und Fruchtbarkeit und beschützten Haus, Hof, Familie und Sippe.

Der Tempelbezirk, den Sie nach kurzem Weg erreichen, wurde 161 nach Christi Geburt gebaut. Der Zeitpunkt der Errichtung stand in engem Zusammenhang mit den damaligen politischen Verhältnissen.

Die römische Legion I (Minerva Pia Fidelis) war in Bonna (Bonn) stationiert und widmete sich zwei Generationen lang sehr friedlichen Tätigkeiten. Die Legionäre hatten gebaut, gewacht, geheiratet und also Familien gegründet. In den römischen Lagervorstädten lebte es sich zivilisiert, komfortabel und wahrscheinlich glücklich. Dann erschütterte eine Nachricht das römische Reich: Kaiser Marcus Aurelius musste Krieg führen, und jedermann, der irgendwo entbehrlich war, musste mitziehen in den Krieg gegen die Armenier. Natürlich bedeutete das für die Mitglieder der Legion I in Bonna eine tödliche Gefahr, möglicherweise eine Reise ohne Wiederkehr. Da besannen sich die Menschen auf die alten römischen Göttinnen und erbauten ihnen das Heiligtum, in dem Sie jetzt stehen.

Zahlreiche Gelübde, die bei der Freilegung zutage kamen, betonen diese Angst vor dem Tod auf den Schlachtfeldern und erflehen den Segen der Matronae. Zum Beispiel diese Inschrift: »Wenn unser Vater, Centurio seines Zeichens oder Benefiziarier, heil aus dem Krieg zurückkehrt, werden wir Euch einen schönen Stein setzen, gar einen Tempel erbauen!«

Der Krieg dauerte Jahre, Marcus Aurelius siegte, und die Legion I konnte im Jahre 164 n. Chr. nach Bonna zurückkehren. Die Menschen erfüllten ihre Gelübde und ließen Steine,

Altäre und Sockel meißeln, Statuetten kneten, gießen, schnitzen und bescheinigten so, dass die Göttinnen wirklich geholfen hatten.

Was die Menschen noch nicht wussten: Aus Armenien waren nicht nur die Heere wieder nach Westen in ihre Garnisonen gezogen, sondern auch die Pest. Im Jahre 167 n. Chr. brach sie in unseren Gebieten aus, und die Wissenschaftler sagen uns, dass damals jeder dritte Mensch starb.

Es gibt diese Kultstätten an vielen Punkten, übrigens auch in Nettersheim, wo die römische Wasserleitung begann. Erstaunlich ist nur, wie viel Einfluss dieser Kult ausgerechnet hier hatte. Da gibt es eine einleuchtende Erklärung, die Heinz Günther Horn vom Rheinischen Landesmuseum unterbreitet. Es war ein importierter Glaube, wenn man so will. Er traf aber hier auf ein indoeuropäisches Naturverständnis. In den Matronendarstellungen tauchen immer wieder Bäume auf. Bäume aber waren hier bei den Stämmen der Franken schon Sinnbilder der Fruchtbarkeit, des Werdens und Vergehens in der Natur. Wir wissen, dass zum Beispiel Eichen heilige Bäume waren. Ursprünglich, so nimmt man an, war das Heiligtum in Nöthen auf einem Platz errichtet worden, auf dem vorher ein heiliger Baum stand. Die Göttinnen des Werdens und Vergehens verschmolzen also miteinander.

Und jetzt der Schlussstein in Münstereifel für Technikbegeisterte, vor allem für Kinder beiderlei Geschlechts: ein Radioteleskop auf dem Effelsberg, 3200 Tonnen schwer, ein Ohr in die Weiten des Universums. Das weiße Monster, von überall her sichtbar, hat einen Durchmesser von einhundert Metern und ist voll schwenkbar.

Schon die Adresse macht Eindruck: Max-Planck-Institut für Radioastronomie – Radioobservatorium Effelsberg – Max-Planck-Straße 28.

Ich will einmal versuchen, so einfach wie möglich zu formulieren, was die Spezialisten dort tun. Haben Sie jemals den Film »Contact« gesehen, in dem es darum geht, dass Außerirdische Kontakt zu Menschen aufnehmen? Nun ja, dieses weiße Monster auf dem Effelsberg versucht in den Weltraum hineinzuhören, um möglicherweise irgendwann einmal auch Radiowellen zu empfangen, die von anderen Welten kommen, von intelligenten Wesen gesteuert werden. Es geht auch um die Frage: Hallo, ist jemand dort draußen?

Wissenschaftlich formuliert sehen diese Arbeitsziele und -felder in der Sprache der Leute vom Effelsberg gänzlich anders aus (und ich kann das nur auflisten – nicht kommentieren): Messungen im Radiokontinuum. Untersuchungen galaktischer und extragalaktischer Objekte bei verschiedenen Wellenlängen. Diese Arbeitsgruppe schließt auch Untersuchungen in der 21-cm-Linie des neutralen Wasserstoffs (HI) mit ein. Spektroskopische Untersuchungen galaktischer und extragalaktischer Objekte. Untersuchung der Radiostrahlung von Pulsaren mit sehr hoher Zeitauflösung. VLBI (Very Long Baseline Interferometry), ein globales Netzwerk von Radioteleskopen, das für Radiointerferometrie mit großen Basislinien eingesetzt wird. Diese Messmethode liefert besonders hochauflösende Abbildungen von Radioquellen.

Es ist ja so, dass ständig elektromagnetische Strahlung aus dem Kosmos auf die Erde trifft. Sie wird hier mithilfe sehr spezieller Antennen empfangen. Das Institut in der Eifel arbeitet weltweit und bietet Wissenschaftlern anderer Universitäten die Möglichkeit, im Max-Planck-Institut zu arbeiten, beste wissenschaftliche Tradition also.

Von Bauern und Teufelsadern

Wir sind auf einem Weg in den Nordosten der Eifel, wir nähern uns Euskirchen und Zülpich, beide im Mittelalter ziemlich bedeutsam, beide von mächtigen Regionalfürsten ausgebaut und beide – leider – im Zweiten Weltkrieg vollkommen zerstört und verwüstet. Von der Geschichte ist nicht viel geblieben, von alter Bausubstanz auch nicht. Euskirchen wird als lebhaft beschrieben, und Zülpich ist nach Ansicht von Historikern ein verschlafenes Städtchen.

Von Euskirchen aus sollten Sie unbedingt einen Abstecher in das Rheinische Landesmuseum im benachbarten Kommern machen, es liegt gleich um die Ecke. Dort hat sich etwas Besonderes getan. Es ist der einzige Ort, an dem noch die dörfliche und bäuerliche Bauweise dieses Landes vor einigen Jahrhunderten zu besichtigen ist. Einzelgehöfte, Weiler und ganze Dörfer sind in der Eifel, am Niederrhein, im Westerwald und dem Bergischen Land abgebaut und hier in Kommern wieder aufgebaut worden. Jedes Haus wurde vom Kochlöffel bis zum Pflug im Stile seiner Zeit wieder eingerichtet. Und: Es gibt auch wiederaufgebaute alte Handwerksstuben, Sie werden sich fühlen wie vor Jahrhunderten.

In Zülpich finden Sie ein Museum mit Funden aus der römischen und fränkischen Zeit. Dieses Museum steht direkt auf einem Römerbad, in das Sie hinabsteigen können. Es handelt sich um eine sehr seltene, komplett erhaltene Hypokaustenanlage (von unten beheizt) mit ihren hohlen Tonziegeln.

Da gibt es eine Groteske, ein schönes Missverständnis. Wo immer in dieser Gegend ein frommer Bauer des frühen oder späteren Mittelalters seinen Pflug ansetzte, er riss garantiert eine unterirdisch verlaufende Wasserleitung der Römer an, die in Richtung Köln führte. Für den frommen und gänzlich ungebildeten Mann war das todsicher Teufelswerk, und er nannte das, was er gefunden hatte, schaudernd eine »Teufelsader«.

Die sogenannten gebildeten Stände seiner Zeit hatten eine gänzlich andere Lesart. Sie deuteten diese Leitungen einwandfrei als »vinum ductum«, als Weinleitung. Und sie waren überzeugt, dass die Trierer zur Römerzeit großzügig Wein durch diese Leitungen nach Köln schickten.

Aber die Ingenieure der Antike standen vor gänzlich anderen Problemen. Sie mussten durch eine sehr stark gegliederte Landschaft, durch Berge, Täler, Höhenzüge und Randebenen eine neunzig Kilometer lange Leitung immer bergab führen, um Wasser von den Quellstuben im Urfttal bis an den Rhein zu führen. Wasser gab es genug, meist im Überfluss, die Schwierigkeit bestand ebendarin, es bis nach Köln laufen zu lassen. Heute würde man zunächst sagen: Das kann nichts werden. Aber damals, vor nahezu zwei Jahrtausenden, haben geniale Techniker genau das möglich gemacht.

Dies war das Hinterland einer gewaltigen militärischen Maschinerie, die die Römer im Hinterland des Rheins aufgebaut hatten. Deshalb ist diese Landschaft seit zwei Jahrtausenden immer dicht besiedelt gewesen, deshalb wurde diese fruchtbare Börde schon früh intensiv kultiviert und besiedelt, denn die Legionen wollten ernährt werden.

Die Nordeifel war im Frankenreich in mehrere von Grafen verwaltete Gaue eingeteilt, zahlreiche Königshöfe waren hier eingerichtet. Die einzige konstante politische Gewalt in diesem Gebiet war und blieb Köln, das nach dem Zerfall der fränkischen Zentralgewalt und während der Auflösung des karolingischen Reiches ein Mittelpunkt führender Politik blieb.

Aber: In einer Schwächeperiode der Kölner Erzbischöfe war vor ihrer Haustür ein gefährlicher Gegner entstanden: die Grafen auf der Burg Nideggen.

Der Graf Wilhelm von Jülich begann um 1170 mit dem Bau einer Burg auf dem senkrechten Buntsandsteinfelsen über dem Rurtal. Und schon diese war mit dem berühmt-berüchtigten Jenseitsturm mit seinen Kerkern ausgestattet, der die einzig offene Seite des dreiseitig senkrechten Felsens abdeckte. Der Graf auf Nideggen, Wilhelm IV, war dann eine illustre, fast elitäre Figur in den nun beginnenden ständigen Auseinandersetzungen mit den Kölner Erzbischöfen. Und ganz offensichtlich hatten die Bischöfe zu Köln einen Fehler gemacht: Sie hatten diese Grafen geradezu mörderisch unterschätzt.

Als 1242 Erzbischof Konrad von Hochstaden, der Gründer des Kölner Doms, gegen den Kaiser rüstete, stellte sich Wilhelm von Jülich an dessen Seite. Bei einer Schlacht beider Heere im Badewald, westlich von Nideggen, unterliegen die kölnischen Truppen, der sie führende Erzbischof gerät verwundet in die Hände des Jülicher. Der wirft ihn gnadenlos in den Kerker seines Jenseitsturmes und lässt ihn erst neun Monate später gegen die Zahlung eines horrenden Lösegeldes wieder frei. Von dem Zeitpunkt an rissen die ständigen Kämpfe nicht mehr ab.

Wilhelm IV. stellt sich am 18. Oktober am Marienholz bei Zülpich zum Kampf und schlägt die Kölner vernichtend. Geschichte wiederholt sich: Der Bischof gerät in Gefangenschaft und muss wie sein Vorgänger den Kerker im Jenseitsturm als Wohnung nehmen. 1268 schleudert der Papst seinen Bannfluch gegen den selbstbewussten Grafen, aber der gibt den Erzbischof erst nach dreieinhalb Jahren gegen viel Geld und die Abtretung wichtiger Rechte wieder frei.

Nach viel Kriegen und Wirren feiern die Jülicher die Verleihung der Herzogswürde im Jahr 1356. Es entsteht ein mächtiges niederrheinisches Herzogtum und damit der Schritt in die Großmächte Europas, und jetzt spielt man in einer ganz anderen Liga. Das wird Kaiser Karl V. zu viel, zu mächtig. Kaiserliche Truppen dringen in die Jülicher Lande ein, Düren wird erobert und die Bevölkerung von den spanischen Truppen des Kaisers buchstäblich abgeschlachtet.

Allein Nideggen leistet langen Widerstand. Die schweren Feuerwaffen des kaiserlichen Heeres geben den Ausschlag, Adlige, Beamte, Handwerker, Priester und Mönche verlassen den vollkommen zerstörten Ort, der sehr schnell völlig verarmt. Erst unter dem Preußenkaiser Wilhelm II. geht man daran, das Gebliebene zu retten. Auch das vergebens, weil 1944 Burg, Kirche und Stadt vollkommen zerstört werden.

Erst heute hat die kleine Gemeinde wieder ein altes, restauriertes Gesicht bekommen.

Ich rate Ihnen dringend, sich am alten Markt auf einen Kaffee niederzulassen und die lange Geschichte dieser Burg nachzufühlen, die heute Romantik ausstrahlt und eine blutige Vergangenheit nur sehr mühsam überdeckt. Und vergessen Sie nicht, die schmalen Gassen zur Burg hochzugehen, die wirklich beeindruckend ist. Wie auch immer: Sie befinden sich in einer der schönsten Gemeinden in der Eifel, Sie sind auf dem Sprung in die Rureifel.

Sie können jetzt von Nideggen aus durch das Rurtal weiter in die Eifel fahren. Es ist ein traumhafter Weg, auf dem Sie Heimbach, Kloster Mariawald und die großen Urft- und Rurtalsperren erreichen. Und wie immer rate ich Ihnen, bei Ermüdungserscheinungen einfach den nächsten Parkplatz anzulaufen und vielleicht den einladenden Waldweg gleich nebenan für ein paar Hundert Meter zu benutzen und den nächsten Sonnenteich unter den Bäumen anzulaufen. Sie werden sich wohler fühlen, wenn Sie eine halbe Stunde im Gras gesessen haben. Oder Sie sehen zu, dass Sie an das nächste Ufer kommen, Ufer gibt es in dieser Gegend genügend. Ziehen Sie Schuhe und Strümpfe aus, strecken Sie die Füße ins Wasser, es wird Ihnen helfen – bei was auch immer. Und wenn die Kinder maulen, das sei doch alles langweilig, dann versprechen Sie ihnen, in einer Stunde irgendwo ein Urlauberschiffchen zu besteigen oder gar selbst ein Boot zu mieten, um über die glitzernden Wasserflächen zu gleiten. In dieser wunderbaren Landschaft ist das alles nur eine im reichen Maße vorhandene Zugabe.

Heimbach selbst wird Ihnen ausnehmend gut gefallen. Falls Sie zur Mittags- oder Abendzeit hier sind, gehen Sie in den Eifeler Hof – er serviert Wunderbares aus der Eifel. Und grüßen Sie die alte Dame hinter der Theke von mir.

Natürlich gibt es auch in Heimbach eine Burg, und zwar eine der ältesten in der Eifel überhaupt. Schon für das Jahr

1016, als die Burgen eben noch nicht durchgängig aus Steinmauern bestanden, ist eine Belagerung überliefert. In der Jülicher Fehde wurde sie vollkommen zerstört und war dann eine geradezu gefährliche Ruine, von der dauernd große Mauerteile herunterbrachen und in die Gassen des Ortes fielen.

In unserer Zeit ist sie gründlich restauriert worden, und Pippke und Pallhuber registrieren ein wenig boshaft: »Was die Restauratoren aber auf die Idee verfallen ließ, in die homogene Erscheinung alten Mauerwerks aus Natursteinen völlig willkürliche Betoneinbauten einzufügen, wodurch auch die malerisch über den Felsen zur Rur hin thronende Palasfassade drei geradezu groteske Betonbalkone erhielt, mögen diese mit sich selbst abmachen.«

Vergessen Sie die Kirche St. Klemens nicht. Aus Mariawald stammt der größte Kunstschatz des ganzen Rurtales: ein riesiger Antwerpener Schnitzaltar, mit geöffneten Flügeln weit über fünf Meter breit und wohl das beste Beispiel dieser Art in der Eifel. Das sehr prunkvolle Stück ist vermutlich eine Arbeit des sogenannten Meisters von Viborg aus dem Beginn des 16. Jahrhunderts.

Heimbach ist im Übrigen das große Eingangstor zu den Stauseen, zu endlosen gewundenen Wasserflächen, die zuweilen wie Fjorde in die Landschaft schneiden. Die Wälder reichen oft bis an die Ufer, sodass die sehr reizvolle Atmosphäre von Waldseen entsteht.

Die letzte Attraktion Heimbachs sehen Sie wahrscheinlich schon eine geraume Weile. Es ist der Kermeter, ein mächtiger, hochragender Gebirgsstock, der hinter der Burg aufragt. Sie können den Fußpfad hinauf nehmen, der mit Kreuzwegstationen versehen ist. Von vielen Punkten aus können Sie spektakuläre Ausblicke über die Landschaft genießen. Falls ich Sie aber zu sehr gehetzt habe: Sie können auch mit dem Auto auf den Kermeter hinauffahren und das Kloster Mariawald erreichen.

Bei der Gelegenheit werden Sie todsicher – wieder einmal – Motorradfahrern begegnen, die sich die Serpentinen hinaufschrauben; geradezu unheimlich vielen Motorradfahrern, zuweilen mit deutschen Kennzeichen, zuweilen mit den gelben niederländischen oder mit denen aus Belgien, wahren Ketten von Motorradfahrern, die manchmal kein Ende nehmen wollen, die ein wenig martialisch auf ihren Maschinen hocken, verpackt sind in ihre wind- und wasserdichten Ausrüstungen und wegen der völligen Schwärze ihrer Helmbrillen geradezu unheimlich bedrohlich an Ihnen vorbeiziehen. Locken Sie sie nicht an, füttern Sie sie nicht, lassen Sie sie ruhig ihres Weges ziehen.

Ob Sie es glauben oder nicht: Wir in der Eifel lieben diese Besucher! Auch wenn es vorkommt, dass in tiefster sonntäglicher Mittagsruhe runde 40 von denen am Stück röhrend durch das Dorf ziehen oder 60 von denen zur gleichen Minute den Parkplatz einer Dorfkneipe aufsuchen, wo beim besten Willen nur 25 draufpassen. Mit Fug und Recht können wir sagen: Sie haben uns endlich entdeckt! Seit mehr als zwanzig Jahren werden wir regelmäßig heimgesucht, was nicht weiter verwunderlich ist, zumal alle europäischen Magazine die Eifel als das absolute Paradies der Biker bezeichnen.

Sie haben es sicher schon registriert, da gibt es auf sämtlichen Anfahrtswegen in die Eifel Kneipen und Restaurants, die sich auf diese Spezies konzentriert haben. Im Ahrtal beginnt das mit dem Café Fahrtwind, und überall, von Neuenahr bis Trier, stehen Schilder an den Straßen mit BIKER WILLKOMMEN!

Erst vor ein paar Monaten traf ich hier in Dreis-Brück, wo ich zu Hause bin, im Hotel Vulkanstuben bei Klaus und Ellen Jaax eine Gruppe von drei Bikern aus Amsterdam, die das Neueste und Schrägste und Schwerste unter dem Sattel hatten, was ein Mensch von heute sich nur ausdenken kann. Sie waren alle drei um die vierzig, und man sah ihnen deutlich an, dass sie im gewöhnlichen Leben einen Carrera fuhren, mindestens zum dritten Mal verheiratet waren und drei Handys entsichert eng am Körper trugen. Die Edelbikes bestanden im Wesentlichen aus Chromleisten und -flächen und einem Motoraufbau, der jedem ältlichen Mitbürger die Lichter zu Stielaugen macht. Der hintere Reifen war jeweils so breit, dass man bequem drauf frühstücken konnte. Und ehe sie dann ins Bett gingen, kamen sie alle noch einmal in den Hof und strichen um ihre Maschinen herum, als könnten sie sich nur schwer eine Nacht lang von ihnen trennen. Natürlich waren es Superexemplare wie weiland Peter Fonda sie fuhr, als der den amerikanischen Westen durchstreifte, und natürlich nennt man sie noch heute Harley. Und alle drei trugen sie rotweiß gemusterte dünne Tücher um den Kopf, hinten geknotet, und hatten ganz harte Augen. Und weil sie nicht genau wussten, ob denn ihre Babys auch gut schlafen würden, ließen sie sie noch einmal genussvoll aufblubbern und vor sich hin rülpsen.

Übrigens: Schräg gegenüber von den Vulkanstuben bietet sich eine hochspezifische Kneipe für Biker an: Beim Holzschnitzer – Wiener Schnitzel so groß wie alle Pranken von Knut zusammen.

Nun möchte ich aber mit Ihnen Kloster Mariawald erreichen; einen sehr schönen und interessanten Punkt auf dem Kermeter. Plötzlich eine weite Rodung zwischen dichten Wäldern, eine Wiese, kleine Felder, ein Gemüsegarten und gleich daneben die Mauern eines Klosters.

Solche Plätze sind in der modernen Eifel sehr selten geworden, weil wir gewohnt sind, überall gut ausgebaute Straßen zu finden. Aber die Lage von Mariawald spricht eine deutliche Sprache: Ein Platz mitten im Wald, jahrhundertelang vollkommen abgeschieden, für Fremde schlecht zu finden. Das war die Situation fast aller Klöster: Sie waren Inseln inmitten des Urwaldes, kleine Paradiese, ökonomisch unabhängig. Und es ist leicht vorstellbar, wie erleichtert der Wanderer war, als er sie erreichte.

Die Abtei wurde um 1480 von Zisterziensern gegründet und 1803 von den Franzosen aufgelöst. Die Ausstattung war kostbar und wurde vollständig zerstört oder in alle Winde zerstreut. Der gesamte Kreuzgang war mit bemalten Scheiben verglast, die Kirche besaß zwölf Altäre. Das wissen wir aus Dokumenten. Die dann unbewohnten Gebäude verfielen. 1860 kauften Trappisten die verödete Anlage und richteten darin ein neues klösterliches Leben ein. Die Kirche steht Ihnen offen, es wird um Ruhe gebeten, denn der Platz ist nach wie vor ein Platz des Nachdenkens und der Gebete. Das Kloster ist das einzige männliche Trappistenkloster in Deutschland, die zwölf Brüder sorgen sich um die Erhaltung der Anlage und laden Sie ein, an den Gebetszeiten und den Gottesdiensten teilzunehmen. Es gibt Einkehrtage hier, Sie können ein kleines Zimmer mieten, sie können teilnehmen an diesem Leben, um vielleicht ein paar Probleme Ihres Lebens anzugehen.

Wenn Sie das Kloster verlassen, nehmen Sie bitte nicht die Strecke nach Gemünd, sondern die nach Schwammenauel. Sie können dann den ganzen Kermeter in voller Länge bis hinab zum Rurstausee fahren und kommen unterwegs an sehr vielen Parkplätzen vorbei, von denen aus Wanderungen durch diesen riesigen Wald möglich sind.

Und dann wird es Zeit, Monschau anzufahren, ein Kleinod der Eifel, von dem man sagt: Wer es nicht gesehen hat, hat die Eifel nicht gesehen.

Die Stadt mit zwei Geschichten

In Monschau befinden Sie sich genau zwischen zwei der originellsten Landschaften Europas. Im Osten der Nationalpark Eifel, der vierzehnte in Deutschland und der jüngste. Heiter, verspielt, in riesigen Wäldern gelegen, viel Wasserflächen. Für Familien ein Paradies voller Möglichkeiten.

Im Westen die Landschaft Hohes Venn, menschenleer, wild, unnahbar, hochmütig zuweilen, zuweilen von schwerer Melancholie, ein Kleinod für Naturliebhaber. Ich sage das, weil es auch auf die Stimmung ankommt, die Sie mitbringen. Sie haben also die Wahl.

Dann ist in diesem Gebiet noch etwas von großer Wichtigkeit: Der zentrale Informationspunkt Vogelsang für den neuen Nationalpark Eifel war tatsächlich in dunklen Zeiten für den Nachwuchs der Nationalsozialisten gedacht, ein Ort des Wahnsinns. Und genau in diesem Gebiet fand die letzte militärische Offensive des Großdeutschen Reiches statt: die Ardennenoffensive. Ich werde darüber berichten, denn ein junger Freund und Kollege von mir, Alexander Kuffner, schrieb ein kleines Buch: »Zeitreiseführer« und beschreibt faszinierend, wie im Hürtgenwald mehr amerikanische GIs zu Tode kamen als im gesamten Vietnamkrieg.

Vielleicht ist das etwas für Sie, nicht unbedingt für Ihre Kinder, obwohl wir den Auftrag haben, alles das weiterzugeben.

Aber erst einmal Monschau, erst einmal die heitere Seite der Medaille.

Das Tal ist beklemmend eng, eigentlich eine Schlucht, durch die die Rur fließt. Das historische Stadtbild ist vollkommen erhalten. Enge und engste Fachwerkgassen, jedes Haus geschichtsträchtig, 244 Gebäude gehören zum Kulturerbe dieser einmaligen Gemeinde, sind denkmalgeschützt.

Der Platz im stark felsigen Rurtal war über Jahrhunderte so unwirtlich und abweisend, dass Römer und Franken ihn vollkommen ausließen. Erst zu Beginn des 13. Jahrhunderts wurde mit dem Bau der Burg begonnen. Die auf der Burg hausenden Valkenburger, die den kleinen Ort 1352 zur Stadt erhoben, schlugen sich tapfer gegen alle Feinde, besonders gegen Brabant und Limburg. Dann übernahm auch hier 1435 das mächtige Jülich die Herrschaft und baute die Burg zu einer Festungsanlage auf.

In der berühmten Jülicher Fehde schleppten die Truppen

Kaiser Karls V. sogar in diese Wildnis schwere Geschütze und schossen die Anlage sturmreif. Die kaiserliche Soldateska erschlug anschließend alles, was noch halbwegs lebte.

Ganz ähnlich wie in Nideggen wäre eigentlich an diesem Punkt die Geschichte des Städtchens zu Ende gewesen, wenn nicht die Aachener einen schweren Fehler gemacht hätten.

Der sehr katholische Rat der Stadt Aachen fasste 1598 den Beschluss, die protestantischen Tuchmacher aus der Stadt zu werfen. Diese wurden im feindlichen Jülich aufgenommen, wo sie sich an vielen Orten, eben auch in Monschau, niederließen. Die geschäftstüchtigen Fabrikanten fanden in Monschau alles vor, was sie unbedingt brauchten: keinen Zunftzwang, das für Wäsche und Färbung günstige kalkfreie Wasser der Rur, die Schafherden auf dem Hohen Venn als Wolllieferanten und eine völlig verarmte Bevölkerung, die gierig war auf jeden Arbeitsplatz.

Jetzt begann die zweite Geschichte des Ortes, und dieser zweite Aufstieg zur Glanzzeit der Kommune war zugleich ein Paradebeispiel frühzeitlicher kapitalistischer Glanzlichter: Der Aufstieg weniger reicher Familien unter Nutzung einer Arbeiterschaft, die trotz des dünn besiedelten Gebietes nach Tausenden zählte. Diese reichen Familien bauten entlang der Rur repräsentative Häuser. In den Kellern dieser Häuser leiteten sie in Kanälen das Wasser des Flusses durch und richteten Wollwäschereien und Färbereien ein.

Das ist das Bild, das Sie sehen, wenn Sie auf einer der Brücken stehen.

1726 betrat dann der Mann die Szene, der den Monschauer Tuchen Weltgeltung verschaffte. Er hieß Johann Heinrich Scheibler und war als fünfzehnjähriger Lehrling in einer Tuchfabrik im benachbarten Imgenbroich angestellt. Dieser Junge heiratete mit 18 die verwitwete Tochter seines Lehrherrn und übernahm die Firma ihres verstorbenen Mannes. Der Mann war eindeutig ein Überflieger.

Nach 1730 begann er feinere, spanische Merinowolle zu

importieren, färbte sie nach einem von ihm ausgedachten, geheimen Verfahren und war mit einem Schlag konkurrenzfähig gegen die besten englischen und französischen Tuche. Schon 1762 beschäftigte Scheibler 4000 Menschen, deren Produkte ihn innerhalb kürzester Zeit so reich machten, dass er das berühmte Rote Haus zu Monschau in Auftrag geben konnte. Das ist eine Bürgerresidenz von solch einem Prunk, dass die Einrichtung vieler Schlösser aus dieser Zeit damit nicht verglichen werden kann. Natürlich gab es andere Familien, die ebenso reich bauten, das Anwesen Laufenstraße 18 zum Beispiel des Hauses Troistdorff. Es war eine fest gefügte Oberschicht, die Heirat nur untereinander zuließ. Die Arbeiter, das kann man aus den Lohnlisten ersehen, blieben in bitterer Armut, wenngleich größere und neuere Maschinen Erleichterung brachten. Von diesen Maschinenhallen ist heute nichts mehr zu sehen.

Das Ende kam mit der französischen Revolution mit einem Schlag: Nach der Besetzung der linksrheinischen Gebiete forderten die französischen Behörden ungeheuer große Lieferungen von Tuch, die sie nur mit wertlosen Papieren bezahlten. Dieser wirtschaftliche Ruin kam plötzlich und über Nacht. Die Stadt fiel in einen Dornröschenschlaf, aus der erst der Tourismus sie wiedererweckte.

Sie können das alles besichtigen, und vor allem empfehle ich Ihnen das Rote Haus und dort das Herrenzimmer. Sie sehen zahlreiche Kopien von Tizian, van Goyen, Rembrandt und anderen, und Sie denken, dass so eine Gemäldesammlung in so einem Haus nicht fehlen darf. Und langsam erst bemerken Sie den Trick, die optische Täuschung. Hier sind Bilder, vergoldete Rahmen, selbst die Nägelchen und Aufhänger mit kleinen Schattenandeutungen in illusionistischer Manier auf eine Leinwand gemalt, eine Gemäldegalerie aus dem adeligen Schloss als Bildtapete im bürgerlichen Salon, beschreiben es Pallhuber und Pippke.

Ich weiß nicht, wie Sie es in Ihrer Familie mit geschichtlichen Wahrheiten und Begebenheiten halten. Für mich war es lebenswichtig, als junger Mann die Nazizeit lesend und diskutierend zu erfahren. In meiner Familie galt bis zum Tode meines Vaters 1989 die Behauptung: »Wir haben von der Vernichtung der europäischen Juden zur Zeit des Dritten Reiches nichts gewusst. Und schon gar nichts von Verbrechen der Deutschen Wehrmacht.« Das war einwandfrei und nachgewiesen gelogen. Ich möchte einfach nicht, dass die nach mir Kommenden in ähnlichen Unsicherheiten schwimmen müssen. Deshalb das hier für Sie mit der Bitte: Erzählen Sie es weiter, und entscheiden Sie selbst, was Ihre Kinder jetzt oder später erfahren sollten.

Der US-amerikanische Dichter und Nobelpreisträger der Literatur Ernest Hemingway war bei den Kampftruppen der Alliierten, als die auf die Grenze des deutschen Reiches zustießen, und er schrieb in einer Reportage: »Das Wetter war umgeschlagen. Es war kalt, ein halber Sturm wehte, und vor uns lagen wie eine Mauer die schwarzen Forsten der Schnee-Eifel, wo die Drachen hausten …«

Die Eifler hatten vor dem Krieg den Rummel um den Bau des Westwalls über sich ergehen lassen. Dieser Westwall, »der größte Betonriegel der Welt«, sollte die Grenzen des Hitlerreiches nach Westen schützen. Hitlers Megaprojekt, 1936 begonnen, reichte von der holländischen Grenze am Niederrhein bis hinunter an die Schweizer Grenze über 630 Kilometer. 18 000 Bunker und Kampfanlagen wurden eingebaut und immer wieder dazwischen die sogenannten Höckerlinien, die Panzersperren.

Als der Bau begann, war es mit der Stille auf dem Land vorbei. Zunächst war das für die Eifler sogar ein Geschäft. Sie beherbergten die Betonbauer und Soldaten und kassierten pro Mann und Tag 2,50 Reichsmark. Vier Jahre nach seiner

Fertigstellung, etwa 1940, erntete das gewaltige Bauwerk nur noch Spott, niemand, wirklich niemand glaubte, dass der Westwall irgendeinen Angreifer aufhalten würde.

Die Eifel war das gewohnt, die Eifel kannte das seit langem: Die Erbfeinde saßen immer im Westen, es waren die Niederländer, die Belgier, die Luxemburger, vor allem die Franzosen. Und wann immer eine Auseinandersetzung oder ein Krieg drohte, er fand zumindest teilweise in der Eifel statt.

Der D-Day 1944 brachte sogar den Krieg durcheinander, die Alliierten landeten in der Normandie und zogen anschließend unaufhaltsam gegen das großdeutsche Reich los. Die Eifel wusste wieder einmal: Jetzt geht es nur noch ums nackte Überleben.

Die Schlacht im Hürtgenwald, einem großen Waldgebiet zwischen Aachen und Monschau, begann am 6. Oktober 1944. Schon diese Schlacht gehörte zu den grausamsten Kämpfen des Zweiten Weltkrieges. Auf deutscher Seite wurden 3200, auf amerikanischer Seite 4500 Männer getötet und verwundet. Der Geländegewinn der Amerikaner in Richtung Osten betrug im Hürtgenwald nach zehn Tagen ganze 2,7 Kilometer. Die Deutschen saßen gut gedeckt in lange vorbereiteten Stellungen und warteten auf die Angriffe.

Am 2. November dann warfen die Alliierten neue Truppen in den Kampf, sie wollten nach wie vor Schmidt erobern, Vossenack und Lammersdorf. Aufgrund des Datums nannten deutsche Soldaten diesen Angriff die »Allerseelenschlacht«. Was dann passierte, kann nur mit Begriffen wie Obsession und dunkelster soldatischer Verbissenheit auf beiden Seiten bezeichnet werden.

Die von Hitler befohlene Ardennenoffensive, die in der Sprache der deutschen Militärs »Wacht am Rhein« genannt wurde, lief genau in diesem Gebiet, in dem Sie jetzt sind. Hier starben vom 16. Dezember 1944 bis zum 1. Februar 1945 auf amerikanischer Seite 30 000 GIs, auf deutscher Seite 33 000 Soldaten, darunter Kinder, die man in Uniformen gesteckt hatte. Hitler hatte in einer letzten Verzweiflungstat den Versuch unternommen, einen Keil zwischen die Angreifer zu treiben. Durch einen Vorstoß bis an die Maas und zum strategisch wichtigen Hafen Antwerpen sollten die Versorgungswege der Alliierten abgeschnitten werden. Anfangs war dieser Versuch sogar von Erfolg gekrönt, die Amerikaner wurden von der Offensive überrascht.

Das Wetter spielte Hitlers wahnwitzigem Versuch zunächst zu. Von Monschau bis hinunter nach Bitburg konnten deutsche Landser massiv in die feindlichen Linien eindringen. Es war der härteste Eifelwinter seit langem, die Wolken hingen tief, es schneite ununterbrochen, die Amerikaner konnten ihre Luftwaffe nicht einsetzen, zudem waren ihre in vorderster Front liegenden Soldaten nicht richtig ausgerüstet.

Die Kämpfe waren so verbissen, dass die Gegner auf Rufweite in ihren Löchern hockten, sich hinter den Baumstämmen verbargen und tage- und nächtelang ausharrten, ohne dass sich jemand bewegen konnte. Es war, wie ein deutscher Landser formulierte, »ein Fest für die Scharfschützen«. Die Front verlief durch Kirchen und mitten durch Bauerngehöfte, Dörfer wechselten am Tag viermal den Besitzer – das Ganze eine Todeswalze.

Ob die Deutschen tatsächlich eine ernsthafte Chance hatten, den Krieg zu wenden, muss bestritten werden. Konjunktive helfen nicht. Hitlers Wahnwitz hatte dazu geführt, die Offensive durchzuziehen, obwohl die Soldaten nicht genug Benzin für Panzer und Fahrzeuge hatten und auch nicht genug Ausrüstung und Munition. Die deutsche Luftwaffe war längst vernichtet. Und als der Oberbefehlshaber West, General von Rundstedt, am 25. Dezember 1944 die Offensive für gescheitert erklärte, tobte Hitler: »Weitermachen!«

Am Vortag, dem Heiligen Abend 1944, war die Wolkendecke endlich aufgerissen, und die alliierten Kampfbomber hatten starten und angreifen und Tod und Vernichtung säen können – bis zum bitteren Ende.

Die Was-wäre-wenn-Überlegungen setzten sofort nach dem Desaster ein und sind bis heute nicht verstummt. Und auch an der Kriegführung der Alliierten gab und gibt es massive Kritik, und nicht wenige behaupten, die amerikanischen Generäle hätten sich fahrlässig auf den Wahnwitz im Hürtgenwald eingelassen, es hätte durchaus viele andere Möglichkeiten gegeben. Wie auch immer: Die Eifel und die Eifler mussten es aushalten, und 63 000 Tote sind keine Werbung für Kriegshandlungen.

Dass selbst hohe amerikanische Soldaten an diesem Irrsinn verzweifelten, zeigt der Erlebnisbericht des amerikanischen Generals und späteren Stadtkommandanten von Berlin, James M. Gavin, den Alexander Kuffner für seinen Zeitreiseführer nutzte und übersetzte. Gavin, 1907 geboren, traf am 8. Februar 1945 im Hürtgenwald ein und schrieb seine Erlebnisse später nieder. Hier eine verkürzte Version dieses ersten Tages:

»Ich fand eine Straße, die mit einem Jeep befahren werden konnte, und begab mich auf Erkundungstour nach Vossenack, ohne dabei auch nur einem Feind zu begegnen. Die Deutschen hatten sich vermutlich an die Rur oder zumindest in die Nähe des Flusses zurückgezogen. Ich verließ meinen Jeep in Vossenack und begann den Pfad hinunterzusteigen, der das Tal der Kall kreuzte. (Verf.: Der berühmte Kall Trail) Ich wurde dabei von der G-3 Division, Colonel John Morton und Sergeant Walker Woods begleitet. Ich wusste nicht, wie sich mir die Lage im Gelände präsentieren würde oder ob überhaupt noch Feinde darin zu finden wären. Unsere Befehle für den kommenden Tag lauteten, von Vossenack aus über diesen Pfad anzugreifen und so den Ort Schmidt zu nehmen.

Auf dem Weg hinab sah ich, dass zu diesem Zeitpunkt der meiste Schnee bereits geschmolzen war und nur noch kleine Flecken unter den Bäumen liegen geblieben waren. Der Pfad hinab war für einen Jeep absolut unpassierbar. Mir bot sich ein Schlachtfeld aus zerstörten Fahrzeugen und verlassenen Panzern. Die ersten Panzer, die versucht hatten, den Pfad hinabzugelangen, waren augenscheinlich aus der Spur gerutscht. Manche von ihnen waren vom Weg weggeräumt worden und in die Schlucht zwischen die Bäume hinabgestürzt. Zwischen dem Start des Pfades hinter Vossenack und dem Grund des Tales sah ich vier verlassene Schützenpanzer und fünf unbrauchbar zerstörte Panzer. Darüber hinaus lagen überall am Rande des Weges viele, viele Leichen, die der Schnee gerade erst wieder freigegeben hatte. Ihre von Wundbrand gezeichneten, aufgerissenen und zerfetzten Körper waren starr und wirkten grotesk. Manche von ihnen hatten die Arme zum Himmel gerichtet, als würden sie demütig um Hilfe flehen. Sie trugen das rote Abzeichen der 28. Infanteriedivision, der »Bloody Bucket« (der Blutige Eimer, Spitzname der Division). Offensichtlich hatten sie sich hier während des vergangenen Herbstes durchgekämpft, kurz bevor die heftigen Schneefälle eingesetzt hatten. Ich ging den Pfad etwa achthundert Meter weitere hinunter ... In der Nähe lagen Dutzende tote Männer. Anscheinend hatte sich eine Erste-Hilfe-Station in der Nähe des Baches befunden, die mitten während der Kämpfe aufgegeben wurde, denn viele der Männer lagen immer noch auf Bahren.«

Dann kommt das überraschende Fazit: »Am nächsten Morgen begab ich mich nach Lammersdorf, um den Kommandanten des V. Corps und den der Division zu treffen, die in diesem Dorf ihr Hauptquartier hatte. Ganz offensichtlich hätte der Angriff auf Schmidt von Lammersdorf aus erfolgen müssen. Die beiden Orte waren durch eine gepflasterte Straße miteinander verbunden, das Gelände bestand aus Bäumen und offenem Farmland – gutem Panzerterrain –, und es wäre dort ein sehr viel einfacheres taktisches Unternehmen gewesen, als das Tal der Kall zu durchqueren. Ich fragte mich, wie um alles in der Welt sie auf die Idee gekommen sein konnten, vom Kall-Tal aus angreifen zu können. Warum waren sie nicht auf höherem Gelände geblieben, hatten die Deutschen im Tal umgangen und waren dann weiter zur Rur vorgestoßen? Ich stellte diese Frage einem Offizier, aber er wischte sie zur Seite. Es handelte sich wohl um eine ›No-No‹-Frage, über die einfach nicht gesprochen wurde...«

Kaffee – Brot der Armen

Das Dorf Schmidt, in dem der amerikanische General begriff, dass seine Kollegen geradezu unbegreifliche strategische Fehler gemacht hatten, wurde zu einem Mittelpunkt von durchaus handwerklich betriebenen Tätigkeiten, die damals unter den Begriffen Hamstern, Schmuggeln, Kompensieren zusammengefasst wurden. In den Sonntagsmessen hieß es damals beim »allgemeinen Gebet«: »Wende ab von uns trübe, armselige Zeiten...«

Die Deutschen hatten eine Währung, die weniger als nichts taugte. Für die Reichsmark konnte man sich nichts kaufen, und es gab vor allem auch nichts, was man sich kaufen konnte. Aber es gab immer etwas, gegen das man das tauschen konnte, was man selbst irgendwie organisiert hatte. Decken, Kleider, Schuhe waren Kostbarkeiten, der Schmuggel, der Schwarzmarkt, der Tauschhandel blühten. Vor allem in diesem malerischen Ort Schmidt am Rurstausee gelegen – aber damals vollkommen zerschossen, zerstört und eine Anhäufung primitiver, barackenähnlicher Bauten, in denen man zu hausen versuchte. Eine Kirche gab es nicht mehr, die Messe wurde in der ehemaligen Arbeitsdienstbaracke gehalten. Aber – welch Wunder – die Deutschen wollten das Elend vergessen und hatten begonnen, ihre Häuser wieder aufzubauen.

Die Messfeier ist gerade beendet, in einem Nebenraum zieht sich der Pfarrer Josef Bayer gerade um. Der Messdiener nestelt an seiner Hosentasche herum und zieht ein Päckchen Zigaretten heraus, die Marke heißt Timo, ohne Filter. Der

Messdiener sagt: »Hier, Herr Pastor, das ist für Sie! Ich war heute Nacht drüben.«

Kurz vorher, genau am 18. Mai 1947, war der Pastor aus der Kriegsgefangenschaft zurückgekehrt und in Schmidt eingesetzt worden. Er bezog dreihundert Mark Monatsgehalt, mit denen er sich so gut wie nichts kaufen konnte. Nach der gängigen Währung waren die genau zwei Päckchen Zigaretten wert, Timo ohne Filter.

Von Schmidt bis zur deutsch-belgischen Grenze sind es gerade mal zwei Stunden Fußmarsch. Und da drüben gibt es nicht nur Zigaretten, sondern auch Kaffee.

Der Priester weiß genau, dass es in seiner Pfarrei kaum Menschen gibt, die nicht schmuggeln, Nacht für Nacht gehen die Leute los. Pro Kilo Kaffee können sie etwa zwischen 20 und 30 Mark verdienen, Kaffee, Zigaretten und Schnaps werden zum Zahlungsmittel. Angefangen hat es mit harmlosen kleinen Waldspaziergängen und ein paar Pfund Kaffee. Dann schalten sich in Belgien und Deutschland Bosse ein, die den Schmuggel gezielt organisieren. Ab sofort werden Kaffee-Trupps durch Späher rechts und links im Wald abgesichert, und die Methoden werden immer raffinierter. Oftmals gehen Kinder mit einer geringen Menge Kaffee voraus, damit die Zöllner sie aufgreifen und von der schweren Kolonne abgelenkt werden. Es werden sogar Kolonnen eingesetzt, die schwere Säcke auf dem Rücken tragen. Fallen die Zöllner darauf herein, greifen sie die Träger auf, die Tannenzapfen gesammelt haben.

Den Schmugglern war schon vorher vergeben worden: Der Kölner Kardinal Frings bezeichnete diese Form des »Kohleklaus« und »Kaffeeschmuggels« als Mundraub – die Tätigkeit war also mit höchstkirchlicher Genehmigung erlaubt. Die Bevölkerung bedankte sich deutschlandweit sofort: Sie bezeichnete das Schmuggeln, Klauen und Kompensieren als »fringsen«.

Mit anderen Worten: In Schmidt ging es steil aufwärts, die

Leute konnten sich Zement, Steine und Holz erlauben, sie bauten ihr Schmidt wieder auf. Pastor Bayer sieht dem zu, ist stinksauer. Haus um Haus entsteht neu, nur er hat noch keine Kirche. Klar, er bekommt hin und wieder einen Hunderter zugesteckt, aber dabei bleibt es auch. Sein Bischof ist selbst pleite, kann ihm kein Geld bewilligen.

Eines Sonntags nun reißt ihm der Geduldsfaden, und Matthias Kordel zitiert aus seiner Predigt: »Nacht für Nacht bete ich für meine Pfarrkinder, dass ihnen nichts passiert. Aber für die Kirche fällt dabei nichts ab. Merkwürdig ist das schon, denn ich weiß ganz bestimmt, dass ihr so viel Geld habt, dass ihr Kopfschmerzen davon bekommt. Bei mir ist es umgekehrt, ich habe Kopfschmerzen vor lauter Schulden und bekomme davon noch graue Haare!«

Am nächsten Morgen lag so viel Geld im Opferstock, dass man mit dem Bau einer neuen Kirche beginnen konnte.

1950 wurde sie vom Bischof von Aachen eingeweiht. Und der machte den Namen »St. Mocca« weltbekannt. Und ausgerechnet dieser Bischof war Sohn eines Zöllners. Und die Kirche bekam den Namen des heiligen Hubertus. Und der ist der Schutzpatron der Schmuggler.

Die magische Stille

Sie müssen nichts anderes tun, als die Schnauze Ihres Autos nach Westen richten und losrollen. Von Monschau aus gesehen liegt da das Hohe Venn. Und lassen Sie sich nicht beirren, wenn sie später an Schildern vorbeikommen, die darauf hindeuten, dass Sie in Belgien sind. Da es keine Grenze mehr gibt, ist das ganz unerheblich. In diesem Fall ist Belgien dringend anzuraten, denn in Belgien hat das Hohe Venn beachtliche Dörfer mit beachtlichen Kneipen und der beachtlichen Stadt Eupen, Sie werden begeistert sein.

Auf der Strecke kommen Sie nach Eupen durch das Golddorf Mützenich, damit haben Sie das Hohe Venn erreicht. Es ist magisch, und es ist sagenhaft schön. Es kann bei Regen, Schnee und tiefhängenden Wolken unheimlich sein, bedrohlich, Sie müssen es wandernd erleben. Sie können sogar die stark moorigen Teile auf Balkenwegen queren, man hat bestens für Sie gesorgt. Und neben den Balkenwegen schmatzt es immer so ... Tatsächlich, und das höre ich immer wieder, kann diese Landschaft Menschen helfen, die – wie man heute so flockig sagt – ausgepowert sind. Dieses Hohe Venn ist ein langatmiges Schweigen, es macht ruhig, es verhilft, sich selbst zu entdecken und auch die Lügen zu begreifen, die man so leichtsinnig um sich selbst errichtet.

Ich könnte jetzt wie die Tourismus-Werbung loshasten: Zu jeder Jahreszeit begeistert das Moor die Besucher durch eine unendliche Pflanzenpracht: im Frühling, zarte, weißrosa Tupfen von Moosbeere und Rosmarinheide, im Frühsommer weiße Wollgrasflocken, im Spätsommer und Herbst das lila Heidekraut, nach dem ersten Frost das rostorange Pfeifengras und im Winter die bizarren Silhouetten der knorrigen Moorbirken, die dem Venn eine unheimlich schaurige Stimmung verleihen. Das klingt sogar überzeugend, richtig ist es in jedem Fall.

Aber Sie wollen sicher ein wenig mehr erfahren, also greifen wir nach den bekannt fachlich guten Ausführungen von Detlev Arens, der über das Hohe Venn, den Zitterwald, die Schnee-Eifel und den Islek sagt, dass Niederschlagsreichtum, hohe Luftfeuchtigkeit und niedrige Temperaturen hier die Pflanzen bestimmen. Pflanzenarten des nordischen und atlantischen Bereiches sind hier am häufigsten anzutreffen. Sollten Sie also auf die Idee kommen, dass diese Gegend Sie an Landschaften in Schweden oder Norwegen erinnert, dann haben Sie vollkommen recht.

In den jungen Tälern der Flüsse, die im Bereich des Venn entspringen, ist zweifellos die Gelbe Narzisse die auffallendste und schönste. Dann fällt das seidig schimmernde Weiß des Schmalblättrigen und vor allem des Scheiden-Wollgrases auf. Man findet sogar die nordische, giftige Rosmarinheide. Dann gibt es die Gemeine Moosbeere, und bereits Ende Mai kann man den Europäischen Siebenstern finden. In den Heiden, dicht am Moor die atlantische, gelbblühende Moorlilie, dann das Sumpfläusekraut. Diese Pflanze wurde früher zur Insektenbekämpfung genutzt, wobei Arens einschränkend bemerkt, der Sud setze unter Umständen auch Warmblütern zu, womit er wahrscheinlich uns Menschen meint.

Sie können ferner den Fieberklee finden, Arens macht aber darauf aufmerksam, dass alle diese Pflanzen höchst gefährdet sind und möglicherweise im Hier und Jetzt plötzlich nicht mehr auftauchen, aber durchaus im nächsten Jahr vereinzelt wieder zu finden sind.

Dann die Pflanze, die in Moorgegenden typisch ist: Der rundblättrige Sonnentau (drosera rotundifolia). Er gleicht die Nährstoffarmut des Torfbodens auf seine Weise aus. Die leicht nach oben gewölbten Blätter sind auf langen Stielen mit rötlichen Tentakeln bewehrt. An ihrem verdickten Ende tritt eine klebrige Flüssigkeit aus. Sie wird kleinen Insekten zum Verhängnis, die erst kleben bleiben und dann aufgelöst werden. Die auf diese Weise gewonnenen Phosphat- und Stickstoffverbindungen kann die Pflanze dann dem eigenen Stoffwechsel zuführen.

Im Birkenmoor ist noch die Rauschbeere zu finden, und nur im Hohen Venn kann man die schwarze Krähenbeere entdecken. Die Heidelbeere kann man ebenso sehen wie die Preiselbeere. Das strahlende Azurblau des Lungen-Enzians setzt dem farblich die Krone auf, und zum Farbenspiel im Herbst sagt Arens mit leichtem Spott: »Da wir schon vom Farbenspiel gesprochen haben, soll ein Hinweis auf den Herbst in dieser Region nicht unterbleiben. Denn falls es irgendwo im mitteleuropäischen Raum einen Indian Summer gibt, dann in den Hochmoorgebieten des Venn. Flammende Herbsttracht und eine eher zurückweisende Landschaft – solchem Zauber sind selbst nüchterne Wissenschaftler erlegen, jedenfalls muss der sachliche Ton vieler einschlägiger Publikationen an dieser Stelle fast immer hymnischer Begeisterung weichen.« Wo er recht hat, hat er recht.

So schreibt man Geschichte

Wir fahren weiter in Richtung Schleiden und kommen durch eine sehr eigenwillige Landschaft in Höfen, die wir die Heckenlandschaft nennen und die Ihnen sofort auffallen wird. Es sind haushohe Rotbuchenhecken, die hier, auf den sehr stürmischen und den atlantischen Winden ausgesetzten Höhen, der Landschaft ein sehr eigenwilliges Gesicht geben und gleichzeitig eine klimatische Funktion haben. Sie halten die kalten Winde ab und sorgen beim Gebäudeschutz für notwendige Isolation. Manche dieser Haushecken haben hineingeschnittene Tore, manche noch größere Öffnungen, um ganze Heuwagen hereinzulassen.

Dann gibt es noch eine andere Heckenart, die zwischen den Feldern. Auch da sind Rotbuchen gesetzt, aber ab und zu von sogenannten Durchwachsern unterbrochen, Rotbuchen, die man hochwachsen ließ. Diese Kolosse wurden gegen Ende ihres Lebens gefällt, um die Häuser zu heizen.

Wir fahren jetzt auf Schleiden zu, für das Walter Pippke und Ida Pallhuber eine geschichtlich höchst amüsante, ja groteske Geschichte ausgruben.

Schleiden, 13. März 1593. Auf dem Schloss erwartet Gräfin Elisabeth von Manderscheid-Schleiden sehr nervös den Besuch eines lieben Verwandten, des Grafen Philipp von der Mark mit seiner holden Gemahlin. Knapp zwei Monate vorher hatte sie schon einen Besuch dieses Herrn erlebt: Nachdem ihr Mann, Graf Dietrich VI., »nach höchster und lankwiriger

Leibschwachheit« auf Burg Kerpen verstorben war, hatte der Graf von der Mark unter Ausnutzung der unklaren Erbsituation die Burg überfallen und die trauernde Witwe schlicht und einfach verjagt. Sie hatte sich nach Schleiden verzogen und erwartete nun erneut den Besuch dieses Menschen, der in den ewigen Erbstreitigkeiten der anderen Linien der Manderscheider eine Art Abräumerposition eingenommen hatte. Tatsächlich erschienen der liebe Verwandte und seine Gattin gleich mit etwa zwanzig Bewaffneten, bauten sich vor der Gräfin auf und forderten von der Verschüchterten, sie möge ihnen das Archiv und die Waffen des Schlosses aushändigen. Die Bediensteten auf dem Schloss zögerten, wurden aber vom Eheweib des Grafen angeherrscht: »Mein herr ist herr hie, die fraw Wittib is nit herr hie.« Das ging dann ruck, zuck, Elisabeth von Manderscheid zog sich nach Kronenburg zurück.

Die Deutung eines solchen Vorgangs in den offiziellen Geschichtsbüchern des Landes gipfelt in dem denkwürdigen Satz: »Dem tatkräftigen Grafen von der Mark gelang es, ein größeres Territorium zusammenzufassen…« Merke: Geschichtsschreibung ist mit Vorsicht zu genießen.

Dann weiter zum Burgdorf Reifferscheid, das neben dem Eifelmaler Fritz von Wille gleich viele Künstler herausforderte, weil es der malerische Inbegriff der Eifel ist. Das alte Dorf thront auf einem ummauerten Oval, dessen höchsten Punkt der mächtige Bergfried einnimmt, eine wirklich beeindruckende Anlage.

Sie müssen zugeben, dass das malerische Fachwerkdorf neben der großen Kirche und im Schatten des Bergfrieds äußerst reizvoll ist. Gehen Sie hinauf und schlendern durch die Pracht.

Die nahe gelegene, einsame Wildenburg ist vor einem Jahr erst stillgelegt worden. Das Sozialwerk der Diözese Aachen hatte sie als Tagungsort betrieben, musste sie jedoch mangels Masse aufgeben. Kein Geld mehr für die lebenswichtigen sozialen Dienste.

Die Geschichte dieses sehr romantischen Gemäuers ist durch eine grauenvolle Episode im Jahre 1628 jäh in das Licht der Öffentlichkeit gerückt. Der damalige Herr der Burg, Marsilius III. von Pallandt, wollte seine Stellung aufbessern und übte eine Blutgerichtsbarkeit aus, die ihm gar nicht zustand. Er ließ drei Hexen foltern, strangulieren und verbrennen. Als Marsilius vier Wochen nach der ersten Exekution fünf weitere gefolterte Frauen der Hexerei überführt und sie verbrennen lässt, schickt der Herzog von Jülich Truppen. Aber nicht etwa, um die Hinrichtung der fünf Frauen zu verhindern, sondern um den Reifferscheidern, die sich ebenfalls eingemischt haben, klar zu sagen: Wenn hier einer foltert und tötet, dann ausschließlich wir! Was die acht Frauen angeht: Niemand hat sich um sie gekümmert, sie waren in jedem Fall ganz unwichtig.

Haben Sie Lust auf den Höhepunkt einer Eifelreise, auf Kronenburg? Gut, dann wollen wir es angehen.

Das spanische Ländchen und die Burg der Ahnen

1277 wird die kleine Gemeinde Kronenburg, deren Bild von keinem einzigen Neubau verschandelt wird, zum ersten Mal erwähnt. Sie gehört zur Herrschaft der mächtigen Herren von Dollendorf. Die schlugen sich 150 Jahre lang wechselweise auf Luxemburgische, Kölnische und Jülicher Seite und konnten nicht verhindern, dass auch noch Trier in Kronenburg Rechte einkaufte. Die finanziellen und juristischen Abhängigkeiten waren so kompliziert, dass niemand mehr sie durchschaute. Die Kronenburger hielten sich an den Mächtigsten, und der war einwandfrei der Luxemburger. Dann stirbt die Kronenburger Linie der Dollendorfer mit dem Ritter Peter aus, der trotz dreier Ehen keinen männlichen Nachfolger zeugen konnte.

Als der deutsche Kaiser Karl V., gleichzeitig Herrscher von Luxemburg, 1555 die Niederlande seinem Sohn Philipp II. von Spanien übergibt, bildet Kronenburg, mitten in der Eifel, eine spanische Enklave, der Volksmund nennt es das spanische Ländchen.

Eine nicht abreißende Kette von Kriegen und die ständig wechselnden Besetzungen des Ortes durch Holländer, Lothringer, Spanier, Franzosen und Kaiserliche findet 1715 erst ihr Ende, und das Land kann sich langsam erholen. 1794 besetzen dann die Franzosen das Gebiet des linken Rheinufers und aktivieren die Erzgruben in Stadtkyll und Dahlem. Endlich gibt es wieder Arbeitsplätze.

Der endgültige Untergang findet dann nach 1819 statt, als Kronenburg preußisch wird. Das Ländchen wird in mehrere Verwaltungsbezirke zerrissen, an neue Absatzmärkte wird es nicht angebunden, die Eisen verarbeitenden Hütten werden geschlossen, Hungersnot und Missernten verschärfen die Situation, ein großer Teil der Einwohner verlässt Kronenburg. Im Jahre 1800 zählte man 600 Einwohner, im Jahr 1900 sind es nur noch 350.

Es ist wieder einmal ausgerechnet diese menschliche Verödung und Verelendung, der wir heute diesen perfekten Zustand des Mittelalters verdanken. Und wenn Sie durch dieses Ensemble von wunderschönen Fachwerkbauten gehen, werden Sie verstehen, was ich meine. Jedes einzelne Haus ist eine Sehenswürdigkeit, aber die eigentliche bauliche Attraktion Kronenburgs ist die Pfarrkirche St. Johannes.

In der engen Straße stehen Sie vor einer sehr alten, schönen Tür und betreten einen Raum, der auf einem einzigen zentralen Pfeiler ruht und vier reich geschmückte Gewölbe trägt. Kunstgeschichtlich betrachtet ist das eine Kostbarkeit, wohl der bedeutendste spätgotische Innenraum der Eifel. Es ist ein sehr seltenes Exemplar einer Einstützenkirche, wie man diese Bauform genannt hat.

Jahrzehntelang haben sich Fachleute gefragt, wer den Bau

dieser Kirche ausgerechnet hier im abseits gelegenen Revier der Kronenburger veranlasst haben könnte. Es war eine detektivische Suche, und letztlich fand man den Mann: Es war der Kardinal Nikolaus Cusanus. Wir wissen nicht, wo ihm dieser Grundriss einer Kirche zum ersten Mal begegnete. Er machte Visitationsreisen durch halb Europa, hat also sehr viel gesehen. Wahrscheinlich war es die Franziskanerkirche in Salzburg, die ihn angeregt hat. Wie auch immer, er ließ in Kues bei Bernkastel die Hospitalkirche St. Nikolaus bauen, eine Einstützenkirche. Sein Einfluss auf diese Gegend war enorm, und also initiierte Graf Cuno von Manderscheid den Kirchenbau in Kronenburg. Eine Grundidee dabei war, dass die Kanzel von jedem Punkt der Kirche aus gut zu sehen war, dass es nichts Trennendes gab zwischen dem Priester und den Gläubigen. Die Fachleute nennen diesen Kirchentyp eine Predigerkirche.

Einige Schritte weiter endet die Straße unterhalb der Burgruine in der ehemaligen Vorburg. Hier steht seit dem Jahr 1719 das stattliche Amtshaus für den gräflichen Verwalter. In diesem Jahr wurde Kronenburg für 120000 Gulden an die Blankenheimer Grafen verkauft, und dem Amtmann Lafontaine wurde es auf der zugigen und nasskalten Burg zu ungemütlich. Also ließ er das Amtshaus bauen und wurde schnell und fristlos entlassen, weil die Kosten jeden Voranschlag weit überstiegen. Das gab's also damals schon.

Die Familie Faymonville übernahm 1769 Kronenburg und behielt es bis weit in das 20. Jahrhundert hinein. Deren letzte Vertreterin, Nettchen Faymonville, sorgte dafür, dass die Gemeinde nicht erneut verödete und vergessen wurde. Sie richtete im Amtshaus eine Herberge für Maler und Wanderer ein und begründete so ganz vorsichtig den Tourismus, der inzwischen beachtliche Formen angenommen hat.

Für mich selbst waren es goldene Tage in dem kleinen Dorf, als BAP dort in einer Schule Konzerte vorbereitete und ganz wenige Ausgesuchte dabei sein konnten. Ich bin im Rock geradezu ersoffen.

Wir nähern uns jetzt dem Gebiet, in dem ich selbst heimisch bin: Der Hillesheimer Kalkmulde, was ohne jeden Zweifel höchst sachlich klingt und den Charme eines alten Brötchens verströmt. Vorsichtshalber will ich jedoch erwähnen, dass hier wilde Gestalten auftauchen werden und Leute in den Blickpunkt geraten, die ihr ganzes Leben lang quergedacht haben. Harry zum Beispiel, der seit 20 Jahren in einem abgelegenen Tal haust, inzwischen 80 Jahre alt ist und immer noch der Überzeugung, dass seine Träume überleben werden. Oder der Eifelmaler Fritz von Wille, der wie keiner das Gold des Ginsters in das Grün der Wälder und Wiesen malte und dabei angesichts vieler Aufträge für solche Bilder maulte: »Die Leute wollen nun mal immer wieder Rührei mit Spinat.« Ich selbst weiß jedenfalls genau, warum ich den ersten Eifel-Krimi »Eifel-Blues« in dem Dörfchen Berndorf schrieb: Es war die reine Langeweile. Trotzdem bleibt mein Verdacht bestehen: Dieses Land hat etwas, das andere nicht haben. Und dass das gut ist, steht außer Frage.

Schwierig ist nur die Frage, mit welcher Spezialität man in dieser Region anfangen soll. Vielleicht mit Mirbach?

Mirbach ist ein kleines Dorf, von Hillesheim aus in wenigen Minuten zu erreichen. Das, was Ihnen sofort auffallen wird, ist eine Kirche, eine Kapelle, nicht sonderlich groß, auf einem kleinen Hügel mitten im Ort gelegen, aber ungeheuer wuchtig. Da gibt es eine kuriose Geschichte:

Eigentlich beginnt alles im Jahre 1200, als die Herren von Mirbach, neben einem weit verstreuten Besitz, in diesem Dorf zwei Höfe besaßen. Die Familie verließ die Eifel um die Mitte des 16. Jahrhunderts und verkaufte beide Höfe. Für diese Landschaft wäre das normalerweise völlig folgenlos geblieben, wenn nicht gut dreihundert Jahre später der junge Ernst von Mirbach zusammen mit seinem Vater die Eifel bereist hätte.

Die Ritter und Ruinenschwärmereien der wilhelminischen Zeit hatten den Knaben bereits fest im Griff und er schrieb über seinen Besuch in Mirbach: »Dass auch unsere Vorfahren hier gewohnt hatten, erfüllte mich mit hohem Stolze, und mir schienen das Ritterleben und die Burgen in romantischem Zauber verklärt. Ich betrat den geweihten Boden meiner Ahnen auf einer Wiese an alten ein bis zwei Meter hohen und starken Mauerresten ...« Die hat der Knabe nun einmal für die Ruinen der Stammburg seines Geschlechtes gehalten und war davon für den Rest seines Lebens nicht mehr abzubringen.

Man munkelt jedoch, der historisch geprägte junge Graf habe damals von anderen, bekanntlich reich vorhandenen Burgen in der Eifel Steine abtragen und nach Mirbach bringen lassen.

Zum Erwachsenen geworden, besucht er die Eifel immer häufiger, kauft rund um Mirbach größere Ländereien zusammen und entschließt sich endlich, anstelle der kleinen, baufälligen Kapelle aus der Zeit um 1500 einen repräsentativen Neubau errichten zu lassen. Das fiel ihm leicht, denn neben seinem Amt als Oberhofmeister der späteren Kaiserin Auguste Viktoria war er auch Vorsitzender des rührigen Evangelischen Kirchenbauvereins, der unter anderem die Erlöserkirche in Jerusalem und die Kaiser-Wilhelm-Gedächtniskirche in Berlin gebaut hatte. Dieser Kirchenbauverein hatte es sich zur Aufgabe gemacht, den neoromanischen Stil durchzusetzen und die Mosaikkunst wiederzubeleben.

In diesem Sinne baute Ernst von Mirbach die Erlöserkapelle aus und nannte sie ein »Denkmal unseres Geschlechtes«.

Und der Kaiser hatte lebhaftes Interesse an dem, was von Mirbach tat. Es scheint uns heute schleierhaft, wie ein hoher Beamter des kaiserlichen Hofes zu Berlin ausgerechnet so kurz vor dem Ersten Weltkrieg mit so viel Anstrengungen sein eigenes Geschlecht feiern konnte. Auf der anderen Seite passte dieser Ernst von Mirbach genau in diese Zeit, die schon zum Untergang verurteilt war und mit Millionen Toten des Ersten Weltkrieges endete.

Die Kapelle ist unglaublich, es wird Ihnen der Mund vor Staunen offen bleiben. Schon von außen hat der Bau etwas von monumentalem Gepräge – der mächtige halbrunde Chor, der Vierungsturm, die verwinkelten Treppchen, Portale und Türmchen. Innen ist der Besucher dann zunächst perplex. Da ist eine unerschöpfliche Vielfalt goldglänzender Mosaiken zu sehen und fast alles versammelt, was die Romanik Jahrhunderte vorher hervorgebracht hat: Säulen, Kapitelle, Rundbogenarkaden, umlaufende Friese, profilierte Portalgewände, ein Tympanon, Engelsmosaiken und vieles andere mehr. Zusätzlich wird Ihnen auffallen, dass ausschließlich edelste Materialien verwendet wurden: der Altar aus weißem Sandstein, gestiftet von Kaiser und Kaiserin, Cipolinomarmor bei den Säulen, die Türen des Tabernakels aus schwarzem Eichenholz mit Bronzebeschlägen und Edelsteinen auf weißem Leder, die Kanzel auf einem kauernden Löwen aus Sandstein. Fast alle diese Einzelheiten wurden von Künstlern der damaligen Zeit geschaffen und gestiftet. Und überall der Freiherr von Mirbach, auf einer Konsole sein Kopf, auf den Kirchenfenstern sein Wappen, eine Familienloge für die Sippe, Sprüche von Familienangehörigen in Fenstern, Lieblingsblumen von Oma und Opa...

Immer, wenn ich in der Kapelle stehe, überfällt mich der Gedanke, dass wir in der Eifel schon recht viele Verrückte zu verzeichnen haben, aber dass auch noch aus Berlin eine ganze adelige Sippschaft hinzukommt...

Die verkauften Bürger

Dann hätten wir nur noch zu klären, was denn in der Eifel eigentlich eine Kalkmulde ist, da wir schon in der Hillesheimer Kalkmulde stehen. Vor mehr als dreihundertfünfzig Millionen Jahren schwappte in der Eifel ein flacher Ozean. Er war tropisch, also sehr warm. Er schwappte auch nicht in der heutigen Eifel, sondern dort, wo die Eifel ungefähr lag, als dieser Planet Erde nur einen einzigen Kontinent kannte, den wir heute Gondwana nennen. Damals lag die Eifel etwa auf Höhe des heutigen Iran. Selbstverständlich meinen wir also mit dem Begriff Kalkmulde, dass hier ungeheuere Mengen von Kalkablagerungen von Schalentieren und Korallen den Boden des Meeres bedeckten. Dann hoben sich Gebirgszüge und traten scharfkantig aus der Landmasse. So unglaublich es klingt: Die Berge in der Eifel waren damals in der fernen Vergangenheit höher als die heutigen Alpen. Dazwischen blieben jedoch diese Mulden der Kalke bestehen. Es ist also Meeresgrund, über den wir hier gehen. Und deshalb finden Sie hier tatsächlich die Versteinerungen von Tieren, die einstmals lebten und die man sich heute gar nicht mehr vorstellen kann.

Es ist mehr als fünfzehn Jahre her, dass der Forscher Markus Poschmann aus Mainz in einem Steinbruch der Eifel (in Wilwerath bei Prüm) die Überreste eines Tieres fand, bei dem es sich um ein wahres Monster gehandelt haben muss: ein Riesen-Seeskorpion. Als das Tier lebte, war der Großteil der Erdoberfläche von Wüsten bedeckt, an den Ufern gab es nur wenige Pflanzen, im Wasser allerdings brodelte das Leben. Was der Wissenschaftler Markus Poschmann fand, war die 46 Zentimeter lange, versteinerte Kieferklaue dieses Skorpions, und zum ersten Mal war feststellbar, wie groß das Tier einst gewesen sein muss: so groß wie ein Krokodil, 250 Zentimeter. Es dürfte sich von großen Mengen Urzeitfischen und Gliederfüßern ernährt haben.

Kalkmulde bedeutet also ein Paradies für Fossiliensammler, weil sie Trilobiten, Seelilienstängel, Muscheln, Krebstiere und anderes aus der Urzeit finden können. Und schließlich wurden schon Pferdchen und Krokodile aus einer anderen Epoche gefunden, auf die ich später noch komme.

In Hillesheim fällt sofort auf, dass das Städtchen klein ist, aber eine gewaltige Mauer mit Türmen zum Schutz hatte –

das passt scheinbar nicht zusammen. Bei der Betrachtung der Geschichte wird dann klar, dass Mauer und Türme in vorigen Jahrhunderten sehr wohl sein mussten. Hillesheim wurde nämlich aufgrund großer Mengen Geld zum am weitesten nach Norden vorgeschobenen Stützpunkt des Erzbistums Trier. Ein Stützpunkt unter lauter Feinden. Da war eine Mauer mit gewaltigen Türmen obligat.

Weshalb Sie sich Hillesheim auf jeden Fall einmal ansehen sollten, hat einen gewichtigen Grund. In der Stadt wurden in der Jetztzeit mit viel Aufwand, Mitteln der EU und zweifellos viel Geschick die Wehrgänge und Türme wiederhergestellt.

1272 gibt Gerhard III. von Wildenburg sein »Hildesheym« für 200 Trierische Denare den Luxemburgern zum Lehen. Schon 1318 allerdings wird ein Teil des Ortes Gegenstand einer Verpfändung, bei der die Jülicher ihre Hände im Spiel haben. Jülich roch die Möglichkeit, sich zwischen Köln und Trier zu schieben, ein Faktum, das die heute Geborenen nur mit Mühe begreifen können. Damals aber war das so. Nur ein Jahr später spricht Wilhelm V. von Jülich bereits von »meinen Bürgern zu Hillesheim«. Doch wie in der Politik so üblich, kommt dann alles anders. Als dieser Wilhelm nämlich gegen seine eigenen Söhne ziehen will, weil die sich gegen ihn erhoben haben, kommt Erzbischof Balduin von Trier und bietet ihm Hilfe an: gegen eine Verpfändung Hillesheims für sagenhafte 10 000 Gulden. Die Jülicher können anschließend die Pfandsumme nicht zahlen, der Balduin von Trier, ein Bischof von gewaltiger Strenge und Brutalität, erscheint in Hillesheim und kassiert das Ganze – die Hillesheimer natürlich eingeschlossen.

Jetzt wird die Festung ausgebaut, und Erzbischof Balduin von Trier, der uns in dieser Geschichte schon häufig begegnete, richtet darin ein Amt mit einem Amtsverwalter ein.

Der Ort gedieh für Eifler Verhältnisse recht gut, die Zeiten wurden ein wenig ruhiger und besser, aber Freude daran hatte wohl niemand in Hillesheim. Es war die Obrigkeit, die das Leben zum Schrecknis machte.

Beweis dafür war der Hexenturm, den Sie heute noch betreten können. Er wurde ein Ort des Grauens. In den sechs Jahren zwischen 1587 und 1593 wurden allein im Trierischen an die 2000 Hexen verbrannt. Nicht eingerechnet sind die Menschen, die zur Erpressung von Zeugenaussagen oder Beschuldigungen gegen Dritte durch die Hände der Folterknechte gingen.

Die Ungeheuerlichkeit dieses wirklich monströsen Irrsinns macht ein Zahlenvergleich sichtbar: Die 2000 Menschen wurden getötet, als Hillesheim etwa 300 Einwohner hatte. Jeder zweite oder dritte Mensch wurde damals in diesem Gebiet der Eifel getötet, es gab anschließend völlig menschenleere Weiler und Dörfer.

Dann kam 1637 im Dreißigjährigen Krieg noch die Pest. 1651 notierte die Gemeinde noch knappe 100 Einwohner.

Kurz nach Beendigung des Dreißigjährigen Krieges erscheinen 1689 die Franzosen, sprengen Tore, Türme und Mauern. Kurz nach dem Wiederaufbau erscheint im Spanischen Erbfolgekrieg 1705 eine englische Armee, überfällt die Stadt, verursacht einen Brand und plündert die Einwohner aus. Der Amtsverwalter schreibt: »Alles, was die Eingesessenen retten wollten, war durch Maroden gestohlen, geplündert... viele Eingeborene tot blessiert, durch Brand geschädigt, die ganze Stadt bis auf Pfarrhaus, Kirch und noch ein Haus abgebrannt. Das arme Städtlein!«

3000 Einwohner zählt Hillesheim heute, und dass es noch existiert, verdankt es der Tatkraft seiner Bewohner. 1945 bei Ende des Zweiten Weltkriegs sah es nicht so aus, als würde die Gemeinde noch einmal auf die Beine kommen. Die ersten Jahre des Krieges waren ruhig, die Stadt war kein Ziel. Als aber 1944 die Alliierten von Westen her auf Deutschland zurückten, war es mit der Ruhe vorbei. Besonders der sogenannte »Eifelschreck«, die V1, heulte den Bewohnern um die Ohren, brach ihren Flug ab, stürzte irgendwo ab, verbreitete Angst und Schrecken. Unvergessen der Einschlag der Waffe in eine Gruppe Hitlerjungen – sie starben so sinnlos wie Millionen anderer. Kein deutsches Flugzeug war 1944 mehr am Himmel, die Alliierten beherrschten den Luftraum total, Hillesheim geriet ins Fadenkreuz, Tag für Tag fürchteten die Hillesheimer um ihr Leben. Man nannte ihre Region jetzt einen Offensivraum, und was da geschah, ist nur mit einem Chaos vergleichbar. Am 24. Dezember 1944 flogen nicht weniger als 1400 alliierte Bomber und 736 Jagdflugzeuge insgesamt 5000 Einsätze in diesem Raum. Viele Hillesheimer überlebten in den Eishöhlen, die Sie heute noch begehen können. Am 7. März rückten dann amerikanische Truppen ein, die Not hatte ein Ende. Befehlsgemäß hatte die abziehende deutsche Wehrmacht eine Straßenbrücke und 20 Eisenbahnbrücken gesprengt, 40 Prozent der Stadt waren pulverisiert.

Vielleicht hilft es ein wenig, das Chaos am Kriegsende zu verstehen, wenn ich ein Plakat zitiere, das die deutschen Behörden in den Tagen des Untergangs für den Raum Trier veröffentlichten:

Führerbefehl!

Die Stadt Trier ist mit allen Mitteln zu verteidigen. Dieser Befehl ist eindeutig und klar. Das Wort hat nur noch die Panzerfaust. Zu reden haben jetzt nur die Waffen in unseren Fäusten. Den Blick bei Tag und Nacht zum Feind, das Herz zum Bersten voll von Wut und Hass, so sperren wir das Tor zu Mosel!

Mit einem Schrei nach Rache stemmen wir uns immer wieder gegen die Eindringlinge! Jede Straße wird ein Bollwerk! Jedes Haus eine Festung! So ist Trier uneinnehmbar! Wir Westsoldaten haben den Führerbefehl verstanden, wie die Kameraden aus dem Kurland, aus Ostpreußen u. Pommern.

Kein fremder Eindringling kommt in die Stadt, und wenn wir ihn totschlagen, wenn wir ihn mit unseren Fäusten erwürgen müssten.

So viel Hass ist heute nicht mehr zu verstehen, war aber schon damals krank. Das Tausendjährige Reich ist schnell vergangen, sollte aber nicht vergessen werden.

Da tut es richtig gut, in unserem langen Frieden nicht mehr von Gewalt und Not sprechen zu müssen, sondern die einfachen Dinge des Alltags, die Kuriositäten der Geschichte in dieser Region und die Errungenschaften friedlicherer Zeiten anzubieten. Hillesheim, das steht außer Zweifel, ist erstklassig für neugierige Familien, für Naturliebhaber, für die Geo-Freaks, die an der Geschichte unseres Planeten interessiert sind. Auch für die Wanderer, die auf den Eifelkrimi-Wanderweg gespannt sind. So etwas gibt es hier tatsächlich, vierzig Kilometer lang, eine Route entlang der ganzen Tatorte.

Keine Angst, ich schicke Sie nicht auf die 40 Kilometer, ohne Sie sanft vorzubereiten. Wir möchten schließlich, dass Sie heil zurückkommen.

Sie können eine Route mit 18 Kilometern und eine andere mit knapp über 20 Kilometern wählen. Es geht einfach darum, mitten in der Natur real geschilderte Tatorte zu begreifen. Hätten Sie mir das angeboten, als ich die ersten sieben oder acht Eifel-Krimis geschrieben hatte, würde ich Sie sehr kritisch beäugt und Ihren Verstand bezweifelt haben. Tatsache ist aber, dass der Weg von sehr vielen Wanderlustigen gegangen wird.

Vom Krimischreiben und anderen Tätigkeiten

Ich kam zu Anfang des Jahres 1984 in die Gegend von Hillesheim, siedelte mich in Berndorf an, einem kleinen, sehr sympathischen Dorf nur zweitausend Meter entfernt. Ich blieb Journalist und machte Reportagen, kein Gedanke an Krimis. Ich hatte wahrlich andere Probleme. Meine Familie in München war zerbrochen, ich wusste nicht, wohin, geschweige denn, auf welche Arbeit ich mich konzentrieren sollte, welche Zukunft in welchem Sektor des Journalismus mir überhaupt offen stand.

Es war die sehr harte Schule der Realität, in der ich mich wiederfand, und es gab ohne Zweifel in dieser Eifel etwas, das ich finden konnte: eine bestimmte Form der Einsamkeit, die es mir ermöglichte, mich selbst zu betrachten und dabei möglichst wenig zu lügen.

Wenn ich das so locker formuliere, muss ich hinzufügen, dass ich Alkoholiker bin, seit vielen Jahren keinen Tropfen mehr trank und mich durchschlagen musste. Ich hatte keinen Bonus, woher oder wofür auch immer. Ich hatte aus meinem Zuhause in München im Wesentlichen nur eine Zahnbürste gerettet, den Rest kaufte ich mir zusammen. Das war ein Ofen für das in der Eifel reichlich vorhandene Holz, eine Matratze, die auf Tannendielen lag, eine alte Schreibmaschine, die funktionierte, aber mehr auch nicht. Ich lebte einfach drauflos, weil mir anderes nicht übrig blieb. Bis 1988 die Idee aufkam, ich könne mal hin und wieder einen Krimi schreiben, zwischendurch, nebenbei.

Aus heutiger Sicht würde ich sagen, ab da ging es steil bergan, aber das war ein sehr zäher Prozess. Wer wollte Krimis ausgerechnet aus der Eifel? Ausgerechnet aus dem Rheinischen Sibirien, das kein Mensch kannte. Und dann noch der Titel, ausgerechnet »Eifel-Blues«, wer sollte den interessant finden?

Inzwischen sind etwa 3,8 Millionen der Krimis verkauft, das Krimischreiben wurde mein Beruf, und meine damaligen Nachbarn in Berndorf konnten wahrscheinlich nicht verstehen, dass Autos aus allen möglichen deutschen Städten zu mir auf den Hof rollten – einfach nur, weil die Menschen mich kennenlernen und einen Kaffee mit mir trinken wollten.

Ich will Sie mit meiner Vita nicht langweilen, aber da wir uns Deutschlands Krimilandschaft Nummer eins nennen, muss ich einiges auf den Tisch legen, um das zu erklären.

Um zu begreifen, wo und bei wem ich jetzt lebte, las ich sicher zehntausend Seiten über die Geschichte und die Menschen in der Eifel. Und natürlich floss all das in meine Krimitexte ein. Ich lernte unentwegt, ich konnte auf Anhieb sagen, wo ein Botaniker das Nickende Perlgras finden konnte und wo heute noch Bauern die schweren Stämme des frisch geschlagenen Holzes rückten. Ich wusste aber auch von der polizeilichen Realität dieser Landschaft. Wenn man so will, bin ich in die Eifel buchstäblich hineingekrochen.

Und dann kam die Tagung des Syndicats in der Eifel, die Criminale. Das war 1999 in Daun, unserer Kreisstadt. Ich hatte mich auf die Frage, wo denn die nächste Tagung stattfinden könne, 1998 in Berlin bei der Hauptversammlung der Autoren gemeldet und locker erklärt: »Wir machen das in Daun in der Eifel!« Ich wusste nicht, ob wir das stemmen würden, ich wusste nur: Das kann eine Chance für die Eifel sein.

Das Syndicat ist die Vereinigung aller in Deutsch schreibenden Krimiautorinnen und -autoren, also ein Verein, der durchaus hohe Anforderungen stellt.

Daun 1999 wurde ein voller Erfolg. Als meine Freundin Ingrid Noll mir sagte: »Das habt ihr prima hingekriegt!«, wusste ich, dass es gelungen war. Eine kleine, feine Landschaft war Gastgeber der besten deutschen Krimischreiber gewesen und die hatten sich wohl und gut aufgehoben gefühlt.

Und dann überlegten wir, ob wir in der Eifel nicht etwas machen könnten, das es noch nicht gab, ob wir nicht das regelmäßig tun konnten, was wir 1999 gezeigt hatten: alle zwei Jahre unter dem Stichwort TATORT EIFEL eine Zusammenkunft der Welt des Krimis in Deutschland auf die Beine zu stellen.

Die Grundidee war ganz einfach: Die Schreiber der Kriminalromane wünschen sich naturgemäß nichts so sehr wie den Anruf eines Redakteurs der produzierenden Sender: Wir möchten Ihren Stoff verfilmen! Also luden wir alle ein, die bei einem solchen Prozess eine Rolle spielen. Romanschreiber, Drehbuchautoren, Fachleute für Filmproduktion, leitende Redakteure der Redaktionen bei Fernsehsendern, Agentinnen und Agenten, hohe Polizeibeamte, Fahnder der Polizei, Fachleute aus Mordkommissionen.

Das Unerwartete war, dass wir von Beginn an erfolgreich waren, da unterhielten sich genau die, die sich endlich einmal unterhalten sollten. Und tatsächlich passierte es in gleich mehreren Fällen, dass Stoffe, die in Daun vorgetragen wurden, auf dem Fernsehschirm landeten. Inzwischen ist TATORT EIFEL etabliert, das Land Rheinland-Pfalz unterstützt uns massiv, ebenso der Kultursommer Rheinland-Pfalz, ebenso Fachfirmen auf dem Gebiet der Fernsehfilme.

Inzwischen ist es richtig schwierig, bei unserem TATORT unterzukommen, wir nehmen nur das Feinste vom Feinen, wir sind geradezu elitär. Wir haben die Stars der Szene hier, Dietmar Bär, Götz George, Jürgen Roland. Wir liefern erstklassige Lesungen, einen sehr eleganten Tango Criminale, auf dem Sie schwofen können. Für Freunde und Krimiliebhaber sind die vier Tage alle zwei Jahre längst ein Muss. Nicht vergessen: Vorher anrufen! – könnte sein, dass wir ausverkauft sind.

Und dann kam Ralf Kramp!

Dieser Ausruf klingt explosiver, als es ablief. Eigentlich schlich er sich in die Landschaft. Er tauchte eines Tages mit der Bitte auf, ein Stück seines Manuskriptes zu lesen, er wollte einfach wissen, ob er schreiben kann. Er konnte, und tatsächlich wurde dieser Erstling verlegt. Dann hatte er plötzlich einen kleinen Verlag, den KBV. Anschließend tat er sich mit der Moni (ab da: Kramp) zusammen, die gerade einen Buchladen mit Namen Lesezeichen in Hillesheim eröffnet hatte.

Dann zeigte sich, dass man das Kriminalhaus machen könnte: eine alte Gerberei in Hillesheim, in die der Buchladen passte, der Verlag auch, das Deutsche Krimi-Archiv und das Café Sherlock. Nun müsste ich zu schwärmen anfangen, will es mir jedoch verkneifen – schauen Sie sich das alles selbst an, und glauben Sie mir, es lohnt sich.

Nachdem wir nun schon Deutschlands Krimilandschaft Nummer eins waren, kam also der Kramp daher und gab uns eine Hauptstadt.

Natürlich wollen Sie wissen, was das Deutsche Krimi-Archiv ist. Nun, das sind rund 26000 Bücher, alles Krimis, eine einzigartige europäische Sammlung, die in bibliophiler Atmosphäre die Möglichkeit bietet, so gut wie jeden Krimi, der seit dem Zweiten Weltkrieg erschien, in die Hand zu nehmen und zu schmökern. Allein die Geschichte dieser Präsenzbibliothek, die jedem Fachmann offen steht, würde viele Seiten einnehmen.

So ein Café wie das Sherlock haben Sie noch nie gesehen, und so eine Buchhandlung wie das Lesezeichen mit eigenem Krimi-Kabinett auch noch nicht. Also tun Sie sich und ihren Kindern den Gefallen und sehen Sie sich das an.

Wenn Sie schon in Hillesheim sind, sollten Sie Berndorf nicht auslassen, gleich nebenan, wie gesagt zweitausend Meter weiter. Der Ort hat eine Wehrkirche aus dem Jahr 1515, ein beeindruckendes Beispiel alter, erdhafter Kirchenbauweise, hoch über dem Ort, nicht zu verfehlen. Es ist ein strenger, schmuckloser Bau ohne jede moderne Zutat – eine richtige Erholung und ein Ort, an dem man ganz still weit über die Eifel sehen kann.

Kerpen – eine Tasse Kaffee

Das nächste Ziel, das Golddorf Kerpen, erreichen Sie, indem Sie einfach über den nächsten Hügel fahren. Golddorf deswegen, weil es bei dem Wettbewerb »Unser Dorf soll schöner werden« der Bundessieger wurde.

Dreißig Jahre lang, von 1911 bis 1941, war hier der Sommersitz des Fritz von Wille, des bedeutendsten Malers der Eifel. Er wohnte auf der Burg hoch über dem kleinen Ort, und er hat sie so gemalt, wie Sie sie heute sehen können: »Im Vordergrund ein liebliches Wiesental, dahinter, den Hang aufsteigend, die zerklüftete Ruine, beides in hellem Sommerlicht, das zwischen den Mauern weiß blühende Bäume aufleuchten lässt, während auf der Höhe des Burghügels aus dunklem Fichtenwald der riesige Bergfried mit seinen Zinnen bis in die düster dräuenden Wolken eines zerrissenen Gewitterhimmels zu ragen scheint.« (Pallhuber/Pippke)

Die Burg hat eine durchaus lebhafte Geschichte, und zuweilen befällt mich Unsicherheit, die ständigen Fehden und Kriege, Eroberungen und Zerstörungen dieser Bauwerke zu beschreiben.

1136 wird in einer Urkunde des Klosters Prüm zum ersten Mal ein Herr von Kerpen genannt, Sigisbertus heißt er. Als dann 1173 von einem »novum Castrum de Cherpene« die Rede ist, ist der Bergfried schon gebaut: neun mal neun Meter im Quadrat mit drei Meter dicken Umfassungsmauern.

Erinnern Sie sich an die trauernde Grafenwitwe, die aus dem Schloss in Schleiden geworfen wird? Nun, diese Witwe kam aus dieser Burg in Kerpen und war bereits hier vom gleichen Gegenspieler herausgeworfen worden, das geschah am 6. Februar 1593.

Gerichte spielten zwar schon eine große Rolle in Europa und hatten durchaus begonnen, Streitigkeiten auf friedliche Weise zu entscheiden, aber es gab unter dem adeligen Volk Europas durchaus immer noch Clans und Sippen, für die Gerichte nichts anderes waren als Schwatzbuden und die sich nahmen, was sie haben wollten. Man hatte jahrhundertelang auf jede zivilisierte Umgangsform verzichtet, warum sollte man sich also jetzt darauf konzentrieren?

Wenigstens den Untergang dieses Gemäuers will ich streifen. Das Reichskammergericht sprach die Burg Kerpen den Herzögen von Aremberg zu, man weigerte sich aber, die Burg einfach herauszugeben. Philip Franz von Aremberg rief luxemburgische Truppen zu Hilfe, die die Burg besetzten.

Die nahmen die Gelegenheit wahr und blieben gleich auf der Burg hocken, was erneut beweist, dass Menschen, die Hilfe leisten, durchaus eigene Ziele verfolgen und nicht immer karitativ handeln. Im Zuge der Reunionskriege erschienen dann Franzosen, sprengten die Befestigungswerke und hinterließen ein gewaltiges Trümmerfeld. Nur der romanische Bergfried blieb stehen.

1911 erwarb Fritz von Wille die Burg, baute ein Atelier an und lebte fortan hier mit seiner Frau. Zu diesem Zeitpunkt war an der Kunstakademie in Düsseldorf, woher Wille kam, die Eifel für die werdenden Künstler schon ein absolutes Muss, nur war niemand so gut wie von Wille, dessen große, weltberühmten Werke in den Kreisverwaltungen in Daun und Wittlich hängen – Sie sollten sich das antun, weil dann verständlich wird, was wir hier ständig sehen und leider zuweilen übersehen: die Schönheit dieses Landes.

Um das Erbe dieses Mannes kümmert sich ein äußerst lebhafter Stammtisch, der an jedem Donnerstagnachmittag um 16 Uhr im Kleinen Landcafé in Kerpen zusammentritt. Es sind die Herren Wilhelm Blum und Dieter Klaus aus Jünkerath, HAW Engelhardt und Hans K. Mies aus Hillesheim sowie Hubertus Foester aus Leudersdorf. Sie nennen sich das artcollegium.

Wenn es denn ein Donnerstag ist, mischen Sie sich ruhig ein, setzen Sie sich einfach dazu, fragen Sie, was Sie wissen wollen. Wenn es denen nicht in den Kram passt, sagen sie es schon, sie sind schon ein paar Jahre erwachsen. Sie kommen seit zwei Jahren zusammen. Sie begannen damit, den ollen Fritz von Wille zu entstauben, und hatten letztlich dabei nur den Landstrich im Visier, in dem sie leben: die Eifel.

Sie versammeln sich mit gutem Grund im Kleinen Landcafé, das von den Einheimischen als »gut gelungen«, von den sogenannten Touristen als »ganz entzückend« und »unwahrscheinlich gut« beschrieben wird, was meinen Verdacht bestätigt, dass die Eifler sprachlich etwas zurückhaltend und grobschnittig beschrieben werden müssen. Die hochdeutsche Behauptung »ich liebe dich!« kommt im hiesigen Slang meiner Kenntnis nach nicht vor, man gibt sich selbst dann zurückhaltend, wenn die Gefühle detonieren, und sagt leicht schamrot: »Ich mag dich!«, oder: »Wir könnten mal was zusammen unternehmen.«

Das artcollegium also entstaubte zunächst den Fritz von Wille, der historisch gesehen so selbstverständlich war, dass sich niemand mehr darum kümmerte. Die fünf machten eine Ausstellung im Bahnhof zu Jünkerath. Und dazu mussten sie auf den Dachboden der Kerpener Familie Wirtz klettern, die einst Freunde des Malers gewesen waren. Sie fanden eine alte Staffelei, sie fanden die nicht gesäuberte Original-Palette, sie fanden persönliche Briefe, kurzum, sie fanden viel Neues. Sie schalteten eine Fachfrau ein, die Kunstgeschichte studiert hatte und die etwas vom Fritz von Wille verstand. Sie schafften es, an vier Wochenenden 1300 Leute in diese Ausstellung zu holen, die mit der weitesten Anreise waren Besucher aus Danzig.

Anschließend bemerkte der Kreis, dass das Mausoleum des Malers und seiner Frau oberhalb der Burg arg zugewachsen war, und befreite das Denkmal von Gesträuch. Im Moment haben sie Kinder von sechs bis achtzehn Jahren in der Verbandsgemeinde aufgefordert, zu malen. Was immer die Kinder malen wollen. Es gibt sogar Preise mit ein wenig Taschengeld, und die schönsten Bilder gibt es dann auf T-Shirts.

Was den Versammlungsort Kleines Landcafé angeht, so handelt es sich dabei um einen Raum in einem alten Haus, der sehr persönlich und anheimelnd gestaltet ist und erstklassige Kleinkunst im weitesten Sinne anbietet, rund ums Jahr. Thea und Günter Greif haben etwas geschaffen, was man hier nicht vermutet, was aber seit Jahren zeitweilig heillos überlaufen ist. Da treffen sich die Leute und können sich fühlen wie im eigenen Wohnzimmer. Ich habe dort Kabarett erlebt, in dem es so voll war, dass man froh sein konnte, die eigenen

Füße zweifelsfrei zu identifizieren. Aber Enge macht ja auch Spaß. Als mein Freund Christian Willisohn in dieser Oase der Leichtigkeit auf das Klavier traf und seine Songs röhrte, hatte ich ernsthafte Schwierigkeiten, mein Manuskript nicht auf der Glatze eines begeisterten Zuhörers zu deponieren.

Thea Greif kam zum Beispiel auf die einfache Idee, einmal im Jahr ein Petit Montmartre aufzuziehen, in dem Künstler von überall her sich im Garten breitmachen können und eine unglaublich dichte Atmosphäre schaffen. Natürlich funktioniert all das nur unter strengster Selbstausbeutung, aber nichts kommt von selbst.

Hier in diesem launigen Café kann man sehr gut demonstrieren, was Netzwerk eigentlich bedeutet. Da hatten Heike und Hans Hilberg in der Dauner Kaffeerösterei eine Idee: Sie wollten die stark kriminell gemeinte Kaffeesorte Schwarzer Tod nicht einfach als einen neuen Kaffee anbieten, sondern »irgendwie mit Text kombinieren«. Nun gut, der Eierkopf Ralf Kramp sagte dann Kurzgeschichten zum Kaffee zu, druckte ein schmales Büchlein mit Kurzgeschichten der Eifler Krimiautorinnen und -autoren, und sie verpackten dieses Büchlein mit einem halben Pfund der scharf akzentuierten Sorte Schwarzer Tod. Es muss eine gute Idee gewesen sein, sie verkauften diese Melange gleich sechstausend Mal.

Die Geschichten schrieben Carsten Sebastian Henn, Ralf Kramp, Jürgen Ehlers, Carola Clasen, Egon Olsen, H. P. Karr, Anne Chaplet und ich. Tiefe Provinz, richtig schön.

Netzwerk bedeutet in unserem Fall also simpel Eifel. Inzwischen gibt es auch einen Tee und eine Trinkschokolade, die gleichermaßen verpackt an den Käufer gehen.

Wenn Sie mögen, kommen wir dann zwei Kilometer weiter nach Niederehe, das Sie schon deswegen mitnehmen sollten, weil es eine eindeutig wilde Vergangenheit der besonderen Art hat und lange Jahre von den phantasievollen, erotischen Träumen bestimmt wurde, die Burgjungfern so mit sich tragen, wenn sie allzu streng katholisch und trist erzogen wurden. Merke: Eine edle Burg tut gut, wenn man sie vergessen tut. Ein sanfter Hinweis auf Rebecca Gablé und Ken Follett, auf ihre Schilderungen mittelalterlicher Lebenszustände in diesem Europa.

Es gibt noch einen weiteren Grund, weshalb Sie unbedingt in Niederehe Station machen sollten: der Landgasthof Schröder meines Freundes Markus Schröder, den ich aus vielen Gründen heftig empfehle, einer der Gründe ist gutes Essen.

Es ist ein höchst reizvolles Bild: eine romanische Kirche mit einem höchst reizvollen barocken Kloster. Das sehr romantische Ahbachtal und seine Seitentäler wurden schon früh bewohnt – etwa um 950 siedelten Menschen in diesem Gebiet dauerhaft. Aber lange vor ihnen waren schon Kelten und Treverer hier, wie Funde beweisen. In einem Vertrag des Klosters zu Prüm wird Niederehe schon zu dieser Zeit als Hiea erwähnt. 1136 wird nicht weit entfernt die Burg Kerpen gebaut. Die Söhne und Töchter des zweiten Besitzers, Heinrich I. von Kerpen, gründen 1175 in Niederehe ein Kloster für »adelige Jungfrauen nach der Augustinerregel«.

Warum gründet man denn ein Kloster oder ein Stift? In diesem Fall steht zu vermuten, dass die adeligen Familien einfach zu viele weibliche Nachkommen zeugten, für die sie selbstverständlich angemessen sorgen wollten. Der Kölner Erzbischof Adolf stimmte der Gründung zu, stellte den Jungfrauen eine »magistra«, eine strenge Obernonne, zur Aufsicht vor, und um »die Überfüllung des Klosters mit unnützen Personen zu vermeiden«, begrenzte er die Zahl der adeligen

Jungfrauen auf 25. Dann bekamen sie Spenden, die für damalige Verhältnisse als enorm bezeichnet werden müssen. Das ging von Weinbergen in Bad Neuenahr, Besitzungen mit namhaften Gelderträgen aus dem Bereich der Bauern und Handwerker bis hin zu dem Recht, Ablässe zu verkaufen, also den Besuchern einen Ablass all ihrer Sünden zu gewähren. Das führte zu beachtlichen Pilgerscharen, die besonders am Antoniusaltar beteten.

Schon in den ersten zwanzig Jahren des 13. Jahrhunderts stellte man fest, dass die frommen Jungfrauen vielleicht gar nicht so fromm waren, wie immer behauptet wurde. »Die Wohlhabenheit«, so ein Historiker, »führte zum Absinken der Klosterzucht«, was immer das im Besonderen bedeutete. Die Einnahmen nahmen eindeutig zu, aber plötzlich hatten die adeligen Jungfrauen sogar Schulden, die man sich nicht erklären konnte. Und offensichtlich gelang es nicht, diese Missstände zu beheben.

1474 dann brannte die ganze Anlage ab, und man sah das als ein unmissverständliches Zeichen von Gott: So konnte das nicht weitergehen in diesem Sündenpfuhl! Es dauerte aber sage und schreibe bis 1505, ehe man diese zuchtlosen Jungfrauen in den Griff bekam. Die Anlage samt Jungfrauen wurde dem Abt vom Kloster Steinfeld unterstellt, eigentlich aufgelöst. Das bedeutet, dass die heillosen Zustände sich über weit mehr als dreihundert Jahre erstreckten, und der Verdacht kommt automatisch: Es muss sich um ein äußerst fröhliches kleines Kloster gehandelt haben.

Auf eine gewisse Weise hat die katholische Gemeinde zu Niederehe darauf geachtet, dass ihr in Zukunft nichts mehr geschehen kann. Als 1505 das Nonnenkloster wegen Nichteinhaltung der Sittlichkeit aufgelöst wird und als Heimstatt von Prämonstratensermönchen neu eröffnet wird, bekam die Einrichtung außer ökonomischen Sicherheiten auch die höchstmögliche Anzahl ideeller Sicherheiten, die damals zu finden waren: Der Hauptaltar wurde der heiligen Trinität und der Jungfrau Maria geweiht, sicherheitshalber aber auch den 10 000 Märtyrern. Der Nebenaltar wurde ideell dem heiligen Nikolaus, der heiligen Maria Magdalena und den 11 000 Jungfrauen der heiligen Ursula unterstellt. Tatsächlich hat das eindeutig geholfen, dem Kloster ging es anschließend gut.

Heute erklärt der Küster der wunderbaren romanischen Kirche, Bernard Schröder, einen in der Kirche bewahrten Fries, der drei Drachen zeigt, die sich selbst verschlingen: Es handele sich mit ziemlicher Sicherheit um Haushälterinnen des jeweiligen Pastors. In der Eifel wird glücklicherweise immer wieder Gelächter gesät, auch wenn der Skandal noch so groß gewesen ist.

Die Kirche beherbergt die älteste Orgel des Landes Rheinland-Pfalz, eine Balthasar-König-Orgel. Man wollte sich nicht damit zufriedengeben, sie immer wieder provisorisch funktionstüchtig zu machen. Die Gemeinde wollte gründlich sein. Es wurde beschlossen, die Orgel zu restaurieren. Das kostete mehrere Vermögen, wurde aber geschafft. Was Sie heute sehen, ist eine vollkommene Neuschöpfung des Orgelbauers aus dem Jahre 1715, ein goldplattiertes Kleinod. Und hören können Sie die auch, denn die Technik blieb die alte.

Noch etwas ist ganz wichtig: In den ersten Jahren – ungefähr von 1960 bis 1964 – wurde die Kirche gründlich restauriert, und seitdem sind zwei Seitenaltäre aus schwarzem Ebenholz spurlos verschwunden. Ebenso verschwand ein großer, wandfüllender Schrank aus der Sakristei mit zwei Meter tiefen Schubladen, in denen die prachtvollen Gewänder der Priester aufbewahrt wurden. Der Schrank war Jahrhunderte alt, aus uraltem Eichenholz gefügt – und niemand kann sagen, wohin diese Kostbarkeit verschwand. Möglicherweise war es sträflicher Leichtsinn, möglicherweise eine kriminelle Handlung, wir werden es wohl nie erfahren.

Von hier, von Niederehe aus, zu einem naturkundlichen Kuriosum (1938 zum Naturdenkmal erklärt) ist es nicht weit, und ich verspreche Ihnen etwas, das wohl einmalig ist auf der

Welt. Es geht um einen wachsenden Wasserfall, er wird der Nohner Wasserfall oder der Dreimühlen-Wasserfall genannt. Sie müssen dann von einem Parkplatz aus noch etwa fünfzehn Minuten auf einem schmalen Pfad gehen.

Ursprünglich gab es keinen Wasserfall am steilen Kalkfelsen zum Ahbach. 1912 wurde die Bahnlinie Dümpelfeld-Jünkerath gebaut und oberhalb des Baches trassiert. Dabei mussten die Arbeiter mit drei Quellen fertigwerden, die normalerweise die Bahnstrecke unterspült hätten. Man fasste diese drei Quellen zusammen und leitete sie in einer künstlichen Rinne zum Rand des Felsens. Von dort an floss das Wasser steil bergab zum Ahbach. Das ist jetzt fast hundert Jahre her, und sicherlich hat keiner der Eisenbahnarbeiter daran gedacht, was diese simple Lösung bedeuten würde.

Das rinnende Wasser machte sich gewissermaßen selbstständig und baute eine Wasserfallmauer aus Kalktuff auf, der heute etwa sechs Meter hoch und zwölf Meter lang ist. Und weiter wächst. Die Gründe für dieses Wunder sind erstens der starke Kalkgehalt der Quellen und zweitens große Laubmoospolster (Cratoneuron commutatum), die an dem senkrechten Felsen hängen. Die Triebe dieses Mooses nehmen so viel Kalk auf, dass ihre verkalkten Strukturen der nächsten Schicht den Untergrund bieten und den Wasserfall wachsen lassen. Ich gehe jede Wette ein, dass Sie so etwas noch nie im Leben gesehen haben.

Wir sollten vielleicht hier in der Gegend um Hillesheim noch ein weiteres Ziel ansteuern, das seinesgleichen sucht. Wenn Sie Lust darauf haben, einmal in einem Vulkan zu stehen, fahren Sie in Richtung Daun, bis Sie an den Ortsrand von Zilsdorf kommen. Dort geht es scharf nach links in die Basaltstraße. Fahren Sie, bis Sie den Waldrand erreichen, und stellen Sie ihren Wagen ab. Es geht nach rechts in den Wald hinein auf einem breiten Pfad.

Von Weitem ist dieser Arensberg oder Arnulphusberg nichts weiter als eine leichte, bewaldete Erhebung, aber eine, die es in sich hat. Zweifelsfrei ist es eine dramatische Szenerie. Sie stoßen auf einen steil ansteigenden Felsring, durch den ein Tunnel führt. Das war der Weg, den die Steinbrucharbeiter nahmen, die dort tätig waren. Der Steinbruch ist mittlerweile aufgelöst, der Volksmund spricht davon, dass hier die verschwundene Burg Spielberg stand und eine sehr alte Wallfahrtskapelle, die bereits 1182 erwähnt wird. Hier muss an einem Kreuzweg viel Leben geherrscht haben, denn die Reste der Kreuzwegstationen sind gefunden worden.

Wenn Sie das Innere des Felsenkessels erreicht haben, stehen Sie im Schlot eines Vulkans, der vor etwa 35 Millionen Jahren mit ungeheurer Gewalt ausbrach und sein rot glühendes Magma aus etwa dreißig Kilometer Tiefe hochgedrückt hat. Zurück blieben die Basaltsäulen. Übrigens: Die Ostwand des Kessels ist eine Fundstelle für Mineralien. Das könnte Ihren Kindern Spaß machen.

Harry in Texas

In dieser Gegend lebt ein Mann, dessen bürgerlicher Name Harry Grobmann eigentlich gar nicht mehr so wichtig ist und dessen Anschrift einigermaßen unklar ist. Er hat kein Telefon, kein Handy, keinen Strom, kein Fernsehen, kein fließendes Wasser und keine Heizung (außer einem Kanonenofen). Sein Trinkwasser holt er aus dem nächsten öffentlichen Brunnen: Er nimmt es aus dem Bach, der seine Wiesen quert. Kurzum, der Kerl ist einfach unglaublich.

Er ist jetzt achtzig Jahre alt, hat kein Gramm Fett am Körper, geht sehr kräftig und aufrecht, zeigt keinerlei Gebrechen, wie es alte Leute in diesem Alter schon mal haben.

Schon seit 40 Jahren ist er ein Eifel-Freak, seit zwanzig Jahren fest ansässig in einem Tal, das an Bedeutungslosigkeit kaum zu übertreffen ist, ein schmales Wiesental eben, vergleichbar mit hundert anderen in dieser Gegend. Ein schmaler Bach gluckert da ganz unaufgeregt talwärts, es gibt keinen einzigen Quadratmeter Asphalt.

Wenn er auf dich zukommt, kann es sein, dass er die Arme ganz weit ausbreitet und mit ganz heiteren Augen sagt: »Du bist hier in Texas!« Dann lacht er sehr laut, es klingt wie eine sanfte Explosion, und seine Augen lachen mit. Er hat sein Anwesen hier in der Eifel Rodeo-Ranch genannt. Er hat die alten Cowboyfilme nicht kopiert, er ist einfach so geworden wie sie.

Die dreißigtausend Quadratmeter, die er hier 1970 gekauft hat, sind durchzogen von ein paar Zäunen, an hölzernen Gattern sind alte, schwarz gepinselte Wagenräder angebracht. Es gibt ein paar Hütten, Verwendungszweck unklar, bis er es erklärt: »Das da ist meine Sauna.« Er zeigt auf eine Bretterbude, die tatsächlich im Innern eine schwere, hüfthohe Feuerstelle aufweist und eine Gießkanne aus Plastik, die an der Decke hängt, mit der der Saunagast sich anschließend eiskaltes Wasser über den Körper gießen kann, wenn er an einer Kette zieht. Eine weitere Hütte nennt er grinsend »mein Dreizehnsternehotel«. Er hat eine alte amerikanische Sezessionsflagge über die Tür genagelt, und die zeigt eben dreizehn Sterne. Er erzählt: »Hier hat die Ina Reuter vom WDR fünf Tage geschlafen, als sie einen Film über mich gedreht haben. Und jeden Abend und jeden Morgen kriegte sie eine Wärmflasche, damit sie nicht friert. Und guck mal hier, da hat sie mir eine Postkarte aus Berlin geschrieben. Jetzt arbeitet sie da, und sie schreibt, dass sie noch nie so ein schönes Hotelzimmer gehabt hat.«

Harry trägt ein ganz schweres, rot-schwarz kariertes dickes Flanellhemd, darunter ein T-Shirt, an beiden Unterarmen schwere braune Ledermanschetten, eine schwarze Hose, unter der eine andere zu stecken scheint, Gummistiefel. Und auf einer schwarzen Weste einen richtigen Messingstern mit dem Wort »SHERIFF«. »So was kannst du ja überall kaufen«, sagt er beruhigend, als könne der Verdacht auftauchen, er trage den Stern offiziell.

Ist er ein Traumtänzer? Ist er eindeutig nicht. Wenn er neben mir durch den schweren morastigen Boden seines Grundstücks stampft, bemerkt er kühl: »Weißt du, hier ist jede körperliche Arbeit dreckig und schwer.« Er ist Mitglied einer Krankenkasse, und er bekommt eine Rente. Er sagt schnell hintereinander: »Ich bin doch hier König!« und »Das letzte Hemd hat keine Taschen.« Und: »Mir fehlt nichts.« Dann: »Ich habe keine Grippe, ich habe keinen Schnupfen, ich habe keinen Stress. Ich habe überhaupt nichts, ich bin gesund.« Man spürt, dass er sich darüber aufrichtig wundert. Und da schimmert eindeutig Dankbarkeit durch. Dankbarkeit wem gegenüber? Dem Leben? Dem lieben Gott? Er wirkt so stark, dass ich allzu persönliche Fragen nicht stelle.

Er arbeitete in Köln als Tischlermeister, hatte einen »verdammt guten Beruf«, wie er sagt. Er arbeitete für den mächtigen Kölner Haus- und Grundbesitzerverein, sein Leben lang. In die Eifel kam er vor vierzig Jahren, weil seine Frau Sybille schwer lungenkrank geworden war und die Luft in der Eifel so gut ist. »Sybille wohnte dann bei Bauersleuten, und ich arbeitete in Köln. So lief das damals. Und sie konnte hier gut leben, ohne dauernd krank zu sein.«

1970 kam dann ein Viehhändler und gab ihm den Tipp: »Du kannst das Tal da kaufen.« Da kaufte er es.

»Und hier wohne ich«, sagt er fröhlich und reißt eine Tür auf. Es ist ein Raum, in dem ein riesiges Durcheinander herrscht. Aber nach ein paar Minuten merkst du, dass alles seinen Platz hat. Ein Tisch mit drei Stühlen, ein Bett in einer Ecke, ein Gasherd, ein schmales Schränkchen mit Essbarem, aufgehängte Rundhölzer unter der Decke, auf denen Zaumzeug und Sättel hängen, und natürlich seine schweren Lederhosen mit den dunkelbraunen, breiten ledernen Bahnen, die das stundenlange Reiten möglich machen, filmreif. Dann zwei Regale voller Bücher und genau über dem Tisch LED-

Licht, zwei winzige Strahler, 12 Volt, fünf Watt. Er geht sparsam damit um. Als er merkt, dass ich mir trotz des Dämmerlichtes gut Notizen machen kann, schaltet er das Licht aus. »Ich muss sparen«, erklärt er lapidar. Er hat einen einzigen Kollektor draußen vor der Hütte auf einem Pfahl, vielleicht fünfundzwanzig Zentimeter im Quadrat, das reicht ihm. Natürlich haben ihm seine Besucher alles Mögliche schenken wollen, auch Sonnenkollektoren, genug, um alle Hütten zu versorgen. Aber das hat er nicht gewollt.

»Die Sybille hat immer gesagt: Du gehörst in dieses Tal in der Eifel, nirgendwo sonst. Und dann bin ich vor zwanzig Jahren hier eingezogen, für ewig. Ich hab doch alles, ich brauch nicht mehr. Ich brauch ja auch nicht viel.«

Er hatte mal neun Pferde, heute sind es immer noch drei, und er reitet auch noch, und wenn er sie ruft, kommen alle drei, sie stehen auf der Koppel hinter dem Einraumhaus. Und von seinen Tieren kann er Wunderliches berichten, aber auch von Wühlmäusen, von den drei Katzen, von denen eine nur noch drei Beine hat. »Wenn ich über das Grundstück gehe, folgt die Dreibeinige mir auf Schritt und Tritt. Aber du siehst sie nicht, sie läuft durch die dichten Büsche neben mir.«

Er erinnert sich an Resi, eine Norwegerstute, die sage und schreibe 41 Jahre alt wurde. Sie muss durchaus eine enge Freundin gewesen sein. Als er eines Tages nach Adenau ritt, um in einem Markt seine Einkäufe zu erledigen, stand er zwischen den Regalen und merkte nicht, dass es plötzlich trotz all der Kunden mucksmäuschenstill geworden war. Resi war ihm gefolgt und stand schnaubend hinter ihm zwischen all den Herrlichkeiten dieser Welt.

Dicht vor der Pferdekoppel steht übrigens ein Bad. In einer Hütte eine Badewanne, ein Ofen mit einem großen Metallfass darauf. »Das funktioniert natürlich alles.« Ganz dicht dabei steht sein Kühlhaus, ein Verschlag, der einen richtigen Eisschrank verbirgt. Ohne Stromzufuhr. Und dann noch etwas, das Stirnrunzeln auslöst. Ein merkwürdiges hohes Gerät, auf dem sich eine große s-förmige Metallscheibe auf einer senkrechten Achse dreht. Damit lädt er die Autobatterien auf, und es funktioniert reibungslos.

Dieses Gerät übrigens ließ einen hohen Bundeswehroffizier vor Begeisterung schwitzen, und er sicherte dem Harry zu: »Ich komme mit ein paar Mann vorbei und baue Ihnen was Richtiges!« Aber Harry wollte das Richtige überhaupt nicht, sein Unrichtiges funktionierte ja.

Spätestens an dieser Stelle spürt der Besucher, dass dieser Mann absolut nicht abgeschottet lebt, dass er sich über Besuch sogar aufrichtig freut.

Da gab es in einer stockfinsteren Nacht einen Unbekannten, der lautlos über das Gelände strich, irgendetwas suchte, sich aber nicht zeigte.

Das einzige Fenster in Harrys Reich ist im Wohnbau mit Richtung auf die Talmündung eingebaut. Harry nahm also den Colt von der Wand und seine schwere Taschenlampe. Irgendwann hatte er den Mann gestellt, und der sagte angstvoll: »Nicht schießen, bitte! Nicht schießen!« Es war ein Uhrmachermeister aus Neuß, dessen Leben gewaltig aus den Fugen geraten war. Er durfte sechs Wochen bei Harry wohnen. Harry sagt: »Das hat dem richtig gutgetan hier. Anschließend kam er auch klar.«

Harrys Colt ist übrigens einer mit Schreckschussmunition und kleinen Raketen. Aber er hat auch eine Eisenstange dicht am Bett, eine Axt, ein langes Messer. Er bemerkt ganz kühl: »Du weißt ja nie, was kommt.« Er hat Grund, so etwas zu sagen. Als vor ein paar Jahren eine Bande aus Rumänien in der Eifel ihr Unwesen trieb, erschienen die nachts bei Harry im Tal, und er sah sie über seinen Grund laufen. »Aber sie wussten nicht, wo genau ich wohne, sie dachten, das hier wäre ein Stall.« Dann zuckelte Harry am nächsten Tag brav zum öffentlichen Fernsprecher und sagte den Bullen Bescheid.

Bemerkenswert scheint mir, dass er sogar von eingefleischten ehemaligen Bauern aus der Umgebung besucht wird, die brav und bieder mit Stock und Schirm auftauchen, Allwetterjacken und derben Schuhen. Einige sind noch älter als er und sagen fassungslos: »Harry ist der glücklichste Mann in Deutschland.« Da strahlt der Harry, das glaubt er auch.

Vor sieben Jahren brannte seine ganze Herrlichkeit ab, das wurde zur Nahtstelle seiner Existenz. Dieser gesamte Besitz steht in einem Wasserschutzgebiet, dürfte eigentlich nicht da stehen. Aber irgendjemand im Amt hielt und hält seine Hand seit zwanzig Jahren über Harry und ließ ihn erneut die Hütte errichten, in der er jetzt lebt. Harry ist hier zu Hause, eine Eifel ohne Harry wäre eine arme Eifel.

Ich kenne meine Eifler viel zu gut, um nicht zu wissen, dass der Kerl in seinem Tal möglicherweise die Leute aufregt, besonders die Biederen. Nicht, weil er irgendwie unanständig lebt oder verquer arbeitet oder Meinungen vertritt, die schlicht aufregen, sondern weil er ein Leben lebt, das nicht vergleichbar ist mit irgendeinem anderen Leben hier. Und dann wird klar, dass nach dem Brand einige in der Gemeinde tatsächlich der Meinung waren, man solle ihn endlich rausschmeißen. Aber die große Mehrheit sagte eindeutig: »Warum denn? Er tut keinem was. Und das Leben, das er dort führt, ist eine richtige Leistung.« Vor Leistung haben die Eifler immer Respekt.

»Wenn Leute mit Kindern kommen«, freut er sich, »dann lass ich die hier wohnen. Das kostet doch nichts, und sie haben ja auch kein Geld für Hotels und so. Und sie können hier grillen und im Freien leben. Und überall habe ich Esskastanien gepflanzt.«

Bauernleben

Wir nähern uns jetzt dem Kernland der Eifel, der Landschaft, die angeblich am allerschönsten in der schönen, oft eigenwilligen Eifel ist: die Landschaft der unvergleichlichen Maare. Spätestens jetzt muss ich auf die Leute zu sprechen kommen, die diese Landschaft geprägt haben, die in dieser Landschaft unter ihren Obrigkeiten viel gelitten, ewig still und hart geschuftet und wohl oft den Mut verloren haben, weil sie zuweilen nicht genug zu essen hatten: die Bauern. Ich will hier nicht das verlogene Loblied christlicher, äußerst karger Lebensläufe singen, das ist zu lange und zu übertrieben gesungen worden. Ich möchte bei den Fakten bleiben und mich erst einmal auf die Hungersnöte konzentrieren, die enorme Missstände in der Eifel offenbarten.

Die Eifel hatte im ganzen Deutschland den Ruf eines zurückgebliebenen Landstrichs, von dem die durchaus meisten Menschen nicht einmal wussten, wo er genau lag und wie er aussah. Weder verkehrstechnisch noch wirtschaftlich hatte diese Region in ihrer neuesten Geschichte jemals klare, erfolgreiche Strukturen. Die Eifler schienen hinter dem Mond zu leben und hatten offensichtlich keine Fürsprecher. Doch wir sollten einen Blick werfen auf das, was die Eifler in den letzten fünfzig Jahren auf die Beine gestellt haben. Diese Leistung war zweifelsfrei enorm, und sie verlief im Grunde gegen den Strom.

1816 und 1817 wurde es ganz eng. In den Monaten April und Mai des Jahres 1816 schneite es in der Eifel tage- und nächtelang, bis in den Juni hinein brachte die Sonne nicht genügend Kraft auf, um den Schnee zu schmelzen. Es war abzusehen, dass es bei diesem Wetter keine Ernte geben würde, und um überhaupt an so etwas wie Ernte denken zu können, machten sich die Menschen im April und Mai daran, Hafer in die nasse, schlammige, kalte Erde zu säen. Die holte man im späten Herbst, wiederum bei Schneetreiben, in die

Scheune oder beließ sie auf den Äckern, wo sie erfroren. Das Vieh wurde krank, weil es auf faulem Stroh liegen und einen denkbar schlechten Hafer fressen musste.

Eine Hungersnot bahnte sich an.

Es war jedoch gesetzlich verboten und wurde mit Gefängnis bestraft: Wer bettelnd durch das Land zog, wurde verhaftet und in ein Gefängnis geworfen. Den meisten Betroffenen aber blieb buchstäblich nichts anderes, als zu betteln. Aus Futterkräutern, Wurzeln und Kartoffelkraut kochten sich die Hungernden ein Essen. Der Lehrer und Küster Gerhard Bongard aus Eicherscheid bei Monschau schrieb in seinen Erinnerungen. »Kartoffeln wurden zu dritt geerntet, indem zwei Mann Schnee schaufelten und einer die Früchte ausgrub.« Die Kartoffeln hatten die Größe einer Walnuss. Verhungertes Vieh wurde aufgegessen.

Joseph Görres, Herausgeber des RHEINISCHEN MERKUR, rief zur Hilfe für die hungernde Eifelbevölkerung auf. Er schrieb: »Der größere Teil der Bevölkerung der tiefen Eifel schleicht umher mit eingeschwundenen kleinen Augen, hohlen, eingefallenen Wangen, gelber, an den Knochen klebender Haut, unfähig zur Arbeit und zum Erwerb, den Seuchen entgegenharrend. Man hat ihnen, was das Ärgste ist, kein taugliches Saatgut gegeben, und sie haben es sich nur zum kleinsten Teil zu verschaffen gewusst, somit das schlechte, unreife Getreide des vorigen Jahres ausgesät, und nun stehen sie für die Zukunft hilflos da, indem die Nässe ihre Wintersaat ersäuft. Über 50000 Menschen in den Bezirken von Prüm und Blankenheim befinden sich in diesem Zustande. Ehe Zufuhren eingegangen, sind auf weiten Strecken Arm und Reich gleich brotlos.«

Endlich war jemand von Einfluss wütend, endlich fragte einer: Wie kann man die Eifler so einfach hungers sterben lassen?

In den rheinischen Städten bildeten sich sofort Wohltätigkeitsvereine, die Getreide in Schiffen von der Ostsee her orderten. Aus staatlichen Mitteln wurden zwei Millionen Taler zur Anschaffung von Getreide für die Eifel ausgegeben. Im November 1816 ließ König Wilhelm III. aus den Ostprovinzen Korn in die Eifel schaffen. In den Hauptorten der Not, in Blankenheim, Gemünd, Schleiden, Reifferscheid und Kronenburg, wurde das Brot gebacken, den Bürgermeistern aller betroffenen Dörfer zugesandt und von diesen wiederum an die Armen verteilt.

In den Wäldern trieb sich allerdings viel zweifelhaftes, ebenfalls hungerndes Volk herum und beraubte viele der mit Korn oder Broten beladenen Fuhrwerke. Also schlossen sich die Fuhrleute zusammen, um in Trecks die Hilfe in die Dörfer und Städtchen zu bringen. Wildwest im wilden Westen Deutschlands.

Ab Februar 1817 mussten die Menschen in Adenau tagelang auf Brot warten. Nachtwachen wurden aufgestellt, weil dauernd Lebensmittel gestohlen wurden. Das Brot bestand nicht selten aus unreifem Hafer und erfrorenen Kartoffeln. Als das Gras auf den Wiesen zu wachsen anfing, stürzten Leute sich scharenweise darauf und suchten nach Kräutern und Klee. Jemand schreibt im Mai 1817: »Täglich tönt mir hier das jammervolle Geschrei in die Ohren, die Notzeit ist so schrecklich und die versprochene Hülfe kommt vielleicht zu spät.«

Über die Verhältnisse in Mayen heißt es: »Die Straßen sind mit Bettlern bedeckt und die Häuser mit in Lumpen gehüllten Kindern belagert. Bey näherer Untersuchung ergab sich, dass sie von der Eifel aus dem Kreise Adenau vom Hunger vertrieben zu der Wohltätigkeit in Mayen ihre Zuflucht genommen.« Es gibt Berichte von Kindern, die zum Betteln losgingen und nie wieder auftauchten.

Die Folgen einer solchen Hungersnot zeigten sich über viele Jahre hinweg immer noch, die Familien brauchten Jahre, um aus diesem Elend herauszukriechen. Und schon 1830 folgte ein strenger Winter, eine beißende, anhaltende Kälte. Der Landrat Graf von Beissel-Gymnich rief die Bewohner des

Kreises Schleiden zur Wohltätigkeit auf. »Die Not der Armen erreicht bei dieser strengen Kälte einen so hohen Grad, dass jeder Bemittelte sich schon stillschweigend aufgefordert finden muss, seinem unglücklichen Mitmenschen die möglichste Hülfe werden zu lassen. Viele arme Familien ohne Erwerb, ohne Lebensmittel, ohne Decken und Brennmaterial schmachten hin und wieder in dem Wetter von allen Seiten preisgegebenen Hütten dem Erfrierungstode entgegen und mögen ihn sich, als das Ende ihrer Leiden, wohl oft sehnlichst herbeiwünschen. Das bitterste Elend der armen Eltern, der herzzerreißende Jammer ihrer unglücklichen Kinder, die hungernd und mit wenig Lumpen bekleidet den Eindruck des Frostes in seiner ganzen Größe empfinden, erreichen leider nicht genügsam das Ohr der Öffentlichkeit und verhallen oft freudlos in den Stätten der Not. Nur der, der die Hütten der Dürftigen besucht, erblickt das Elend in seiner fürchterlichsten Gestalt…« Der Mann war preußischer Beamter, er neigte nicht zu Übertreibungen, er hatte gesehen, was er schrieb.

Die Region hat sich nicht ganz erholt. Und wenige Jahrzehnte später ging es schlimm weiter: 1876, 1878 und 1880 musste man karge Ernten hinnehmen, und 1882 fiel die Ernte ganz aus.

Preußen war eine europäische Macht geworden, ein Staat von damals modernster Struktur. Wie konnte es sein, dass eine seiner Landschaften vollkommen von jeder Form von Entwicklung abgeschottet wurde, verelendete, buchstäblich verkam?

Das war Absicht.

Im ganzen 19. Jahrhundert ist erkennbar, dass die immer schärfer heraustretende Macht des Staates Preußen von einem Gedanken bestimmt wurde, der sich wie eine Krebsgeschwulst ausbreitete. Es war die unsinnige Einbildung einer bestehenden Erbfeindschaft mit Frankreich, einer Zuspitzung des Gedankens, dass nur eine siegreiche kriegerische Auseinandersetzung helfen könnte, diesen Zustand zu beenden.

Es war militärisch gewollt, dass das Einfallstor zu Frankreich, die Eifel, keinerlei wirtschaftliche Aufwärtsentwicklung nehmen sollte. Man wollte diese im äußersten Westen vor Frankreich gelegene Landschaft um Gottes willen nicht auch noch attraktiv gestalten, also etwa durch eine zufriedene Bauernschaft, durch industrielle Ansiedlungen, durch binnenwirtschaftliche Strukturen, ein klares, hilfreiches Straßennetz, ein Netz von Eisenbahnlinien.

Der Zustand äußerster Verelendung und Armut, die Abkoppelung von jeglichem Fortschritt war über viele Jahrzehnte gewollt. Im Hauptquartier der Militärs in Berlin war das der ideale Zustand im äußersten Westen des preußischen Reiches.

Zuweilen, aber sehr selten, findet man das sogar klar formuliert. So schreibt Nikolaus Rätz, Landwirtschaftsmeister in Kerpen-Loogh, 1998 in einer Betrachtung der Landwirtschaft des Kreises Daun vom 19. Jahrhundert bis 1948: »Trotz allem bleibt das 19. Jahrhundert gekennzeichnet von Misserfolgen, welche unter anderem, vielleicht sogar primär, durch die unsinnige Einbildung einer bestehenden Erbfeindschaft mit Frankreich jede wirtschaftliche Aufwärtsentwicklung, militärisch gewollt, blockierte.«

Wenn also in den ersten Jahrzehnten des 20. Jahrhunderts noch immer galt, dass sich die Eifler ihrer Heimat schämten, so müssen wir uns nicht wundern, denn diese Eifler wussten nicht, wie mit ihnen verfahren worden war, sie ahnten nicht, dass Rückständigkeit und Verelendung bei den Militärs gewollt und durchgesetzt waren. Wenn man liest, dass im 19. Jahrhundert die kleinen Bauern in der Eifel einen melancholischen, langsamen, ja beinahe faulen Eindruck erweckten und sogar das Vieh klein und erbärmlich wirkte, so ist jetzt geklärt, warum. Man wollte sie im Elend und in der Armut belassen, niemand kam, um ihnen beizustehen oder gar die Wahrheit aufzuschreiben. Und vermutlich wäre er auch für diese Wahrheit böse angegriffen worden. Die Generäle brauchten einen Kriegsschauplatz, auf dem die Bevölkerung keine Rolle mehr spielte.

Die Eifler entwickelten eine sehr spezifische Form des Humors, karg und trocken und beinahe englisch.

Die Vernachlässigung der Eifel durch Obrigkeit und Regierung jedenfalls hatte gewaltige Folgen: Viele Eifler wanderten aus. Sie hatten die Nase voll.

Nach Milwohkie

Von 1840 bis 1871 verließen 60000 Eifler ihre Heimat, nahezu 50000 gingen nach Übersee in die USA. Von 1871 bis zum Ersten Weltkrieg verließen noch einmal 100000 Menschen diese Landschaft. Doch jetzt dominierte die Binnenwanderung: Die meisten von ihnen gingen ins Ruhrgebiet.

Die in die USA ausgewanderten Verwandten schrieben unglaubliche Dinge, zum Beispiel, dass sie so viel fettes Land bekommen könnten, wie sie wollten, zu erstaunlichen Preisen, in blühenden Gemeinden, im Staate Milwaukee. Anfangs wollte das in der Eifel niemand glauben, später wussten die Eifler, dass das stimmte. Milwohkie blieb der Traum der Hiergebliebenen.

Ich will Ihnen jetzt keineswegs Glanz, Elend und Gloria des Bauernstandes in der Eifel andienen. Aber ich möchte ein wenig über die Bauern von heute erzählen, und: Ich muss Ihnen unbedingt etwas von Bauern erzählen, die Vieh gesundbeten können und Menschen Schmerzen und Warzen nehmen. Da wird die Eifel dunkel und mystisch, da wabern Gespenster, da lauert das Böse, da kichert hohl das Unbekannte.

Also: Vergessen wir nicht, wie es bei der Hungersnot 1816/17 aussah. Die Preußen in Berlin schickten einen Fachmann in die Eifel. Man wollte wissen, wie diese Bauern lebten, was sie schafften, was sie schaffen konnten. Und der Fachmann schrieb einigermaßen erschüttert: »...in den höher gelegenen Teilen der Eifel habe er nur eine sehr geringe Kulturartenvielfalt angetroffen, weil dort das Wachstumsoptimum überschritten sei...Das Dorf sinkt in den Schoß der vernichtenden Natur zurück...In den geschwärzten Strohdächern und verfallenden Lehmwänden erkennt man kaum noch die gestaltende Menschenhand.« Ein krasses Urteil, aber so war es nun einmal. Niemand wollte eine blühende Eifel, und die Bauern hier begriffen gar nicht, dass sie Opfer eines rein militärischen Denkens waren.

Mehr als ein Drittel aller Betriebe war so klein, dass niemand davon satt werden konnte: unter zwei Hektar. Das Erbrecht war geradezu grotesk: Vererbte der Bauer seinen Betrieb, bekam jedes seiner Kinder den gleichen Anteil. Das führte dazu, dass die Parzellen winzig klein waren, verstreut lagen und zum Teil nicht anfahrbar waren, weil es keine Wege gab. Das Vieh war nach dem Stallaufenthalt im Winter durch mangelnde Versorgung so geschwächt, dass die Tiere im Frühling auf Leitern gelegt und auf die Wiese getragen wurden. Das Rind in der Eifel reichte einem Bauern gerade mal bis zur Taille, war also nicht größer als eine Dogge.

Nach dem Zweiten Weltkrieg wollte man heraus aus kleinlichem Denken, aus der Zersplitterung der Äcker, aus der Misere mit dem Eifel-Rind. Man schaffte das alles, aber man schaffte es nur mühsam. Als in anderen Landschaften Deutschlands der Bauer schon durchaus tragende Rollen in der Gesellschaft besetzen konnte, hinkte er in der Eifel immer noch hinterher. Das geradezu idiotische Regelwerk der Europäischen Union griff auch hier: Hast du soundso viele Rinder, darfst du soundso viel Liter Milch liefern, willst du mehr liefern, musst du das neue Kontingent kaufen von jemandem, der es nicht mehr will. Da starben nicht nur die Bauernhöfe weg, die neuen Regelungen verstand auch niemand mehr.

Schon die deutsche Agrarpolitik war ein Regelwerk unglaublicher Subventionen. Als die Europäische Gemeinschaft hinzukam, wurde alles noch viel verrückter. Dass Bauern über Generationen hinweg an erster Stelle darauf achteten, möglichst viele Subventionen zu kassieren, machte aus einem wichtigen Stand eine Versammlung von Leuten, die nach unverständlichen Regeln arbeiteten, die es in nahezu keinem anderen Beruf gab.

Es kam hinzu, dass ausgerechnet dieser Stand immer wieder in das Licht der Öffentlichkeit geriet. Nehmen wir den Fall BSE. Es gab in der Eifel Lehrer, die ihren Klassen predigten, dass Bauern tagtäglich mit einer Seuche umgingen, die man BSE nannte, die hochgefährlich war, die jeden traf. Und da in der Klasse zwei Kinder eines Bauern saßen, hatten die plötzlich keine Freunde mehr, weil die Freunde sie nicht mehr besuchen durften. Und bei den Freunden waren sie auch nicht mehr gelitten, denn es konnte sein, dass sie BSE in den Haushalt der Freunde trugen. Übrigens ist in der Eifel nur ein einziger Fall der Seuche aufgetreten.

Ganz in meiner Nähe hat Thomas Ewertz seinen Wagnerhof in Niederehe. Er ist 41, verheiratet, zwei Söhne. In seinem Stall stehen 130 junge Rinder. Er hat eine Färsenaufzucht, die Tiere bekommt er zugeliefert. Er hegt und pflegt sie zwei Jahre und liefert sie dann tragend an seinen Partnerbetrieb. Der Partnerbetrieb ist der Reuterhof in Hillesheim, der wiederum Milchwirtschaft betreibt. Die Verträge, die beide aneinander bindet, sind knallhart, lassen keinen Spielraum für Grundsätzliches, zwingen beide Chefs zu einem durchaus komplizierten Management. Durch die EU-Richtlinien sind beide gezwungen, alles, was auf ihren Höfen geschieht, zu dokumentieren, aufzuschreiben und jederzeit zur Kontrolle vorzulegen. Wenn Mediziner heute beklagen, dass die reine Büroarbeit sie einengt und ihren Patienten viel Zeit nimmt, dann gilt das für Landwirte in der EU in gleichem Maße, Büro und Computer sind gewissermaßen alles.

»Der Beruf des Landwirts hat sich grundlegend gewandelt. Nach den beiden Weltkriegen zeigte sich, dass jeder auf dem Hof satt wurde. Da saßen in der Regel drei oder gar vier Generationen am Tisch, und es wurde gesagt: Wir nehmen noch jemand aus der Stadt auf, damit er auch satt wird. Zu diesen Leuten haben wir heute noch enge Bindungen. Das Wirtschaftswunder kam, das Pferdefuhrwerk verschwand, der Butterberg deutete sich an. In dieser Phase machte jeder Bauer immer noch alles. Hatte hier drei Reihen Erbsen, da zwei Reihen Mais und ein Feld Futterrüben für die Schweine. Machte Heu, machte Stroh, hatte Kühe. Es war also ein Mischbetrieb. Das änderte sich, als wir gezwungen wurden, Milch entweder zu leasen, zu pachten oder zu verkaufen. Wir hatten 33 Milchverordnungen, 33 Mal komplizierte Vorschriften, wobei die Fragen, die ich an die Logik im Agrarmarkt Europas habe, bis heute nicht einleuchtend beantwortet wurden.

Ich erinnere mich an den alten Mann, der zusehen musste, wie Brot an die Rinder verfüttert wurde. Es kam direkt von der Brotfabrik, war nicht verdorben oder schimmelig, war einfach 24 Stunden zu alt. Der alte Mann hatte Tränen in den Augen und sagte kein Wort. Wenn ich heute Bedarf an Grünfutter habe, muss ich kilometerweit fahren, um welches zu bekommen. Ich habe es einfach nicht mehr. Und wenn ich geprüft werde und gebe für irgendeinen Streifen meines Landes an, dass da Mais steht, dann sagen die Prüfer: »Falsch! Da steht nichts, da steht Unkraut.« Dann halten sie mir eine Satellitenaufnahme meines Landes vor, die sie aus Google-Earth heruntergeladen haben. Viele Kollegen bieten Ferien auf dem Bauernhof an und haben sicher anfangs gedacht: Das ist ganz einfach, da brauche ich nur einen Streichelzoo für die Kinder. Das erwies sich als falsch, das reicht bei Weitem nicht, denn um die Urlauber müssen sie sich pausenlos kümmern. Das ist Gott sei Dank gelungen, und hier in der Eifel besonders gut, aber auch das ist eine bäuerliche Lebensform, in der vorausgesetzt wird, dass der Landwirt alles und jedes dokumentiert. Sonst bekommt er keine finanzielle Hilfe. Und bei der schwierigen Frage, ob ich denn möchte, dass meine Jungen ebenfalls Bauern werden, muss ich klar sagen: Im Augenblick bieten wir keine Perspektiven für junge Leute! Schon gar nicht in Anbetracht dieser ungeheuerlichen Bürokratie, die aufgebaut wurde, um das Ganze zu regeln. Wenn Prüfer bei mir auftauchen, die die Ohrmarken der Kälber prüfen wollen, dann steigt nicht einer aus dem Auto, sondern gleich drei. Und das alles müssen der Verbraucher und der Bauer zahlen. Wenn also ganz locker in den Nachrichten die Meldung kommt, wir Bauern in Rheinland-Pfalz hätten pro Jahr für diese oder jene Leistung ungefähr 350 Millionen Euro bekommen, muss man wissen, dass damit auch die ganze Bürokratie bezahlt wird. Kommt noch hinzu, dass vor einigen Monaten Vertreter bei mir waren, die mir schmackhaft machen wollten, meinen Betrieb zu vergrößern. Das sollte runde 290000 Euro kosten, die bekäme ich ohne Schwierigkeiten. Ich habe abgesagt, denn wenn ich so viele neue Schulden aufnehme, kann ich davon ausgehen, dass die Summe sich im Laufe der kommenden 25 Jahre verdoppelt: Ich hätte dann eine runde halbe Million Euro Schulden. Das kann ich mir nicht antun und meinen Söhnen schon gar nicht. Die meisten meiner Kollegen arbeiten heute mit einer Kapitaldeckung, die eigentlich nicht mehr vorhanden ist, sie leben ständig oben an ihrem Limit.«

Noch ein kurzer Blick zurück auf das 19. Jahrhundert und das beginnende 20. Irgendwann wurde es notwendig, die Eifler mit Schulen zu versehen, um ihnen Grundlagen an Wissen zu vermitteln. Sofort meldeten sich in Berlin sogenannte Fachleute zu Wort, die darauf drängten, die Schulen in der Eifel nicht allzu gut werden zu lassen. Bildung sei gefährlich.

Anfangs war das in beinahe jedem Dorf die sogenannte Winterschule. Die Kinder konnten im Sommer nicht in die

Schule gehen, weil sie dringend im bäuerlichen Betrieb gebraucht wurden. Und es gab Kinder, die auch im Winter die Schule nicht besuchten. Der Grund: Sie hatten keine Schuhe. Aber die waren vorgeschrieben. Auf die Sommerferien konnten die Kinder der Eifel sich nicht so richtig freuen, denn dann mussten sie erst recht von frühmorgens bis abends hart arbeiten. Ohne die Hilfe der Kinder waren die Erwachsenen heillos überfordert.

Die gütigen Zauberer

Wenn im November die Nebel fallen und wie Watte in den Tälern stehen, wenn mondhelle Nächte über den Burgruinen wabern und unheimliche Schatten die Menschen ängstigen, dann ist die andere Eifelzeit gekommen, die drohende. In Sagen und Legenden ist von Kobolden ebenso die Rede wie von wilden Hexen, die mit höllischem Gelächter auf ihren Besen reiten, Menschen und Vieh verzaubern, mit Krankheiten lähmen, ganze Dörfer verfluchen. Dass hier besonders viele Menschen als Hexen verurteilt und hingerichtet wurden, ist nicht weiter verwunderlich, es ist eine Gegend, in der der Glaube an das Böse immer schon eine beängstigend große Rolle spielte. Und zuweilen gab es katholische Priester, die geradezu hysterisch reagierten und hinter jeder kräuterkundigen Frau und Hebamme eine Hexe vermuteten. Die Menschen hier waren im Grunde so hilflos gegenüber menschlichen Mächten und der harten Natur, dass sie zwangsläufig auf die Idee kommen mussten, Hilfe von guten Geistern zu erflehen, aber auch auf ihre menschlichen Feinde Tod und Teufel herabzubeten. Es war immer eine drastische Mischung aus mystischem Geisterglauben und starken katholischen Elementen. Die Einsamkeit der Landschaft in längst vergangenen Jahrzehnten jagte den Menschen Furcht ein, und selbstverständlich dachten sie: Wenn schon von furchtbaren Geistern gesprochen wird, von höllischen Wesen, dann ganz bestimmt hier in der Eifel.

Sie brauchen keine Furcht zu haben, dass ich Ihnen jetzt mit dem schrecklichen und verlogenen Gemurkse der Esoterikanhänger von heute komme, die es natürlich auch hier gibt und die behaupten, sie könnten die Zukunft vorhersagen, lebhafte Verbindungen zu längst Gestorbenen herstellen und mittels Tarotkarten blitzschnell herausfinden, wann ich demnächst reich sein werde. Oder: Wann endlich die Ehefrau längst vergangener Tage wieder auftaucht, um mich erneut zu heiraten und glücklich zu machen – wenngleich die Gute schon seit zwanzig Jahren tot ist. Mit diesen Zauberern und Zauberinnen kann ich mich hervorragend in meinen Krimis vergnügen, mit der Realität in diesem Landstrich haben sie wenig zu tun.

Ich will Ihnen jetzt nicht mit esoterischem Gemurkse kommen, sondern eine sehr erfolgreiche kleine Gruppe von Menschen vorstellen, die Außergewöhnliches leistet: Sie heilen, sie nehmen den Schmerz, sie beten Warzen weg und die Kühe im Stall gesund. Ja, tatsächlich, es gab sie immer und es gibt sie heute. Sie verkörpern das Unerklärliche in unserer Existenz, das Magische in unserem Alltag, das ganz und gar Unverständliche im Stress unseres Lebens. Sie sind die gütigen Zauberer in unserer harten Welt.

Es gibt ein sehr gutes Buch zu diesem Thema. Es heißt »Dörfliche Heiler: Gesundbeten und Laienmedizin in der Eifel«, und Walter Hanf hat es für den Landschaftsverband Rheinland geschrieben. Das Buch ist unspektakulär, behutsam und eindringlich, von jeder Sensationsmache weit entfernt, gut und gründlich recherchiert. Mit Heilern meint Hanf jene Menschen, die den Brand segnen, Blut stillen, Schmerzen nehmen, vielerlei Krankheiten wie Gürtelrosen oder Gelbsucht behandeln, Warzen nehmen und das Vieh bei Krankheiten heilen können. Sehr verblüffend sind Erscheinungen wie schwere Verbrennungen und großflächige, tiefe Wunden, bei denen nicht einmal Narben zurückbleiben.

Ein Beispiel: Im Hochsommer 1998 ist ein Bus mit einer Reisegesellschaft aus Reifferscheid in der Eifel in der Wildschönau in Österreich unterwegs. Edith Kühn bereitet in der kleinen Bordküche den Kaffee. Sie hat kochendes Wasser in den Filter geschüttet, und die ganze Kaffeemaschine kippt um, als der Fahrer scharf bremsen muss. Der Schmerz macht die Frau fast ohnmächtig, es hat sie am Oberschenkel bis zum Fuß hinunter erwischt. Sie versucht, sich die Jeans auszuziehen, was nicht geht, weil sie spürt, dass sie damit zugleich die Haut abzieht. Sie humpelt zum Fahrer nach vorn und bittet ihn, den Matthias Pauls in der Eifel anzurufen (Name geändert). Dieser Matthias Pauls kann den Brand segnen. Ungefähr eine Viertelstunde nach dem Anruf beginnt der Schmerz zu schwinden, nach einer weiteren Viertelstunde ist Edith Kühn vollkommen schmerzfrei. Sie kann sich in den nächsten Tagen problemlos bewegen, benutzt nur eine Brandsalbe. Nach anderthalb Wochen ist die Verletzung abgeheilt, eine Narbe bleibt nicht zurück.

Walter Hanf hat mit diesem Matthias gesprochen, und der sagte aus, dass er den Brand segnen kann, das heißt, er kann die Schmerzen nehmen und die Heilung der Wunde fördern. Er kann auch Blut stillen und Wund- und Rückenschmerzen verschwinden lassen. Er ist der Überzeugung, dass er »einen besonderen Draht zum Herrgott hat«. Er benutzt keine besonderen Heilsprüche oder Gebete, er spricht einfach mit dem Herrgott und erbittet dessen Hilfe. Und er sagt auch, dass er besonders glücklich darüber ist, wenn er Menschen helfen kann.

In fast jedem Dorf der Eifel gibt es einen oder mehrere Heiler. Es sind zu gleichen Teilen Frauen und Männer. Sie sind in der Regel über 50 Jahre alt und gelten als »voll im Leben stehend«. Die meisten sind zwischen sechzig und siebzig Jahre alt und machen um ihre Gaben keinerlei Zirkus, der irgendwie auffällig sein würde. Sie werben nicht, sie verlangen in der Regel keine Bezahlung, sie arbeiten überall, das heißt, sie kommen auch zu den Kranken, sagen aber auch, dass ihre Hilfe auch bei Telefongesprächen wirksam wird. Im Eifler Platt nennen sie das, was sie tun, »de Konst«, die Kunst. Sie sagen alle aus, dass ihre Gebete und Sprüche helfen können, selbst bei denen, die an diese Sprüche und Gebete nicht glauben. Sie sagen ebenso eindeutig, dass sie an Gott glauben, aber sie sind nicht frömmlerisch.

Ich weiß, dass dieses Phänomen in allen stark ländlich geprägten Provinzen auftritt, sei es im Schwarzwald, in der Oberpfalz oder im Hunsrück. In der Eifel allerdings scheint die Dichte der Frauen und Männer, die diese Kunst ausüben können, besonders hoch. Das hat wahrscheinlich etwas mit der Abgeschiedenheit meiner Heimat zu tun. Über viele Jahrzehnte war der nächste Arzt viel zu weit entfernt, es dauerte viel zu lange, bis er beim Patienten war. Noch schlimmer war es mit den Krankenhäusern, die nur in vielen Stunden Wegs erreichbar waren. Und es ist ganz eindeutig, dass sehr viele Allgemeinmediziner von diesen Frauen und Männern wussten, sie sogar riefen, wenn ein besonders heikler Fall in ihrer Praxis anstand.

Es gab auch den kleinen Jungen, der mit schwersten Verbrühungen in ein Krankenhaus eingeliefert wurde und der zur Fassungslosigkeit aller Ärzte keine Schmerzen hatte. Erst später stellte sich heraus, dass die Mutter noch zu Hause im Dorf zuerst den Heiler gerufen hatte. Der hatte seine Hände segnend über das Kind gehalten und dann versichert, das Kind könne jetzt ins Krankenhaus gebracht werden, es habe keine Schmerzen mehr.

In nahezu allen Krankenhäusern der Eifel wussten die Ärzte von dieser Konkurrenz in den Dörfern, aber es entwickelte sich keine Feindschaft, keine Eifersucht. Ein Arzt bemerkte: »Es gibt eben Dinge, die wir nicht erklären können, aber auch nicht erklären wollen. Die Hauptsache war, zu helfen.« Es gab sogar eine praktische Ärztin, die sich systematisch eine Adressenliste der Heilerinnen und Heiler mit deren besonderen Fähigkeiten anlegte. Sie rief sie an, wenn sie nicht weiterkam und Hilfe brauchte.

Ich überlasse Sie hier einmal Ihren Nachdenklichkeiten. Sie müssen zugeben, dass wir in der Eifel sehr gütige Zauberer haben. Sie widerstehen auch geballter Gelehrsamkeit. Und noch etwas: Die Leute sind zwar zurückhaltend, haben aber in der Regel nichts dagegen, wenn man sie besucht und fragt. Vielleicht sollten Sie das einmal versuchen. Sie wissen ja: Die Heiler zu fragen kostet nichts. Und Ihre Kinder würde eine solche Begegnung sicher faszinieren.

Korallen in der Eifel

Sind Sie einverstanden, jetzt nach Gerolstein zu fahren? Das liegt gleich um die Ecke, das ist wirklich weltberühmt, nicht nur wegen des Wassers, das hier aus der Erde gepumpt wird. Es dürfte sich um die weltweit bedeutendste Kalkmulde auf diesem Planeten handeln. Das ist Meeresboden, ungefähr 350 Millionen Jahre alt. Und die Reste des Riffs, das hier im warmen Wasser Landschaft schuf, sehen Sie heute hoch über der Stadt. Hier war Südsee.

Etwa in der Zeit von 1880 bis 1920 hatte die Gegend um Gerolstein in jedem Herbst Hochsaison. Die damaligen Touristen vergnügten sich jedoch nicht bei einer Traubenkur und auch nicht beim Anblick der herbstfarbenen Wälder, sondern gingen einer anderen, scheinbar geheimnisvollen Tätigkeit nach. Selbst bei schneidendem Wind standen sie geduldig am Rand steiniger Äcker und erwarteten den Bauern mit seinem Pferdegespann, der zu pflügen begann. Zog sich der Himmel zu, und es begann zu regnen, so verschwanden sie nicht etwa in ihren Quartieren, sondern zogen erst recht begeistert hinter dem Pflug her. Sie suchten nach Steinen, nach Steinen ganz besonderer Art, und der Regen ließ sie schneller erkennen, ob sich ein Stein lohnte oder nicht. Bald hatten sie so viele Steine aufgesammelt, dass sie ihre Beute nicht mehr tragen konnten. Sie legten sie am Feldrand ab und untersuchten sie von allen Seiten. Sie sahen Trilobiten, Korallen, Seelilien, Armfüßler, Muscheln und Schnecken in der bizarren Formenvielfalt einer vor etwa 350 Millionen Jahren untergegangenen Tierwelt.

Die Gegend um Gerolstein ist nicht nur im übertragenen Sinne ein Meer aus Fossilien, oft meterdick unter einer dünnen Erdkrume. Und die steil aufragenden Felswände der Munterley sind ebenso wie der benachbarte Auberg und die Hustley Reste eines einst gewaltigen Korallenriffs, etwa 120 Kilometer lang. Nur hier haben sich die gewaltigen Ablagerungen in so vielfältigem Maß gebildet. In der Wissenschaft wird diese Erscheinung die »Eifelstufe« genannt. Sämtliche großen Museen auf diesem Planeten zierten sich mit diesen Funden. Ich nenne einmal ein paar der Fundstätten, weil Ihre Kinder ohnehin keine Ruhe geben werden.

Natürlich ist anzunehmen, dass sehr viele Fundstätten gar nicht entdeckt sind und dass es schwierig ist, solche Stellen zu finden. Denn etwas fehlt in unserer Zeit: der Bauer, der mit schwerem Pflug das Erdreich aufbricht. Die meisten Äcker sind heute mit Gras bewachsen, werden nicht mehr bestellt. Also, Sie haben Chancen am Hang des Willersberges nördlich der B410; Auf Scheid bei Lissingen; rechts und links des alten Weges nach Salm; auf den heute aufgewühlten Krebsfeldern bei Gees, am Kasselburger Weg am Fuße der Hustley; im Tal des Berlinger Baches. Und: Wann immer Sie eine Straßenbaustelle in dieser Gegend sehen: Gehen Sie hin, das kann Ihnen einen großen Fund bescheren.

Aber das ist erst die Hälfte. Die andere Hälfte ist die geologische Tatsache, dass ausgerechnet diese 350 Millionen Jahre alte Kalkmulde vom Westeifel-Vulkanzug gekreuzt wurde.

Und das fand erst sein Ende vor rund 10 000 Jahren, ist also blutjung. Ein Vulkan durchschlug an den großen Felsen der Munterley den ehemaligen Meeresboden und bildet heute die Papenkaule. Und dieses dramatische Geschehen spielte sich nur wenige Hundert Meter vom Buchenloch entfernt ab, einer großen Höhle, die ebenfalls in der Nordwand der Munterley liegt und unseren Vorfahren Schutz bot. Eine Konzentration geschichtlicher und erdgeschichtlicher Ereignisse auf kleinstem Raum.

Alles begann sehr harmlos. Um 1880 entdeckte der Maler Eugen Bracht am Fuße des Felsens einen Feuerstein. Und der konnte auf natürlichem Weg nicht hierhergekommen sein, denn hier gibt es keine Feuersteine. Also begann er, die Höhle, die 36 Meter tief in den Felsen reicht, auszugraben. Es fanden sich Knochen vom Eisfuchs, dem Höhlenbär und dem Mammut. Dazu muss man wissen, dass die Eifel in der Eiszeit nicht von Gletschern bedeckt war, aber ein arktisches Klima hatte. Bracht und seine Helfer entdeckten auch Spuren des sogenannten Mousterien-Menschen, also der Rasse des Neandertalers. Diese altsteinzeitlichen Sammler und Jäger waren immer wieder seit etwa 30 000 vor Christi Geburt in der Höhle. Wahrscheinlich bot ihnen die Höhle immer wieder und vorübergehend Schutz und Deckung, wenn sie in dieser Gegend waren. Und es kann gut sein, dass sie in panischer Furcht davonrannten, wenn in der Nähe feurige Schlunde sich öffneten.

Diese drei Orte in unmittelbarer Nachbarschaft: Die aufragenden Felsen des Riffs, der Trockenkrater der Papenkaule und die Buchenlochhöhle sind einmalig auf der Welt, und Sie können sie auf einem bequemen Rundweg erobern und sich daran freuen.

Gerolstein kann also auch ohne Fossilien und Vulkane auf eine sehr lange, von Menschen gemachte Geschichte zurückblicken. Als ältestes Zeugnis einer festen Besiedlung wurde gleich eine prähistorische Großanlage ausgemacht. Der Ringwall der Dietzenley, angelegt vor etwa 4000 Jahren zu Beginn der Bronzezeit.

Die Dietzenley ist ein sehr alter Vulkan, dessen Kraterwände längst verwittert sind, aber dessen Schlotfüllung komplett erhalten ist – sehr eindrucksvoll! Den Fuß dieser Naturfestung umzieht in einem weitem, ovalen Bogen eine Steinmauer aus mächtigen Blöcken, die heute jedoch vollkommen zusammengestürzt ist. Aus zahlreichen Fundstücken haben Wissenschaftler den Schluss gezogen, dass diese Anlage bis in spätrömische Zeit (etwa gegen 400 n. Chr.) als Fluchtburg gedient hat.

Dann stoßen wir in Gerolstein auf eine merkwürdige Epoche. Das Eindringen der Franken läutete das Ende der römischen Kultur ein, und über fast dreihundert Jahre fehlt jeder Bodenfund, es gibt einfach keine. Das lässt nur einen, allerdings bedauerlichen Schluss zu: Die eingesessene Bevölkerung ist wahrscheinlich schnell und gewalttätig ausgerottet worden.

Erst aus späterer, fränkischer Zeit finden sich Grabanlagen. Der Name Gerolstein erscheint erst im Jahre 1115 in einer Urkunde des Stiftes Münstereifel, genannt wird ein Gerhard, Herr zu Blankenheim, Schleiden, Kasselburg und Gerolstein. Dieser Gerhard war angeblich der Stammvater des Hauses Blankenheim, während dessen Regierungszeit gegenüber der Hustley eine mächtige Burg entstand, zu deren Füßen im Tal sich bald ein Burgdorf ausbreitete. In einem ungewöhnlichen Akt mit großer Urkunde verlieh Kaiser Ludwig, der Bayer, 1136 »den bescheiden leuten zu Gerhardstein« mit »kaiszerlicher Gewalt« die Stadtrechte. Gerolstein wurde zu einer starken Festung mit einer Straßensperre des Kylltales ausgebaut. Nur 17 Jahre später drohte die Katastrophe: Der Erzbischof Balduin von Trier, der bereits einen großen Teil der Südeifel in seine Abhängigkeit gebracht hatte, griff mit einem Heer die Stadt an. Aber es gelang ihm nicht, die Stadt zu erobern. Dieser Sieg über den mächtigen Kurfürsten hat wohl wesentlich dazu beigetragen, dass die Blankenheimer ihre Eigenständigkeit bewahren konnten. In den nächsten zwei Jahrhunderten wuchs die Stadt und gelangte durch Marktrechte und Landwirtschaft zu einem gewissen Wohlstand und ließ Sebastian Münster in seiner Kosmografie zu den schwärmerischen Worten greifen: »Umb Manderscheid und Geradstein möcht es zu Sommerszeiten vergleichet werden Italiae seiner Sommerfrüchten halber; dann bringt es Malven, Cucumern (Gurken), Krausen Lattich und dergleichen Welsche Früchte.«

In den großen Kriegen des 17. und 18. Jahrhunderts fand auch die kleine Stadt ihr gewaltsames Ende, wovon noch heute die Ruinen der Löwenburg zeugen. Die Geschichte ihrer Zerstörung, wie Pippke und Pallhuber schreiben, ist eine so unselige Mischung aus kaltblütiger Großmachtpolitik, untertäniger Feigheit und feudaler Niedertracht, dass sie einen tragischen Opernstoff hergegeben hätte. Fakt ist wohl, dass die Herren von Gerolstein, um nicht zwischen mächtigen Nachbarn zerrieben zu werden, mit wechselnden Partnern paktierten und dabei irgendwann zwangsläufig mehrere Male unter die Räder gerieten.

Von den Stadtmauern ist leider nichts erhalten. Die Stadt wurde 1691 zerstört und brannte zweimal nieder (1703 und 1784), das mittelalterliche Stadtbild wurde vollkommen zerstört.

Eine Kirche sollte sich allerdings kein Besucher entgehen lassen: Die Erlöserkirche. Erbaut wurde sie von 1911 bis 1913, unmittelbar neben den Ruinen der römischen Villa Sarabodis. Es war die 100. Kirche des Evangelischen Kirchenbauvereins in Berlin und stellt den Höhepunkt des Historismus in der Eifel dar. Die Frage lautet: Wie kommt in die stockkatholische Eifel eine evangelische Kirche von solch gewaltigem Gepräge? Und die nächste Frage: Wie kommt eine Kirche im Stil eines byzantinischen Zentralbaus in die Eifel, obwohl doch die Architektur die Schwelle zur Moderne längst überschritten hatte?

Wen treffen wir hier erneut? Den Freiherrn von Mirbach, der bereits einmal in ähnlicher Funktion die Eifler etwas verwirrte und in den Ort Mirbach eine wirklich wundersame Kirche, seine Erlöserkapelle, baute.

Der Hintergrund ist nicht ohne Komik, allerdings auch nicht ohne Bitterkeit. Der Freiherr von Mirbach argumentierte in Berlin, dass man in der katholischen Eifel unbedingt eine evangelische Kirche brauche, weil er es leid sei, dass hier seine evangelischen Mitbrüder immer in Ersatzbauten beten müssten, die eigentlich nicht einmal eine Kirche seien, sondern Betsäle. Die evangelische Kirchengemeinde Gerolstein-Jünkerath war tiefste Diaspora, rein zahlenmäßig kaum erwähnenswert. Also trotzdem: Wenn schon, dann mit viel Pomp. Der Herr von Mirbach konnte in Berlin den Kirchenbauverein dafür interessieren, weil er ja selbst im Vorstand dieses Vereins saß. Und auch in Kaiserkreisen hatte er unmittelbare begeisterte Vertreter: Er war Oberhofmeister der Kaiserin Auguste Viktoria. Eine solche Ansammlung von Klüngel würde man normalerweise nur in Köln vermuten, jetzt widerfuhr sie dem Eifelstädtchen Gerolstein – und zwar mit voller Wucht.

Seit 1815 mit Bildung der Rheinprovinz war die Eifel Teil des preußischen Staates, dessen meist protestantische Beamte hier Einzug hielten und misstrauisch beäugt wurden. Da musste Glanz her, und zu viele Katholiken waren auch ungesund.

Dem Berliner Architekten F. Schwechten, der auch die Kaiser-Wilhelm-Gedächtniskirche in der Reichshauptstadt gebaut hatte, wurde die Leitung übertragen. Er war, genauso wie von Mirbach, ein konsequenter Verfechter der historischen Stile. Und diese Richtung der Architektur war vollkommen aus dem Ruder gelaufen. Griechische, römische, byzantinische Elemente feierten fröhliche Urständ, und es passierte eben, dass öffentliche Bauten wie zum Beispiel Postämter oder Bahnhöfe oder Theater mit einem Säulenvordach gebaut wurden. Es geschah aber auch, dass einzelne Bauwerke alle diese Elemente beherbergten. Es entstand der Maskenball der Stile, ein fröhliches Durcheinander und Miteinander.

Sie stehen, wenn Sie unter der Orgelempore hervortreten, unter einer gewaltigen Kuppel, die vollständig von Goldmosaiken bedeckt ist. Der große Kronleuchter, der in der Mitte herabhängt, trägt 240 Lichter. Die Kirche macht einen byzantinischen Eindruck, hat aber eindeutig auch griechische Bezüge, und die Motive des Fußbodens sind eindeutig römisch.

In der Vorhalle haben Sie schon das Konterfei des Kaiser Wilhelm II. mit seiner Gemahlin gesehen, in der Kuppel aber entdecken Sie einen Kranz von ornamentierten Medaillons. Die zeigen Martin Luther, Melanchton, Bonifatius, Willibrord, König Pippin, Barbarossa und Wilhelm I. Sogar Karl der Große ist dabei, der mit seinem Schnurrbart einer wilhelminischen Majestät verdächtig ähnlich sieht.

Der Kaiser kam persönlich am 15. Oktober 1913 nach Gerolstein, und es mag bezeichnend sein, dass wenige Monate später unter seiner entscheidenden Mitwirkung der Erste Weltkrieg begann. Es folgte das millionenfache Sterben auf den Schlachtfeldern, der völlige Untergang des Kaiserhauses. Vom Evangelischen Kirchenbauverein hat man auch nicht mehr gehört. Somit ist die Kirche ein sehr seltenes kunsthistorisches und zeitgeschichtliches Dokument.

Gleich daneben wurde im Jahre 1907 bei den Vorbereitungen zum Bau der Erlöserkirche eine römische Villa entdeckt, die mit einem historischen Rätsel aufwartete. Die Anlage war sehr luxuriös und dürfte im ersten Jahrhundert erbaut worden sein. Man entdeckte bleierne Abflussröhren und viele Reste von Glasfenstern. Sie war wohl bis zur Mitte des vierten Jahrhunderts bewohnt, dann fand sie ein gewaltsames Ende – die aufgefundenen Mauerreste waren von einem meterhohen Brandschutt bedeckt.

Das Rätsel sind 27 Gräber in den Ruinen, von denen eines

komplett in dem ausgezeichneten Museum der Stadt zu sehen ist. Die darin liegenden Skelette von jungen Männern, die alle über zwei Meter groß waren, wiesen alle die gleichen Verletzungen auf: ein zerschlagener rechter Schwertarm und eine zertrümmerte rechte Schädeldecke. Die Historiker rätseln, ob hier eine Hinrichtung stattgefunden hat oder ob der Tod der Männer etwas mit der Zerstörung der römischen Villa zu tun hatte.

Falls Sie zwischendurch Hunger haben und Ihre Lieben füttern müssen: Der Grieche in Gerolstein hat erstklassiges Essen, und jeder kann Ihnen den Weg zeigen.

Etwas sollten Sie nicht auslassen: Die Kasselburg oberhalb des Vorortes Pelm. Da hat ein zweiter Vulkan neben der Papenkaule den Dolomitfelsen durchschlagen. Das erkaltende Magma bildete einen großen Basaltstock, auf dem sich heute die mächtigen Ruinen der Kasselburg erheben, Bauteile aus romanischer und spätgotischer Zeit. Das Glanzstück ist der große Doppelturm, der mit 37 Metern die Ruine heute noch überragt und das Landschaftsbild beherrscht. Der Turm ist einer der bedeutendsten Türme der deutschen Burgenarchitektur, wurde auf neun Geschosse aufgestockt und als Wohnturm großzügig ausgebaut. 1744 wird diese Anlage als verfallen gemeldet, es drohte der völlige Untergang. Der Anstoß zur Rettung kam aus einer Richtung, in der man so etwas nicht vermutet hätte: Damals hatte die Eisenbahn noch einen Service, den man heute nur erträumen kann. Als die Rheinische Eisenbahngesellschaft die Strecke Köln-Trier fertiggestellt hatte, spendete sie, »um den Reisenden etwas zu bieten«, 1000 Taler zur Restaurierung des Turms.

Ihren Kindern zuliebe sollten Sie auf die Kasselburg fahren, denn mit ihrem Adler- und Wolfspark bietet sie den Sprösslingen eindeutig Besonderes, ihre Flugschauen sind berühmt, und einen Streichelzoo gibt es selbstverständlich auch. Und die Wölfe erinnern uns an ihre Artgenossen, die im 19. Jahrhundert und vorher zu Tausenden in der Eifel getötet wurden.

Goethe, der irrende Neptunist

Lassen Sie uns jetzt Daun ansteuern, das zusammen mit Manderscheid Zentrum der Vulkaneifel ist und zweifelsfrei zu den schönsten Landschaften in der Eifel zählt, falls es schöner denn überhaupt noch geht. Aufgepasst: Wir heißen seit Neuestem nicht mehr schnöde Kreis Daun, sondern Vulkaneifelkreis.

Und: Falls man ihn haben kann, sollte er zitiert oder angemerkt werden. Die Rede ist von Johann Wolfgang von Goethe, der auch als Wissenschaftler einen großen Namen hatte, der Eifel allerdings einen Bärendienst erwies, weil er irrte. Ich weiß, da kratze ich an einem deutschen Heiligen, aber er hat sich stets als sehr kratzfest erwiesen.

James Hutton, ein Geologe von Weltrang, wies an den Basalten in Schottland nach, dass sie vulkanischen Ursprungs sind. Das war um 1785, und die internationale Szene der Geologen schrie auf und teilte sich wütend in zwei Lager: Die Neptunisten und Vulkanisten. Goethe entschied sich für die Neptunisten, weil er wahrscheinlich nicht lange genug nachdachte. Die Neptunisten glaubten, dass die Erdkruste ausschließlich aus Meeresablagerungen gebildet würde. Die Vulkanisten glaubten zusätzlich an die Entstehung von Gesteinen aus der glutflüssigen Tiefe des Erdinnern. Goethe hätte es besser wissen müssen, denn er war während seiner »Italiänischen Reise« zu Gast am Fuße des Vesuvs – musste also wissen, dass Gesteine auf jeden Fall auch aus Magma gebildet werden und Meeresablagerungen durchaus nicht immer eine Rolle spielten. Ich kann hier nicht den Gedankengängen des großen Deutschen nachsinnen, vielleicht gab es auch gerade eine neue verwirrende Liebe – Tatsache ist, er irrte.

Damit stand der Dichterfürst anderen Größen in Deutschland erheblich im Weg. Das waren ausgerechnet Alexander von Humboldt und Leopold von Buch. Aber die hatten zunächst gegen die Neptunisten keine Chance. Deren starke

Stellung im Wissenschaftskrieg geriet erst ins Wanken, als der fränkische Priester F. A. Jäger 1803 die vulkanische Herkunft der Rhön-Basalte nachwies. Und Jahrzehnte später kam ein echter Eifler Jung ins Spiel, der gründlich aufräumte. Es war der Trierer Professor Johannes Steininger, der jeden Zweifel am vulkanischen Ursprung der Eifler Basaltlava beseitigte. Er schrieb 1853: »Nicht in Amerika oder in Italien und Südfrankreich allein, sondern auch in der Eifel, und in Betreff der deutschen Basalte vorzüglich durch die Eifel, wurde der Streit entgegengesetzter Meinungen geschlichtet, welcher so viele Jahre die Gebirgsforscher theilte.«

Den berühmtesten deutschen Wissenschaftler, Alexander von Humboldt, will ich auch zitieren, weil er uns eng an das kommende Thema bindet: Die Maare in der Vulkaneifel, die die Dichterin Clara Viebig als die Augen der Eifel bezeichnet – eine sehr schöne Wortschöpfung. Der kluge und faszinierende Alexander von Humboldt schrieb in seinem Kosmos IV, Seite 742, sehr hellsichtig: »Minder mit den Erhebungskratern verwandt als mit der oben geschilderten einfachsten Form vulkanischer Thätigkeit (der Wirkung aus bloßen Spalten), sind unter den erloschenen Vulkanen der Eifel die zahlreichen Maare: kesselförmige Einsenkungen in nicht vulkanischem Gestein (devonischem Schiefer) und von wenig erhabenen Rändern umgeben, die sie selbst gebildet ... Man muss bei den Eifeler Vulkanen zwei Arten der vulkanischen Thätigkeit, sehr ungleichen Alters, sorgfältig voneinander unterscheiden: die Lavaströme entsendenden eigentlichen Vulkane; und die schwächeren Ausbruchs-Phänomene der Maare.« Alexander von Humboldt war zweimal in der Eifel: Im Herbst 1794 war er in der Umgebung des Laacher Sees, und im August 1845 in der Umgebung von Bad Bertrich, dem Mosenberg und den Maaren.

Es gibt die Maare, die entstanden, wenn eine gewaltige Gaseruption ohne den Auswurf von Gestein stattfand. Dann blieb ein Hohlraum, der einstürzte und die Form des Maares bildete. In der neuesten Zeit sagen die Wissenschaftler, dass beim Entstehen der Maare noch eine Erscheinung hinzukommt, die die Eruptionen noch gewaltiger machte: wenn die austretenden glühend heißen Gase auf Grundwasser, oder gar auf Bachläufe und Flüsse stießen. Nicht vergessen, das einstürzende Wasser traf auf Gase, die mindestens 1300 Grad heiß waren. Wie auch immer: Jedes Maar hat seine eigene Geschichte, mal mit mehr, mal mit weniger explodierendem Grundwasser gemischt.

Tatsächlich war zu Steiningers Zeiten das Gebiet der Zentraleifel verödet und ausgesprochen entlegen. Menschen waren eine Seltenheit, Besucher kannte man kaum. Niemand interessierte sich dafür. 1838 noch hatten wir hier eine Wolfsplage, und man rühmte den Abschuss von fast zweitausend Tieren. Es waren ausgerechnet Künstler, deren Bilder von dieser wilden Landschaft die Menschen neugierig machten.

Das änderte aber nichts an der Tatsache, dass ausgerechnet hier die jüngsten Vulkane Europas ausbrachen, die Maarvulkane. Sie sind Teil des berühmten »Westeifel-Vulkanzugs« von Bad Bertrich bis Ormont. Seit Jahrtausenden werden sie in der Eifel abgebaut, riesige verlassene Steinbrüche zeugen davon und sind ihrerseits nun wieder zur wilden Szenerie geworden. Wenn Sie sich einen solchen alten Steinbruch aussuchen und sich einfach auf einen Steinblock setzen, werden Sie verstehen, weshalb ich von starken Orten spreche. Es gibt nur zwei Räume, in denen mich Natur und menschlicher Geist vollkommen erfüllen können: alte Kirchen und alte, inzwischen aufgelassene Steinbrüche. Die Stille ist so allumfassend. Man kann sich selbst auf die Spur kommen und darüber lächeln.

Ein wichtiger Hinweis: Wenn Sie Daun erreicht und einen Parkplatz erwischt haben, steuern Sie bitte das Forum, das Gäste- und Veranstaltungszentrum, an. Die Mannschaft von Thomas Räthlein wird Sie über jeden Aspekt dieser Landschaft genau informieren und Ihnen jede Menge Prospekte an die Hand geben, sodass Irrtümer ausgeschlossen sind und Sie zielgenau anfahren, was immer Sie erleben und sehen wollen. Und das ist in der Vulkaneifel sehr viel.

Noch vor hundert Jahren war diese Landschaft ein fast ebenso weißer Fleck wie das Zentrum Afrikas, und Daun war ein verschlafenes Nest. Dann änderte sich das gründlich. Es ist ein quirliges Städtchen geworden, und ich würde Ihnen vorschlagen, mit einem Kaffee in der Dauner Kaffeerösterei bei Heike und Hans Hilberg zu beginnen, mittendrin sozusagen. Es ist ein angenehmer Ort, und möglicherweise müssen Sie den Kaffee auf der Straße trinken, weil drinnen alles besetzt ist. Sie können exquisite Schnäpse beriechen, Schokoladen, Öle und Essige aussuchen – ein geradezu klassisches Feld, um Mitbringsel einzukaufen.

Da wir schon gerade dabei sind: Gut essen gehen können Sie im Rengener Stübchen. Der Gastwirt hat es fertiggebracht, eine alte Gasse Dauns in seine Kneipe einzubeziehen und einfach unter Glas zu legen.

Erwähnenswert auch noch das Café Schuler, gar nicht weit entfernt. Die dort handgeschöpften Pralinen sind einige Male pro Jahr für mich durchaus massive Angriffe auf meine ohnehin kaum vorhandenen asketischen Grundsätze.

Als die Herren von Dune im 10. Jahrhundert auf dem fast senkrecht abfallenden Felsen aus Säulenbasalt ihre Stammburg errichten, beginnt ihr Aufstieg zur Macht. Dune ist ein sehr altes Wort, es bedeutet wahrscheinlich Mauer oder Zaun. 1107 stiftet Benigna von Daun das weltberühmte Kloster von Springiersbach, 1158 schon sind sie Ministerialen des Erzbischofs von Trier, kurz darauf erreichen sie unter Konrad III. die begehrte Reichsunmittelbarkeit, waren also niemand anderem als dem Kaiser direkt unterstellt – man kann sagen, dass das eine durchaus berauschende Karriere war. Dann stellten sie einen bekannten Haudegen während der Kreuzzüge, gründeten mehrere Nebenlinien und stellten Bischöfe in Worms und Köln. Unter Ägidius von Daun, genannt der

»tolle Gilles«, erreicht das Geschlecht den Abschwung seiner Macht, denn es kommt in Daun zu einem Kuriosum.

Die beiden Erzbistümer Trier und Köln liegen in Fehde, und wieder mal ist es der Kurfürst Balduin von Trier, der eine besondere Szenerie schafft. Der erfährt nämlich, dass der Kölner die Dauner Burg belagert, und belagert gerade selbst Gerolstein. Balduin reagiert sofort, lässt seine Truppen von Gerolstein nach Daun marschieren. Nun müsste man erwarten, dass der Kölner und der Trierer sich die Schwerter um die Ohren hauen und die Dauner ohne Schramme davonkommen, aber genau das passiert nicht. Tatsächlich vereinen sich die beiden Feinde und erobern, durch einen Verrat gefördert, die Dauner Burg. Von Balduin bin ich einiges gewöhnt, und auch hier fährt er wieder seltsame Schleifen. Die beiden einst so Verfeindeten schließen einen Vorvertrag, in dem steht, wie sie sich die Beute teilen. Aber Balduin gelingt es, dass der Kaiser Karl IV. ihm die alleinigen Rechte auf Burg abtritt, Daun wird ein Amtssitz Triers. 1689 sprengen die Franzosen die Burg, der Zweite Weltkrieg wirft alles in Trümmer.

Inzwischen ist aus dem alten Amtshaus ein geradezu wunderbares großes Hotel geworden, und es wird sich für Sie schon lohnen, nur in die Lobby zu gehen, einen Kaffee zu nehmen und sich umzuschauen: Das Gebäude ist eine Ansammlung von Antiquitäten, heiß begehrt bei Belgiern, Luxemburgern und Niederländern, die exquisite Küche liegt weit über jeder Norm. Und noch etwas: Falls Sie eine neue oder aber eine alte Liebe feiern wollen: Da können Sie es ausführlich!

Bevor ich beginne, mich zu verzetteln, konzentrieren wir uns auf die Maare. Die sogenannten Dauner Maare erreichen Sie problemlos in etwa fünf Minuten. Dann stehen Sie verblüfft auf einem Sattel zwischen dem Weinfelder und dem Schalkenmehrener Maar und glauben es nicht. Es sind aus der Entfernung fast kreisrunde Gewässer in niedrigen Umwallungen, die entweder von Feldern oder aber von Buschwald umrundet sind. Und: Sie liegen auf verschiedenen Höhen, sodass eine Sage entstand, die dem Rechnung trägt: Ein Bauer fuhr mit seinem Gespann am Ufer des Weinfelder Maars, stürzte unglücklich mitsamt Pferden und Wagen und wurde viel später dann unten im Schalkenmehrener Maar im Wasser treibend wiedergefunden.

Der Reihe nach. Das Gemündener Maar können Sie vom Sattel aus, auf dem die Straße verläuft, nicht sehen, es ist ein traumhafter Waldsee von geradezu unglaublicher Ruhe. Er liegt tief unter dem Weinfelder Maar, nur durch einen Hügel getrennt. Im Sommer ist es ein wenig belebter: Die Leute baden hier gern. Da gibt es eine kleine Straße, die Sie direkt hinführt. Und ich möchte Ihnen vorschlagen, dieses Maar zu Fuß zu umrunden, den Wald, das Wasser und die Stille gründlich zu genießen.

Beim Weinfelder- oder Totenmaar stehen Sie wirklich an einem weltberühmten Gewässer: Es gibt keinen Geologen auf der Welt, der das nicht sah oder in seinen Studien nicht ausführlich behandelte. Dieses Maar hat eine besondere Geschichte, die mit der kleinen Kirche zusammenhängt, die Sie weiß gekalkt am anderen Ufer auf der Umwallung sehen. Dieses Kirchlein war die Dorfkirche des Ortes Weinfeld. Der Ort wurde nach einem Angriff durch die Pest aufgegeben, er existiert einfach nicht mehr. Das geschah im 16. Jahrhundert. Wahrscheinlich wurden die Häuser wie ein Steinbruch behandelt, also in anderen Dörfern zum Hausbau verwendet.

Ich rate Ihnen, dieses Maar zu umrunden und diese Kirche zu besuchen. Sie liegt an einem alten Friedhof und steht ein wenig melancholisch auf der Umwallung, als trauere sie. Sie besitzt noch heute den Turm und den mit Kreuzrippen gewölbten Chor des 14. Jahrhunderts, und noch heute bewahrt sie sich erdenschweren Glauben, der wohl damals an seine Grenzen stieß, als alle Menschen starben.

Von der Straße aus sehen Sie weit unter sich das Schalkenmehrener Maar. Eigentlich sind es zwei Maare, das eine aber verlandete. Der Kessel der Wasserfläche ist sehr weit und groß, und der Ort ist eine ausgesprochen ländliche Idylle. Auch da rate ich zu einer Umrundung, weil man die Natur dieser Wasserflächen auf Schusters Rappen sehr viel deutlicher spürt, als wenn man nur am Ufer steht und sich dann abwendet.

In Schalkenmehren übrigens können Sie hervorragend im Landgasthof Michels essen, oder aber Sie gönnen sich Kuchers Landhotel in Darscheid, nicht weit entfernt.

Übrigens, falls Sie sich auf der Straße zwischen den Maaren befinden: Einige Kilometer weiter geht es rechter Hand nach Brockscheid. Fahren Sie in das Dorf, dort gibt es etwas sehr Seltenes zu bestaunen: Die letzten Glockengießer in der Eifel, und damit die fast letzten ihres Standes in Deutschland. Das sollten Sie sich nicht entgehen lassen, und Ihre Kinder werden es lieben. In der Eifel war es immer schon ein uraltes, ehrwürdiges Gewerbe, seit Generationen in der Familie.

In ihrem »Kreislauf des Jahres« hat die Dichterin Clara Viebig, die die Eifel besang, einmal gesagt: »Das ist das Land, das mich beredt macht, selbst wenn ich stumm bleiben möchte.« Ich selbst empfinde so ähnlich und bin zuweilen sehr dankbar, hier leben zu können, denn dieses Land gab mir vor 23 Jahren, als ich hier auftauchte, auch Gelassenheit und das sichere Wissen, dass es keinen Sinn macht, ständig gegen die Windmühlenflügel der eigenen Unzulänglichkeiten anzukämpfen.

Wir kennen rund 50 Maare, und die sind weithin unbekannt, denn nur acht Maare enthalten Wasser. Die wassergefüllten sind: Ulmener Maar, Gemündener Maar, Weinfelder Maar (Totenmaar), Schalkenmehrener Doppelmaar, Immerather Maar, Pulvermaar, Holzmaar und Meerfelder Maar. Zu denen ohne Wasser gehören etwa: Dürres Maar, Strohner Marchen, Dreiser Weiher, Mürmeswiese, Immerather Risch oder Mosbrucher Weiher.

Die meisten Maare sind zwischen 20000 und 10000 Jahre

alt, also sehr jung – und dennoch wesentlich älter als die gesamte in schriftlichen Zeugnissen überlieferte Menschheitsgeschichte. Die Entstehung der Maare fällt in die ausgehende letzte Eiszeit. Mit einiger Gewissheit war der steinzeitliche Mensch Augen- und Ohrenzeuge dieser Ereignisse. Etwas ist auffallend und seltsam: Nirgendwo fanden sich archäologische Hinweise darauf, dass ein Mensch Opfer eines solchen Ausbruchs wurde.

Die Wissenschaftler vermuten, dass mögliche und unmerkliche Anzeichen von Eruptionen (beispielsweise leichte Erdbeben) die Herden der Beutetiere so rechtzeitig warnten, dass sie aus dieser Gegend fortzogen und die Steinzeitmenschen veranlassten, ihre Lagerplätze ebenfalls aufzugeben. Es ist auch denkbar, dass in die Erinnerung dieser Menschen eingeprägt war, dass diese Gegend lebensgefährliche Überraschungen bot und dass sie deshalb weitgehend gemieden wurde.

Das Gemündener Maar habe ich Ihnen schon beschrieben. Sie sollten wissen, dass dieses Maar gefährdet ist. Es kommt durch die absolut windgeschützte Lage keine Durchmischung des Wasserkörpers zustande, sodass die tiefen Wasserschichten am Stoffaustausch mit der Oberfläche nicht teilnehmen. Durch Nährstoffanreicherung und Faulschlammbildung hat sich in den letzten Jahren die Wasserqualität verschlechtert. Man will herausfinden, ob es technische Möglichkeiten gibt. Alle acht Jahre tauscht sich der Wasserkörper durch Niederschlag und Verdunstung aus. Es sind rund 1,38 Millionen Kubikmeter.

Das Weinfelder Maar hat keinen erkennbaren Zulauf und Ablauf und ist mit 51 Metern Tiefe genauso tief wie der Laacher See. Fünfzig Jahre dauert es, bis sich die Wasserfüllung von etwa 4,3 Millionen Kubikmeter erneuert hat.

Unbedingt zu empfehlen ist der Besuch des Dronketurmes, von dem aus Sie alle Dauner Maare auf einen Blick sehen können. Adolf Dronke hieß der Mann, der in der Eifel 1888 den gleichnamigen Verein gründete. Ohne diesen Verein ist die Eifel nicht denkbar, die vielen ehrenamtlichen Helfer haben über viele Jahrzehnte alles getan, um die Eifel zu erschließen, die Wanderwege auszusuchen, auf besondere Landschaften zu verweisen.

Die beiden Schalkenmehrener Maare, wobei eines in das andere übergeht, sind etwa 11 000 Jahre alt. Die Gesteinsschicht aus devonischem Schiefer, die das Maar vom Weinfelder Maar trennt, ist beim Ausbruch unberührt geblieben. Das Maar liegt 65 Meter tiefer und ist nur elf Meter tief. Der Kessel bildet durch die Bebauung des Ortes eine Seltenheit, die Wasserfläche selbst ist nur etwa 22 Hektar groß. Dieses Maar ist mir deswegen so präsent, weil mein Freund Ralf Kramp bei einer Veranstaltung seines Blutspur-Wochenendes den Trupp der Laienermittler in der Nachtzeit am Ufer versammelte und denen ein Schauspiel bot, das wahrscheinlich nicht wiederholbar ist. Die Gruppe stand am Ufer und entdeckte plötzlich im Wasser helle, sich heftig bewegende Lichter. Geister, grauenhafte Erscheinungen? Zwei Taucher stiegen heraus und hatten wohl ein Flugzeug entdeckt, das hier in den See abgestürzt war (natürlich gemogelt). Sie müssen mir zugestehen, dass Mordermittler auf so etwas selten treffen.

Der Mürmes (oder Mürmeswiese oder Mürmesweiher) liegt genau südöstlich von Schalkenmehren und ist ein ziemlich großer Maarkessel, den Sie auf keinen Fall betreten dürfen und der wegen der sehr seltenen Tier- und Pflanzenarten streng geschützt ist. Bis zum Ende des 20. Jahrhunderts hat man hier noch Torf gestochen, die alten Torfstiche sind noch zu sehen. Vergessen Sie ihr Fernglas nicht, es gibt viel zu sehen.

Der größte Maarsee der Eifel ist das Pulvermaar, das seinen Namen von pulverfeinen Tuffen hat, die an seinem Südende lagern. Der See ist beachtliche 71 Meter tief. Bis vor dem Zweiten Weltkrieg betrug die Wassertiefe sogar 74 Meter, aber dann fanden militärische Versuche mit Unterwasserminen statt und rissen die Umwallung auf. Die Wasserfüllung liegt bei 13 Millionen Kubikmeter. Sie können das Maar auf einem bequemen Weg umrunden, für Kaffee und Kuchen ist ebenso gesorgt wie für ein kühles Pils.

Das Strohner Marchen: Genau südlich des Pulvermaars gelegen, liegt mitten in der Feldflur eine länglich ovale kleine Senke. Es handelt sich um einen maarähnlichen Vulkan, in dem Basaltschlacken gefördert wurden. Sein Schlot lag so schräg, dass sich kein Schlackenkegel ausbauen konnte. Er gehört zur sogenannten Gillenfelder Gruppe, zusammen mit dem Ellscheider Trockenmaar, dem benachbarten Römerberg, dem Wartgesberg und dem Sprinker Trockenmaar.

Das Immerather Maar entstand in einem sehr tief eingeschnittenen Seitental des Ueßbaches. Um 1750 hatte man das Gelände zur Gewinnung von Nutzfläche abgelassen, die älteste Karte von 1813 verzeichnet für den Maarkessel nur Wiesengelände. Während des Ersten Weltkrieges verfiel der Abzugsgraben, sodass sich bis heute wieder ein eindruckvoller Maarsee mit einem ausgeprägt reichen Wasserleben aufbauen konnte.

Das Holzmaar liegt zwischen Eckfeld und Gillenfeld und wird von einem Quellarm des Sammetbaches durchflossen. Es entstand weit nach der letzten Eiszeit. Das Maar diente früher als Mühlteich und Vorrat von Zuflusswasser, sogenanntes Aufschlagwasser, für die südlich gelegene Holzmühle. Ein ausgeprägtes Uferröhricht fehlt hier, dafür wird die Gegend im Frühsommer zu einem weißen Schimmer, wenn der Wasser-Hahnenfuß blüht. Achtung: Naturschutzgebiet!

Das Dürre Maar ist über einen kleinen Weg vom Holzmaar aus zu erreichen. Es hat knapp vierhundert Meter Durchmesser, ein aufgewölbtes Hochmoor mit dem typischen Randsumpf. Wenn er nach regenreichen Sommern oder nach der Schneeschmelze im Frühjahr mit Wasser gefüllt ist, bildet er einen verzauberten Ort. Es gibt die alte Bezeichnung Torfmaar, was ebenfalls darauf schließen lässt, dass hier Torf gestochen wurde. Achtung: Auch hier brauchen Sie ein Fernglas, wir wollen das Maar unbedingt schützen. Aber allein der

Anmarsch durch einen wunderschönen Buchenhochwald wird Sie begeistern.

Das Meerfelder Maar ist ein Juwel und besitzt eine technische Einrichtung, die mir erwähnenswert scheint. Es wurde vor vielen Jahren festgestellt, dass das Maar dicht vor dem Kippen war. Auch hier musste festgestellt werden, dass das Tiefenwasser nicht mit dem Oberflächenwasser vermischt wurde, Fäulnisgase entstanden. Man legte in dem 24 Hektar großen See ein riesiges Rohr auf den Grund. Das Rohr pumpt die Tiefenwasserschicht aus dem Maar heraus und leitet sie in einen Bach ab. Das rettete das Maar. Es gibt einen breiten Röhrichtgürtel, viele seltene Pflanzen und Tiere und – unter anderem – ein Riesenfeld von Seerosen. Das ist etwas für Verliebte.

Und, nicht vergessen: Besuchen Sie das Café am Maar. Die haben einen berühmten Kuchen: Eine Kirsch-Schmandtorte, die mich grundsätzlich meinen Verstand verlieren lässt. Grüßen Sie den Dirk, er erfand dieses Backjuwel, und seine Mutter hat für den Tourismus in der Eifel mehr getan, als man sich überhaupt vorstellen kann. Auf der ITB in Berlin war sie für Jahrzehnte umwirbelter Mittelpunkt, ihr Café ist eines der besten in Rheinland-Pfalz, das Lied der Eifel singt sie besonders schön.

Das Ulmener Maar: Unklar ist, wer da wen mit Asphalt überzog, die A48 Koblenz–Trier führt mitten durch das kleine, wirbelige Dorf. Die Autobahn führt genau über die Tuffumwallung, und den Verkehrsplaner wollte ich schon immer mal kennenlernen.

Unterhalb der Ulmener Burgruine hat man schon im Mittelalter den Maarwall mit einem Stollen durchstoßen, um das Dorf vor Hochwasser zu schützen und eine Wassermühle zu betreiben, die jedoch niemals rentabel war. Echolotungen haben ergeben, dass sich auf dem Boden dieses Maars ein etwa drei Meter hoher Zentralkegel erhebt. Der Ausbruch dieses Maars ist deutlich jünger als der Laacher-See-Ausbruch, dürfte bei etwa 8000 Jahren liegen, denn unter den Ulmener Maartuffen liegt Laacher Bims.

Sie sollten unbedingt ein gutes Fernglas mitbringen, denn nur einen Katzensprung entfernt liegt der Ulmener Jungfernweiher, der sich in einem flachen Tal angestaut hat. Er ist ein einzigartiges Vogelparadies.

Der edle Ritter Heinrich

Hier in Ulmen sollten wir eine kurze Pause einlegen, denn ausgerechnet aus diesem kleinen Gemeinwesen, das heute etwa 3000 Einwohner zählt, stammt der Ritter Heinrich von Ulmen, der am 4. Kreuzzug (1202–1204) teilnahm und mit Beute beladen zurückkehrte.

Die Kreuzzüge waren eindeutig unselig, und erreicht wurde so gut wie nichts, außer einer furchtbaren Blutspur, die sich quer durch Europa bis in den Nahen Osten zog. Und Hass blieb übrig. Das Ganze begann, als Papst Urban II. den angeblich grässlichen Umgang der Mohammedaner mit den Christen anprangerte und auf dem Konzil von Clermont leidenschaftlich für einen Kreuzzug warb. Der Zulauf an Freiwilligen übertraf alle Erwartungen, derart viele Herzöge und Grafen, Reiche und Arme, Geistliche und Fuhrleute, junge Mädchen und alte Männer hefteten sich das Stoffkreuz auf die Schulter und machten sich auf den Weg. Nach heutigen Schätzungen waren es über 300 000, die aufbrachen und unter dem Ruf »Gott will es!« quer durch Europa in den Nahen Osten zogen. Es war ein wüster, undisziplinierter Haufen, der unterwegs völlig wahllos Nichtchristen und besonders jüdische Gemeinden massakrierte. Sie eroberten 1099 Jerusalem, nachdem sie Hunderttausende unterwegs getötet hatten.

Heinrich von Ulmen nahm am 4. Kreuzzug teil, ausgerufen durch Papst Innozenz III. Auf den ersten Kreuzzügen herrschte noch religiöse Begeisterung, auf dem 4. jedoch spielte nur noch das Geld eine wesentliche Rolle. Das nutzten die Venezianer sehr geschickt aus und lenkten den 4. Kreuzzug statt ins Heilige Land nach Konstantinopel. Der Grund ist einleuchtend: Die Venezianer hatten nur einen Konkurrenten auf dem Welthandelsmarkt zu fürchten: Die Kaufleute aus Konstantinopel. Über die Führer dieses Kreuzzuges verhängte der Papst den Kirchenbann, weil sie mit ihrem Treiben dem christlichen Gedanken wahrlich keinen Gefallen taten.

Heinrich von Ulmen war zu diesem Zeitpunkt 29 Jahre alt und schien sich wacker geschlagen zu haben. Er war dabei, als am 12. April 1204 Konstantinopel erobert wurde. Man darf sich das nicht als den würdigen Einzug der Sieger vorstellen, stattdessen wurde die Stadt mit Plünderungen, Brandschatzungen und Vergewaltigungen in den Dreck getreten, kein Mensch hat die Opfer gezählt, die Hauptstadt des oströmischen Reiches war eine Ruine.

Wir wissen vom Ritter Heinrich von Ulmen nur deshalb so Genaues, weil Graf Balduin von Flandern einen langen Brief an den Erzbischof von Köln schrieb, in dem er erwähnte, dass er seinen treuen Ritter Heinrich von Ulmen zum praefectus imperatoris von Konstantinopel, zum Oberbefehlshaber, gemacht habe. Wir wissen übrigens sicher, dass viele Eifler bei allen Kreuzzügen dabei waren. Abgesehen davon, dass ihnen die Kirche für den blutigen Zug ins Gelobte Land alle Sünden erließ, war es sicher auch ein Ausbruch aus elenden heimischen Zuständen und der Geruch von Beute und Abenteuer. Heinrich von Ulmen jedenfalls kehrte mit reicher Beute zurück. Im Wesentlichen waren das Stücke aus der Sophienkirche in Konstantinopel und anderen Kirchen. Die geraubten Kunstschätze schenkte er meist Klöstern seiner Heimat.

Heinrich und seine Ritterkollegen aus der Eifel nahmen auch am 5. Kreuzzug teil. Bei der Belagerung von Damiette durch die Türken geriet Heinrich in die Gefangenschaft der

Sarazenen und wurde dort gut behandelt. Er konnte sogar in seine Heimat zurückkehren und starb 1236.

Wenn Sie mögen, könnten wir jetzt über Driesch nach Bad Bertrich ziehen, und damit strikt auf die Mosel zu. Und ich möchte Sie verführen: Sie können die Eifel durchaus kurzfristig verlassen, um unten am Fluss dieser oder jener Flasche Riesling den Hals zu brechen. Prost!

Driesch schlage ich immer deswegen vor, weil in der Wallfahrtskirche Mater Dolorosa dieses kleinen Ortes die sogenannte Gotische Überraschung zu finden ist. Die Kirche ist eine klassische Einstützkirche, trägt ein reiches Rippengewölbe in dezenter Farbfassung. Das Prunkstück aber ist der riesige Altar im Südchor, ein Werk des Bartholomäus Hammes aus dem benachbarten Alflen. Er schuf den Altar um 1672. Das ganz ungewöhnliche Stück mit seinem dreistöckigen Aufbau zeigt zwischen reichem Knorpelwerk und der vergoldeten Säulenpracht des Barock unverkennbar volkstümliche Reliefs mit fast unbeholfenen Figuren in von zahlreichen Personen bevölkerten szenischen Darstellungen der Leidensgeschichte Christi. Das ist wohl gotischer Realismus mit eng gedrängten Figurengruppen und einem martialischen Geschehen. Die beiden handfesten Werksleute, die mit großen Nägeln Christus ans Kreuz schlagen, als gelte es einen Dachstuhl zu befestigen, sind meisterhaft. Ein ganz ungewöhnlicher Altar von großer Kraft.

Haben Sie Badesachen dabei? Das ist gut, es geht nach Bad Bertrich.

Das Bad der Römer

Wir sollten über Lutzerath und Kennfus dorthin fahren. Es geht in engen Kurven hinunter in das Ueßbachtal, eine wildromantische Landschaft. Und wie in vielen anderen Regionen, so auch hier: Die römischen Besatzer mochten dieses Gebiet, weil hier eine 32 Grad warme Glaubersalzquelle zu finden ist – die einzige übrigens in ganz Deutschland. Ihre Heilwirkung ist bewiesen und gilt besonders für Magen-, Darm-, Leber- und Stoffwechselkrankheiten. Kommen erhebliche Heilwirkungen bei degenerativen Erkrankungen des Bewegungsapparates hinzu. Aber Sie müssen bei Gott nicht krank sein, um das Bad zu besuchen, es wirkt auch äußerst heiter auf Gesunde.

Das Bad wurde also entdeckt, als Cäsar mit vier Legionen hier ankam, und noch heute bestehen die untersten Lagen der Quelleinfassung aus römischem Mauerwerk. Der Bau des kleinen Ortes war Ausgangspunkt eines miesen Streits unter deutschen Architekten. Kurfürst Johann Philipp von Walderdorff kaufte das Bad 1762. Dessen Nachfolger, Clemens Wenzeslaus von Sachsen, ließ es in den folgenden Jahren mit einem Aufwand von 150000 Reichstalern (sehr viel Geld!) großzügig herrichten. Nach vielen Querelen und Eifersüchteleien unter den erlauchten Architekten, die sich unter der Hand bekämpften und schlechtredeten, bekam einer von ihnen den Zuschlag. Es war kein Geringerer als Andreas Gaertner der Jüngere, tätig in Dresden, Versailles und Paris. Er legte 1786 einen Plan für ein fürstliches Badegebäude vor, das unter dem Namen »Kleines Kurhaus« noch heute steht und dem Ort unzweifelhaft Glanz verleiht.

Wundern Sie sich also nicht über den vielen Glanz, und gehen Sie ruhig baden. Neben dem Bad übrigens ist eine italienische Familie ansässig, bei der es sich gut essen lässt.

Dann sollten wir nach Nordwesten fahren, Richtung Manderscheid.

Aber vorher will ich noch auf ein besonderes Problem in der Eifel zu sprechen kommen, weil hier nämlich Menschen Berge versetzten und wir mit diesem Erbe umzugehen gezwungen sind.

Die Eifler haben gewaltige Löcher in die Erde gerissen,

weil wir hier sehr viele Gesteine finden, die wir gut verkaufen können. Das machten die Eifler sehr erfolgreich über viele Jahrhunderte. Sie haben mit dem Mayener Grubenfeld schon eines dieser gewaltigen Löcher gesehen, es gibt Hunderte anderer. Was macht man eigentlich damit? Rekultivierung?

Nun ja, dazu hat es einige Jahre lang durchaus eine heftige Diskussion gegeben, die erst langsam in gemächlichere Zonen driftet, weil die Löcher in dieser Landschaft uns etwas beigebracht haben.

Die meisten der wünschenswerten und verkaufbaren Steine lagen durchaus nicht offen auf der Erde herum, wir haben die Erde abtragen müssen, um sie zu erreichen – manche im Tagebau, manche in Schächten oder Gruben. Es waren Fest- oder Lockergesteine von den unterdevonischen Dachschiefern im Raum Mayen, mitteldevonische Korallenriffe der berühmten Kalkmulden, tertiäre und quartäre Eruptivgesteine der Eifler Vulkanfelder, Tonvorkommen in der Rheinischen Eifel und schließlich die geologisch jüngsten Sand- und Kiesaufschüttungen der größeren Fließgewässer. So wichtig der Abbau dieser nutzbaren Gesteine war – er hinterließ Wunden, er verbrauchte Landschaft, er ließ einzigartige Reliefbildungen in der Region verschwinden. Bagger und Bulldozer trugen ganze Ascheberge ab, und mein Hausberg, dort, wo ich wohne, beginnt seit vielen Jahren eindeutig zu verschwinden, eine Lavafirma fährt dort Vulkanasche ab.

Jeder Vulkanberg ist ein einzigartiges Denkmal, das verschwindet, wenn wir die Steine verkaufen – unwiderruflich.

Auf der anderen Seite haben wir durch die Abbauten geologische Aufschlüsse erreicht, die wir sonst niemals gesehen hätten. Wir haben Profile im Gestein gefunden, die uns sonst verborgen geblieben wären.

Da bin ich dankbar für die grundlegenden Arbeiten von Bruno P. Kremer, Bernd Steinicke, Wilhelm Meyer und Wolfgang Spielmann, die mir die Augen öffneten und mich vor vorschnellen Urteilen bewahrten. Die Löcher nämlich, die der Landschaft zugefügt wurden, haben ein Eigenleben entwickelt, mit dem wir niemals gerechnet hatten.

Natürlich kann man abgetragene Berge mit jungen Bäumen besetzen und abwarten, was die Natur daraus macht. Man hat im Übrigen überall geologische Lehrpfade eingerichtet, die mit diesen Wunden umgehen, und die uns gelehrt haben: Wenn wir nach einem Abbau das Loch, das gerissen wurde, einfach in Ruhe lassen, schafft die Natur einen ganz neuen, überraschend vielfältigen Lebensraum.

Beim maschinellen Abbau der Lockermaterialien entstehen fast immer magere, nährstoffarme Standorte, die absoluten Seltenheitswert besitzen. Dann erscheint dort ein Meer von Klatschmohn, oder das Waldweidenröschen fliegt an. Offene Gruben weisen aber auch ein sehr weitflächiges Netz ganz verschiedener Kleinlebensräume auf. Da gibt es kurzlebige oder dauerhafte Gewässer, trockene bis wechselfeuchte Standorte. Die Gewässer von Abbaugruben sind vielfach unersetzliche Laichplätze einheimischer Amphibien, darunter die Gelbbauchunke oder der Kreuz-, Wechsel- und Geburtshelferkröte. Einige der Laubfroschvorkommen der Eifel liegen im Bereich aufgelassener Abgrabungsstellen.

Die Steinbruchflora der Eifel umfasst durchweg 50 bis 200 verschiedene Pflanzenarten, darunter einige äußerst seltene. Und die Fauna nicht vergessen: zwei bis drei Dutzend Brutvogelarten, darunter bedrohte Felsbrüter wie der Wanderfalke oder der Uhu. In einigen Steinbrüchen fand man über 300 Schmetterlings- und fast 400 Käferarten. Mit anderen Worten: Der Mensch kann der Natur auf die Sprünge helfen, wenn er gar nichts tut. Wir müssen einfach ein paar Jahre warten.

Damit wären wir bei einer Grube, die ich Ihnen nicht vorenthalten kann, denn dort fanden Wissenschaftler ein Urpferdchen und auch Krokodile. Es geht um das Eckfelder Maar.

Wenn der Name Eckfeld erwähnt wird, bekommen Geologen und Paläontologen auf der ganzen Welt feuchte Augen. Das kleine beschauliche Dorf in der Verbandsgemeinde Manderscheid ist einer der bedeutendsten Fossilfundpunkte in Mitteleuropa. Bohrungen und Grabungen haben hier einen Zeithorizont freigelegt, der an nur ganz wenigen Stellen unseres Planeten zugänglich ist.

Im Jahre 1839 machte der Eckfelder Schulmeister Nikolaus Pauly einen Fund, der seine weitere berufliche Laufbahn verändern sollte. Bei einer Wanderung im bewaldeten Tal des Pellenbachs fand er ein in der Südeifel bis dahin kaum bekanntes Material, ein krümeliges, dunkles Stück Gestein, das er für Braunkohle hielt. Es ließ sich nämlich gut verheizen.

In Pauly erwachte der Unternehmergeist. Er legte zwei Schächte an, um das Vorkommen dieses Gesteins genauer zu erkunden, und begann 1854 mit dem planmäßigen Abbau. Der nahe gelegene Hüttenbetrieb in Eisenschmitt war vermutlich sein Hauptabnehmer. Es dauerte ein paar Jahre, bis es im Eckfelder Bergbau wieder ganz ruhig und still wurde, weil es keine Abnehmer mehr gab.

Ungefähr um diese Zeit (1853) erschien in Bonn die erste Abhandlung über die Eckfelder Braunkohle, die auch auf fossile Blätter und Früchte aufmerksam machte. Aber niemand zeigte Interesse. Rund 100 Jahre später wurde dann Eckfeld für die Wissenschaft wiederentdeckt. In der Sammlung der geowissenschaftlichen Institute in Köln fiel dem Paläontologen Hans D. Pflug ein Stück der sogenannten Eckfelder Braunkohle in die Hände. Die Untersuchung der darin enthaltenen Pollen und Sporen ergab sehr überraschend, dass das Vorkommen doppelt so alt sein musste wie bisher angenommen. Es war auf runde 25 Millionen geschätzt worden, jetzt war von der doppelten Zeitspanne die Rede, und das warf alle Theorien über den Haufen.

Dann ging es über die Jahre Schlag auf Schlag.

Die Eckfelder Entdeckungsgeschichte wurde richtig spannend, als Trierer Geologen eine Forschungsbohrung bis auf 66,5 Meter niederbrachten. Nach einigen Untersuchungen stand fest: Die Wissenschaftler hatten sich in einen Vulkan eingebohrt, der bisher verborgen gewesen war. Und dann wurde es noch spannender. Sollte die Bohrung in einem neu entdeckten Maar stattgefunden haben? Tatsächlich sprachen alle Befunde dafür, dass in Eckfeld in nicht allzu großer Tiefe ein Rendezvous zwischen kaltem, versickerndem Oberflächenwasser und glühend heißem Gestein stattgefunden hatte. Die radiometrische Datierung des Fundes kommt auf ein Alter von knapp 50 Millionen Jahren. Das Eckfelder Maar erwies sich als das älteste aller Maare. Es war ein Maarsee, mindestens 50 Meter, nach anderen Schätzungen bis 150 Meter tief.

Seit 1987 arbeitet ein Grabungsteam des Naturhistorischen Museums Mainz an der Fundstelle in Eckfeld. Auf einer vergleichsweise kleinen Grabungsfläche erbeuten die Wissenschaftler eine Fülle fossiler Pflanzen und Tiere: Zehntausend Einzelstücke von außergewöhnlich guter Erhaltung. Ulmen-, Walnuss- und Rosengewächse, aber auch ganze Pflanzenfamilien wie Palmen, Lorbeer und Teegewächse, deren heutige Nachfahren nur in den Subtropen vorkommen. Man findet Fliegen, Hautflügler und zahlreiche Käfer, darunter auch Blattkäfer, deren Flügeldecken nach 50 Millionen Jahren noch metallisch bunt schillern. Libellen, Schaben, Köcherfliegen entdecken die Wissenschaftler. Was war das für eine Szenerie?

Wir müssen uns einen waldumsäumten See vorstellen mit wimmelndem Leben am Uferrand und unter Wasser. Man findet die Reste von mehreren Hundert Fischen, darunter einen ziemlich zahlreich vertretenen Barschverwandten, komplett bis zur letzten Gräte erhalten. Panzerplatten weisen auf Schildkröten hin, ein paar Zähne und ein Kieferbruchstück zweifelsfrei auf Krokodile. Diese großen Reptilien sind damit echte Klimazeugen, ihr Wohngewässer war wohl ein subtropischer Warmwassersee. Er muss nach den Untersuchungen zu urteilen viele Tausend Jahre bestanden haben.

Aber man fand auch Wirbeltiere, die das Land bewohnten – und wahrscheinlich im See ertranken. Man fand ein vollständiges Skelett des nur hundegroßen Urpferdes (Propalaeotherium). Es ist eine trächtige Stute. Ein anderer Fund war ein gänzlich unverformter Urpferdschädel. Und noch etwas können wir seitdem unser Eigen nennen: die älteste auf dem Planeten bekannte Honigbiene – rund 50 Millionen Jahre alt.

Die Bergung dieser Kostbarkeiten ist außerordentlich schwierig. Sobald sich auf einer freigelegten Schnittfläche ein Abdruck oder Rest zeigt, muss er einer sehr aufwendigen Spezialpräparierung unterzogen werden, ohne die das kostbare Material in kurzer Zeit zerreißen oder zerbröseln würde.

Es ist wie ein Standfoto aus einem sehr langen Film, wir haben endlich ein ziemlich komplettes Bild von einer kurzen Spanne des Werdegangs des Lebens. Wir wissen jetzt, wie dieser See ausgesehen hat und wie dieser See zu seiner Zeit lebte.

Ich weiß, ich habe Sie schon wieder mit wissenschaftlichen Details über dieses Land belästigt, aber ist es nicht schön, in einem Land zu wohnen, in dem es auch mal Krokodile gab?

Die Eisenbahnstrecke Gerolstein–Trier war schon etliche Jahre alt, die Strecke Gerolstein–Prüm wurde gerade mit zwei Zugpaaren eröffnet. So um 1890 herum riskierte die Bäb aus einem winzigen Nest bei Prüm zum ersten Mal eine Zugfahrt von Prüm nach Gerolstein. Sie erledigte Geschäfte in der Stadt und ging dann wieder zum Bahnhof, um nach Hause zu fahren. Von einem Fahrplan ahnte die Gute gar nichts. Als sie einen Mann mit roter Mütze sah, nahm sie richtig an, dass der irgendetwas mit der Bahn zu tun haben musste. Sie fragte: »Seid Ihr der Mann von der Bahn?« Der

Beamte bejahte das und fragte sie nach ihrem Wunsch. Da sagte die Bäb: »Dann seid mal so gut und lasst den Zug raus, damit ich heimfahren kann.« Das hat doch etwas Rührendes, nicht wahr?

Die Eifel ist ein Wanderland, und das wird immer weiter ausgebaut. Derzeit ist viel öffentlicher Lärm über den Eifelsteig von Aachen nach Trier und umgekehrt, sicherlich eine phantastische Route. Das sind runde 300 Kilometer, und zu den Top Trails of Germany gehört er schon jetzt, wenngleich ich nicht weiß, ob unterwegs schon alle Wegemarkierungen angebracht sind.

Ich führte Sie jetzt schon durch eine Reihe sehr schöner Landschaften, in denen jede Ortsgemeinde selbst Wege anbietet, gleichzeitig aber auch Knotenpunkt weiterer Wanderstrecken ist und auch Station in einem der großen europäischen Wanderwege. Bei den etwas größeren Strecken, bei runden 20 bis 30 Kilometern, komme ich allein im Bereich der Eifel auf etwa 13 500 Kilometer. Da kann ich nicht launig sagen: Ich bin dann mal weg! Da müsste ich sagen: Bis in zwei, drei Jahren denn! Das kann ich mit diesem Büchlein nicht leisten. Ich kann Sie bestenfalls mit Freude zum Wandern verleiten, weil das bei mir in den vergangenen Jahren zu viel mehr Gelassenheit führte und zuweilen nicht Wanderung war, sondern nur genussvolles Schlendern, und zuweilen auch das Hocken auf einem Steinbrocken, das Beobachten dessen, was zu meinen Füßen herumkrabbelte. Aber mir kam eine Idee, was ich Ihnen stattdessen anbieten kann.

Wollen wir über Kraftorte sprechen, über Orte, die uns still werden lassen? Von Christopher A. Weidner gibt es ein Buch: »Orte der Kraft«. Er hat dazu einige wirklich gute Ideen und Grundsätze beschrieben, wenngleich ich mich dagegen wehre, dass man auch diese Orte gewissermaßen nach Rezept finden und für sich nutzen kann. Es ist eine sehr alte Erfahrung, dass man Kraftorte nicht suchen kann, man kann sie nur finden, entdecken. Und es kann sein, dass der Mensch neben dir davon überhaupt nichts spürt, während er an anderen Orten etwas spürt, das dir verborgen bleibt.

Selbstverständlich sagt Christopher Weidner, dass die Abtei Maria Laach ein Kraftort ist. Er geht so weit in bauliche Einzelheiten, dass er ein bestimmtes Teufelchen erwähnt, das offensichtlich die Sünden der Vorübergehenden notiert. Er nennt das Hochgrab des Stifters, die reinigende Kraft des Paradieses vor dem Eingang zur Basilika.

Seinen Bericht von den Maaren beginnt er mit einer Legende. »Als Gott die Welt erschaffen hatte, sich zurücklehnte und sein Meisterwerk, die Eifel, betrachtete, weinte er vor Freude über die Schönheit seiner Schöpfung. Seine Tränen fielen zu Boden und sind uns als Maare bis heute erhalten.«

Da hängt er Gedanken und Meditationen an, er fragt: Was geschieht gerade unter meiner Oberfläche? Wo gebe ich mich friedlich, obwohl es in mir brodelt? Wo täusche ich meine Umwelt über meine wahre Befindlichkeit? Was würde passieren, wenn ich für einen Moment meine Fassade einbrechen ließe und meine ganze Kraft so zeigte, wie ich sie tatsächlich in mir spüre? Durchaus gute Fragen, wie ich finde.

Er beschäftigt sich auch mit den Matronenheiligtümern, nennt auch sie Orte der Kraft, zum Beispiel die Görresburg bei Nettersheim. Auch da kann ich ihm folgen.

Meine eigene Erfahrung mit kraftvollen Orten sah etwas anders aus und begann an einem anderen Punkt, von dem ich glaube, dass er bei sehr vielen Menschen ebenfalls erreicht ist. Es war im Grunde nicht mein Problem, mich dauernd zu hinterfragen, zu überlegen, ob ich Menschen täusche, die Wahrheiten in mir krampfhaft verberge. Mein Problem war, so verkrampft in Stress und Erregung zu leben, dass ich Angst hatte vor jedem Moment des scheinbaren Stillstands, des Innehaltens. Ich lebte ohne jede Bremseinrichtung. Der Gedanke, ich könnte eines Tages in Gelassenheit leben, machte mich wütend. Wieso denn Gelassenheit? Und ich fand es vollkommen unangebracht, mich mit mir selbst zu beschäftigen. Dann lebte ich plötzlich in dieser Landschaft und musste sie auch noch aushalten.

Das begann sehr einfach. Stellen Sie sich einen Fichtenwald vor mit sehr hohen Stämmen und ständigem Zwielicht am Boden. Stellen Sie sich vor, durch diesen Wald, durch diesen Nadelboden gluckert ein kleiner Bach, der sich etwa einen Meter tief eingegraben hat. Und in einer Biegung dieses Baches steht grellgrüner Farn, vielleicht 20 bis 30 Wedel. Und am späteren Nachmittag rutscht das Sonnenlicht durch eine Lücke in den Wipfeln genau auf diese Stelle mit dem Farn. Behalten Sie die Szene einfach im Kopf, ich komme mit einer zweiten.

Zwischen Berndorf und Kerpen liegt ein Steinbruch, längst aufgelassen. Es gibt keine Werkstätten mehr, keine Siebe, um die Steinbrocken nach Größe zu trennen, es ist totenstill, nur Glockenunken melden sich aus ihren kleinen Höhlen in den Steilhängen. Stellen Sie sich vor, dass hier einmal zweihundert Männer arbeiteten, dass sie Gestein losschlugen, das in Holland zum Deichbau verwendet wurde und in London zum Bau der U-Bahn. Da ist ein kleiner Teich entstanden, Schilf ragt hoch, sehr viele Molche im Wasser, sehr viele Quappen. Ich ging dauernd zu diesem kleinen Teich und saß an seinem Ufer. Und eines Tages war er weg, kein Wasser mehr, nur die Stille war die gleiche. Ich hatte etwas Wichtiges verloren, bis mir ein Waldkundiger sagte: »Das passiert. Die Natur lässt nichts ohne Veränderung bestehen, nach dem Teich kommt irgendetwas anderes.« Das fand ich dann in Ordnung, das war der Lauf der Dinge. Und dann war auch der Bach unter den hohen Fichten verschwunden, der Farn auch. Ein schwerer Sturm ließ die Bäume fallen und schuf ein Dickicht, undurchdringlich, ein gänzlich anderes Bild, aber von gleicher Stärke, anders, verwandelt.

Ich denke, wir Menschen haben gemein, dass es Orte gibt, die stark wirken. Maria Laach zum Beispiel oder das Matronenheiligtum oder das Ferschweiler Plateau, zu dem wir noch kommen. Wir können förmlich riechen, dass dort Menschen lebten, durchzogen, jagten, eine Kirche bauten. Es war ein Platz, der im Grunde allen gehörte, der einen starken Geist atmete.

Allerdings habe ich im Laufe der Jahre begriffen, dass viele dieser Orte stark besucht sind. Etwa in Maria Laach allein zu sein ist schwer, die Massen der Pilger sind laut und lärmig. Ich habe dann ein kleines Rezept gefunden: Ich hocke mich in eine Kirchenbank und lasse die Welt um mich herum versinken. Und noch immer gehe ich in den Steinbruch, und noch immer an die Stelle, wo die Farnwedel standen. Starke Orte eben.

Der blinde König in Neroth

Auf der Reise nach Manderscheid könnten wir eigentlich einen Abstecher einlegen: nach Neroth. Das ist eines der eigenwilligsten Dörfer, die ich kenne, mit einer sehr eigenwilligen Geschichte. Die Leute hier haben ein Museum aufgebaut, ein Mausefallenmuseum. Ich weiß, dass das auf den ersten Blick ein wenig abseitig erscheint, aber es ist trotzdem so, und das Museum zu besuchen ist ein Spaß – vor allem für die Kinder.

Dieses Dorf war über viele Jahrzehnte in ganz Deutschland bekannt. Der Grund waren ebendiese Mausefallen, die es in zahllosen Varianten zu kaufen gab. Die Männer dieser Familien bepackten sich im Frühjahr mit allen möglichen Fallen und machten sich auf die Reise. Sie verkauften die Mausefallen, indem sie an die Türen klopften und sagten: »Wir von Neroth sind wieder da!« Und meistens waren sie von Herzen willkommen, denn Mäuse waren überall eine Plage. Im Dorf kamen dann Postkarten an, Berichte von der Verkaufsfront.

Die gibt es heute noch. Aus Ostpreußen, von der Nordsee, von weit her.

Tatsächlich hat dieses Gewerbe das Dorf gut ernährt. Und noch etwas ist typisch und anders als anderswo: Die Nerother entwickelten eine eigene Sprache, die nur die Nerother sprachen, niemand sonst. Es ist das Nerother Jenisch, eigentlich eine Sprachvariante sogenannter fahrender Bevölkerungsgruppen, aber die Nerother waren ja auf ihre Weise auch ein fahrendes Volk ... Und zuweilen trifft man heute noch jemanden, der diese Sprache beherrscht. Sie werden sich hier wohlfühlen.

Da gibt es noch eine Geschichte, die zu erzählen wichtig und wert ist. Wenn Sie von Neroth aus in Richtung Neunkirchen fahren, kommen Sie kurz nach der Gemeindegrenze rechter Hand an einem dicht bewaldeten Vulkan vorbei, dem Nerother Kopf. Parken Sie irgendwo und marschieren Sie den Rest zu Fuß, es ist nicht weit. Und falls Ihre Kinder sich beschweren, machen Sie Ihnen einfach Lust auf eine der seltsamsten Burgen in der ganzen Eifel. Gebaut von einem Blinden.

Wenn Sie über Schotterwege den Waldrand erreichen, stehen Sie in einem der schönsten Rotbuchenwälder, die ich kenne. (Wenn Sie einen Blick an die Waldsäume riskieren, könnten Sie auf die Idee kommen, das sei ein starker Ort!) Es geht jetzt eine Weile deutlich bergan. Dann bricht plötzlich der Waldboden auf, Felsblöcke aus schwarzem Vulkangestein ragen heraus – und mittendrin sehr überraschend stehen Sie vor der Ruine eines Burghauses. Es ist eine wirklich überwältigende Szenerie. Übersät von gewaltigen Felsbrocken klammern sich hier Rotbuchen mit gewaltigen Wurzeln an das Gestein.

Die Ruinen einer gewaltigen Ringmauer und eines Wohnturmes werden deutlich, die Szene ist sehr düster, und der eindrucksvollste Blick steht noch aus, wenn man sich dieser Seltenheit nähert. Direkt unter der Mauer liegt eine riesige Höhle. Es mag so erscheinen, als stünde man in der Pforte der Unterwelt.

Die Burg an diesem schönen, schaurigen Ort trägt den Namen Freudenkuppe, obwohl sie ihrem luxemburgischen Erbauer, dem blinden König Johan, nicht viel Freude brachte, denn bereits sechs Jahre nach ihrer Entstehung (1340) musste auch der Luxemburger hier seine Stellung vor der Konkurrenz aus Trier räumen. Es war natürlich Erzbischof Balduin, der den Luxemburger verjagte und von hier aus den Kampf gegen die Grafen in Daun organisierte.

Die ewige Fehde in Manderscheid

In Manderscheid auf alte und mittelalterliche Baustrukturen zu treffen, ist nicht schwer. Gigantisch wird das allerdings, wenn Sie bis zur Grenze der Gemeinde fahren und einen Parkplatz linker Hand erwischen. Dann sehen Sie das, was Manderscheid ausmacht: zwei Burgen, hintereinander gestaffelt. Und tief unten die Schluchten, die die Lieser um diese beiden Steilfelsen in das Gestein geschnitten hat. Eine wirklich atemberaubende Szene. Das ist mittelalterliche Wehrarchitektur vom Feinsten, und die lange Geschichte, die sich um die beiden Burgen spinnt, ist für europäische Verhältnisse einmalig.

Gleichzeitig sind diese beiden Burgen eine sehr martialische Variation des nun schon bekannten Themas in diesem kleinen Buch: des Kampfes um die Macht in der Eifel zwischen den sie umgebenden Territorien – hier zwischen Trier und Luxemburg. Die Lieser zu Ihren Füßen, die die beiden absolut senkrechten Burgfelsen trennt, war die Grenze zwischen den beiden Fürstentümern.

Die Oberburg ist die ältere, wird schon 973 genannt und ist somit auch eine der ältesten Burgen in der Eifel überhaupt. Sie lag auf einem Gebiet, das die Karolinger dem Kloster Echternach geschenkt hatten. Diese Mönche hatten auf der Burg hausende Vögte eingesetzt, da die Ausübung der Blutsgerichtsbarkeit geistlichen Herren nicht zugemutet werden konnte – sie waren einfach zu priesterlich. Mit diesen Agenten ihrer Macht hatten sie aber zugleich ernsthafte Konkurrenten geschaffen: Aus diesen Vögten wurden die Herren von Manderscheid, Lehensleute des Grafen von Luxemburg, die sehr bald schon die geistliche Hoheit über die jetzt zum Bistum Trier gehörende Oberburg nicht mehr anerkennen wollten. Zusammen mit den Luxemburgern unterliegen sie im Kampf mit Albero von Trier und bauen jetzt ab 1147 die ihnen verliehene Niederburg zu ihrem Stammsitz aus. Noch einmal erobert Richard von Manderscheid mit der Hilfe Heinrichs von Luxemburg die strategisch wichtige Oberburg, doch müssen sie sich 1160 der Belagerung durch Erzbischof Hillin von Trier ergeben. Seitdem ist die Oberburg ein Stützpunkt der weltlichen Macht des Erzbistums Trier gegen Luxemburg. Die Festung der Manderscheider war die Niederburg, und da war Fehde einprogrammiert, das konnte nicht gut gehen. Zu allem Überfluss lag der Gegner sowohl in Rufweite wie in Steinwurfweite.

(Ich mache Sie unter dem Aspekt starker Orte auf das Ufer der Lieser zwischen beiden Burgen aufmerksam. Hocken Sie sich hin, stellen Sie die Füße ins Wasser, da sind Sie wahrscheinlich allein.)

Und was passiert wieder einmal? Der erfolggewöhnte Trierer Erzbischof Balduin mischt sich ein und schreitet zur Tat. 1346 beginnt er mit der Belagerung der Niederburg. Aber diesmal siegte er nicht, diesmal musste er eine empfindliche Niederlage einstecken. Unter Dietrich II. wurde die Niederburg dann ausgebaut, und die Talsiedlung wurde in die Befestigung eingeschlossen. Da gab es eine bautechnische Einzelheit: Sie bauten einen zweiten Turm. Wer immer die Burg belagerte, konnte von zwei Seiten beschossen werden. Bis die Zeitläufe ganz andere waren und die französischen Revolutionstruppen dem Adel in der Eifel ein Ende machten. Die Endphase der Manderscheider Fehde beleuchtete ein Generalthema der Eifel: Die Manderscheider wollten den evangelischen Glauben einführen. Und das durfte nicht gelingen.

Und noch etwas: Das gibt es zwar an mehreren Orten in der Eifel, aber die Ritterspiele in Manderscheid sind an Aufwand kaum zu übertreffen. In jedem Sommer versammeln sich dort Tausende Besucher. Es gibt echte Ritter in echten Rüstungen auf echten Schlachtrössern und einen echten Mittelaltermarkt mit echten Bänkelsängern.

Immer wird gestritten, ob nun Daun oder Manderscheid die schönsten Schöpfungen des Vulkanismus besitzen, aber ich denke für Besucher ist das ganz unwichtig. Der Mosenberg mit dem Windsbornkrater gleich neben Manderscheid auf dem Weg nach Bettenfeld ist ein ganz ungewöhnlicher Ort. Es geht durch das romantische Tal der Kleinen Kyll, dann auf einen links gelegenen Parkplatz. Es sind nur ein paar Minuten bis zum Windsborn, dem besterhaltenen und schönsten Kratersee nördlich der Alpen. Diese Landschaft hat ein langsam nach Nordwesten wandernder Magmaherd geschaffen. Er durchschlug im Laufe von wenigen Hunderttausenden von Jahren fünfmal das devonische Deckgestein und schuf eine verwirrend schöne Landschaft. Dem Förderschlot entquoll ein breiter Lavastrom, durchbrach den bereits aufgeschütteten Schlackenring und floss in dem damals schon bestehenden Horngraben bis zum Tal der Kleinen Kyll. Dort staute sich die Lava und hinterließ Basalt von 30 Meter Mächtigkeit. Hier liegt auch die Wolfsschlucht, die Sie unbedingt erleben sollten. Im Dumont-Kunstreiseführer heißt es dazu, die wildromantische Szene würde jeden Bühnenbildner zu Webers Freischütz vor Neid erblassen lassen. Dem kann ich in vollem Umfang zustimmen.

Von Prüm aus könnten wir die schönen Täler von Salm, Kyll, Nims und Prüm besuchen, was insofern Sinn macht, als Sie sich für eines der Täler entscheiden könnten. Oder Sie werden alle lieben und daher der Reihe nach besuchen. Oder wir beginnen in Wittlich, um uns dann gemächlich nach Nordwesten zu bewegen. Sie merken schon, ich bin unschlüssig, weil ich wieder einmal nicht weiß, womit ich Sie am besten zu einer weiteren Reise veranlassen kann. Aber der Mosenberg liegt sozusagen in Rufnähe zu Wittlich, und die Säubrennerstadt ist allemal einen Besuch wert.

Also Wittlich.

Wer im August hierherkommt, ist an jeder Ecke von Schweinebraten umgeben. Im dichten Trubel eines bier- und weinseligen Marktes wird die Säubrennerkirmes gefeiert, bei der ganze Exemplare dieser Spezies an einem Stück über offenem Feuer gebraten werden. Das klingt nach Mittelalter und ist es auch. Die Sache hat ihren Ursprung in einer Sage.

Als Wittlich 1397 in einer Fehde mit dem Ritter Friedrich von Ehrenburg erobert und zerstört wurde, soll die Niederlage auf einer Sauerei beruht haben. Ein Wachsoldat fand abends den Bolzen nicht, mit dem das Stadttor verriegelt werden konnte. Er behalf sich mit einer Steckrübe. Mitten in der Nacht zerbiss ein hungriges Schwein die Rübe, das Tor sprang auf, der Feind war in der Stadt. Die Wittlicher waren natürlich stinksauer, konnten aber nicht mehr herausfinden, welches Schwein nun genau sich an der Rübe vergriffen hatte und wer denn der Besitzer des besagten Schweines war. Also beschloss der Stadtrat, sich an sämtlichen Schweinen der Stadt zu rächen. Sie wurden in großen Haufen in ein Feuer getrieben, das auf dem Marktplatz entzündet worden war. Es muss dann jemand auf die Idee gekommen sein, Wein und Bier auszuschenken, und ein Stadtfest war geboren.

Wittlich war über viele Jahrhunderte eine durchaus wohlhabende Stadt, hatte sie doch erstklassige Fürsprecher: Sie war der Lieblingsort der Trierer Erzbischöfe, so etwas wie ein Castel Gandolfo der Eifel. Etwa 1390 begannen sie mit dem Bau der Burg Ottenstein. In den chronischen Fehden mit den Grafen der Eifel wurde das Städtchen zweimal zerstört. Nach der Pest, nach religiösen Unruhen, Brandschatzung durch die Spanier vernichtet nach der Explosion des Pulverturms ein Großfeuer die gesamte Stadt und die Burg. Die Bombennächte des Zweiten Weltkrieges taten ein Übriges, die Stadt war eigentlich nicht mehr vorhanden.

Aber die Wittlicher sind zäh, sie bauten wieder auf. Der Altstadtkern ist urban mit schönen Fassaden umgeben, es macht Freude, dort zu sein, das berühmte Wittlicher Rathaus sollten Sie sich nicht entgehen lassen, die ehemalige Posthalterei Thurn und Taxis mit einer imponierenden Freitreppe gehört zu den Besonderheiten.

Wirklich uralte Kulturlandschaft ist das Bitburger Gutland, behäbige alte Dörfer, große Bauernhöfe. Wer aus dem kargen Hochland kommt und durch eines der Täler nach Süden fährt, mag es kaum glauben. Der Bruch in der Landschaft ist krass. Das ist die Kornkammer der Südeifel und wurde schon immer von einem außerordentlich milden Klima begünstigt.

Die Siedlungsgeschichte dieser Gegend ist sehr alt. Als 54 Jahre vor der Zeitenwende Cäsar mit seinen vier Legionen hier ankam, traf er auf die ausgeprägte Kultur der keltischen Treverer. Sie hatten schon einen Ort gegründet und ihn Beda genannt. Sie hatten wenig Chancen gegen Cäsars erfahrene Kämpfer, aber sie arrangierten sich und kultivierten das Land. Cäsar musste die Truppen an der Rheinfront versorgen, das war eine immens wichtige Aufgabe. Aus dem Osten kommen immer mehr aggressiv vorgehende Barbarenstämme, aber Cäsar kann die Pax Romana halten, Frieden im Land. Für zweihundert Jahre erlebt das Land eine Blütezeit wie niemals vorher und nachher. Das Straßennetz wird dichter, zahllose prächtige römische Villen und Tempelanlagen werden gebaut, Mosel und Sauer werden schiffbar gemacht, Beda wird zum Hauptort des pagus Bedensis. Die Agrippa-Straße verbindet diese Landschaft mit allen Errungenschaften der römischen Zivilisation.

Dann der Bruch, der alles ändert. Im Jahre 275 kommen die Stämme des Ostens, überfallen das Land, Städte und Villen brennen, die Bevölkerung wird getötet oder – im günstigsten Fall – vertrieben. Zurück bleibt ein vollkommen verödetes, fast menschenleeres Land. Erst unter Kaiser Diokletian (284–305) regt sich wieder das Leben, Trier ist bereits Kaiserstadt, Kaiser Konstantin residiert hier von 306 bis 312 und ist Alleinherrscher. Doch trotz der neuen Metropole sind die guten Zeiten für das Bitburger Land vorbei, zu nahe ist die Rheinfront. Wer reich und unabhängig genug ist, zieht sich in sichere Gegenden zurück, die Straßenstationen werden in befestigte Kastelle umgebaut und die kaiserlichen Domänen werden mit Mauern umringt. Das eindrucksvollste Beispiel ist die an vielen Stellen noch feststellbare Landmauer, die mit einer Länge von 72 Kilometern ein Areal von 220 Quadratkilometern umfasste. Doch alle Vorkehrungen helfen nicht, etwa gegen 405 muss die Rheinfront aufgegeben werden, wenig später kann in der Südeifel von römischer Herrschaft nicht mehr die Rede sein.

Die Kaiserstadt Trier wird dreimal von den Franken erobert und geplündert. In den Jahren 411, 416, 427. Die römische Prachtvilla in der Nähe von Otrang lag in Schutt und Asche.

Die Zeit der Römer und der romanisierten Kelten war vorüber, alle Zeichen einer Hochkultur vernichtet. Bis ins 7. Jahrhundert hinein liegt ein geschichtliches Dunkel über dem Land. Die Franken lassen sich in vielen kleinen Dörfern nieder, vermeiden aber die Ruinen der Römer. Dann wird 698 das Kloster Echternach gegründet, wenige Jahre später Prüm, das alte Freibauerntum der Franken sank ab in Hörigkeit, Trier war seit dem 3. Jahrhundert Bischofssitz. Siebenhundert Jahre gehört das Land zu Luxemburg, dann wird auf dem Wiener Kongress festgelegt, dass die Flüsse Sauer und Our die Grenzen des deutschen Reiches sind. Um in ihre Hauptstadt zu kommen, müssen die Bitburger plötzlich Pässe vorzeigen. Es gab jede Menge Kuriosa. So ging die Grenze mitten durch das Dorf Neidenbach, man zählte verwirrt zehn luxemburgische und acht trierische Haushalte.

Die Mönche aus Clairvaux

Die Salm kommt aus der Kyllburger Waldeifel und durchströmt die östlichen Randlandschaften des Bitburger Landes, wendet sich in die Wittlicher Senke und mündet nach den Moselbergen bei Klüsserath in die Mosel. Das ist merkwürdig: Nirgendwo setzt der kleine Fluss dramatische Akzente (wie Kyll oder Prüm), ist überall geprägt von lieblichen, waldumkränzten Auen – wunderschön für Wanderer.

Eine der schönsten Passagen des Flusses beginnt hinter Eisenschmitt, wo nach wenigen Kilometern die mächtige Barockfassade des Klosters Himmerod aus den dunklen Wäldern wächst. Lassen Sie sich das nicht entgehen, ich erzähle Ihnen die Geschichte dazu.

1134 verlassen zwölf Zisterziensermönche Clairvaux mit dem Auftrag, ein Kloster in der Eifel zu gründen. Nach langem Suchen fiel die Entscheidung für das Salmtal. Das von wildem Urwald besetzte Tal kam ihrem benediktinischen Mönchsideal in jeder Hinsicht entgegen. Es versprach Stille und Abgeschiedenheit, Einkehr und sehr viel Arbeit. Die Klosteranlage wurde über die Jahrhunderte von der romanischen Kirche überragt, geweiht am 1. Juni 1178. Im 17. Jahrhundert begann man einen Klosterneubau, und selbst die strengen Zisterzienser wollten einen eitlen Barockneubau. Der sächsische Architekt Christian Kretschmar geriet in ein Dilemma. Wie baut man Barock für einen Orden, dem selbst

Kirchtürme verboten waren? Ein kleiner Dachreiter für eine Glocke war schon das Äußerste. Kretschmar fand eine geniale Lösung, eine einzige Giebelfassade für die drei schmalen Kirchenschiffe, hochragend, schlank, monumental.

1751 wurde die Kirche geweiht, 1802 wurde das Kloster von den Franzosen aufgehoben. Es wurde zum Steinbruch und verfiel. Eineinhalb Jahrhunderte lang war nichts als ein riesiges Trümmerfeld zu sehen, aus dem einsam die Westfassade herausragte. Erst 1925 begann man die Klostergebäude wieder aufzurichten und 1952 auch die Kirche.

Und in unserer Zeit geriet das Kloster in wirtschaftliche Bedrängnisse, die den Abt dazu zwangen, der Eifler Bevölkerung mitzuteilen, dass man Hilfe benötige. Die Eifler begannen zu sammeln und sammeln heute noch.

Also, denken Sie daran: Unbedingt Himmerod besuchen – und unbedingt etwas spenden.

Sie sollten auch Klausen anfahren, einen sehr alten Wallfahrtsort. Geradezu majestätisch thront dort die langgestreckte Kirche über der Landschaft, »der bedeutendste Bau der Spätgotik in der Südeifel und im Moseltal«, sagt Dehio. Zur Verehrung eines 1442 in Trier hergestellten Vesperbildes, von 1474 bis 1502 errichtet, stellt die Wallfahrtskirche St. Maria ein Meisterwerk gotischer Architektur dar.

Bei der Beschreibung der Inneneinrichtung der Kirche folge ich wieder einmal Pallhuber und Pippke, die mit offensichtlicher Ironie einen verstorbenen Ritter besingen. Das klingt so: »Ein Ausstattungsstück verdient noch besondere Erwähnung, weil zu ihm eine zweite, freilich inoffizielle Wallfahrt im Gange ist, die allein das weibliche Geschlecht antritt: In der Turmhalle steht der große Grabstein des 1535 verstorbenen Ritters Philipp von Ottenesch, auf dem er selbst in einer ungemein flotten Landsknechtstracht abgebildet ist; eine Mode, die großen Wert darauf legte, die Männlichkeit ihrer Träger detailgetreu zur Geltung zu bringen. Jedoch zieht nicht allein der erbauliche Anblick des wohlgeformten

Herrn die unverheiratete Damenwelt hierher; unschwer lässt sich erahnen, welche Sorte von Fürbitte das Mannsbild im Jenseits einlegen soll: Einen tauglichen Ehemann erflehen die Wallfahrerinnen vor diesem Stein, Ähnlichkeiten mit dem stattlichen Ritter wären sicher kein Hindernis.«

Das Kylltal

Es gibt keine Gegend in der Eifel, die auf wenigen Kilometern so viele malerische und anmutige Landschaften in sich vereinigt wie das Kylltal zwischen Gerolstein und Malberg. Zu Beginn strömt die Kyll zwischen breiten Wiesenauen dahin, gerahmt von steilen Berghängen, dann folgen tiefe, einsame Waldschluchten, bevor sie vor dem Eintritt ins Bitburger Gutland die Sandsteinformationen durchbricht. In großen Schleifen windet sich das Flüsschen um die Felsen des Hochplateaus und fließt an bedeutenden Stätten der Romanik und Gotik vorbei.

Bevor sie bei Lissingen in ihr klassisches Tal eintritt, hat die Kyll schon einen langen Weg hinter sich. Die Romantiker, die um 1850 die Eifel entdeckten, wären begeistert gewesen, wenn man ihnen den Weg zu den Birresborner Eishöhlen gezeigt hätte. Der vulkanische Schlackenkegel diente einst als Mühlsteinbruch. Das hört sich ein wenig niedlicher an als das, was man dann entdecken kann: Die ganze Bergflanke ist aufgerissen, pechschwarze Löcher sind die Eingänge. Gang- und Kammersysteme führen abwärts in den Berg. Das sollten Sie auf jeden Fall gesehen haben, bevor es weitergeht.

Wenn Sie nach Kopp abbiegen und dann rechts hinauf nach Eigelbach fahren, sehen Sie ein kleines Dorf, das tief unten in den Grünflächen eines riesenhaften, fast kreisrunden Kessels liegt. Das ist das größte Trockenmaar der Eifel, ländliche Idylle im erloschenen Gasvulkan.

Wenige Kilometer weiter dann Mürlenbach an den Ufern der Kyll, das einen richtig schönen alten Ortskern besitzt. Sie sehen ganz unvermutet eine mächtige Burgruine, die genau so aus dem Felsen wächst wie die mächtige Basilika in Maria Laach. Bei so einem Anblick weiß man eines ganz sicher: So friedlich wie heute ging es dort nicht immer zu.

Geschichtlich belegt ist der Bau seit 1331, gebaut wurde er wohl schon 50 Jahre früher. Er war der Grenzbau des winzigen »Kirchenstaates Prüm« gegen das Erzbistum Trier. Über mehrere Jahrhunderte ging der Kampf der beiden geistlichen Brüder und hatte rein materielle Gründe. Denn auf die reiche Abtei hatte der Erzbischof in Trier schon immer ein Auge geworfen, 1513 kam es zur Belagerung, die allerdings ergebnislos abgebrochen werden musste. Als sich Kurtrier dann endlich die Abtei Prüm einverleibt hatte, wurde die Burg mit zwei Bastionen für Feuerwaffen ausgebaut und sperrte so nach Belieben das Tal. In den Kriegen des Ludwig XIV. wurde sie zerstört, war dann eine Brauerei, ist heute in Privatbesitz und wird Stück um Stück renoviert.

Auf einer wirklich romantischen, äußerst schmalen Straße kommen Sie dann nach St. Thomas. Es ist ein ehemaliges Zisterzienserinnenkloster. Die strenge Klausur der Zisterzienser verbot den Nonnen jeden Kontakt zur Außenwelt. Unter der Empore der Kirche befindet sich der einzige Teil des Gotteshauses, der von Laien betreten werden durfte, die große Empore war für die Nonnen gedacht, die von hier aus nichts sehen konnten, was sie nicht sehen durften. In der neueren Geschichte, so wird gemunkelt, habe das Bistum Trier in St. Thomas alle die Priester einen längeren Urlaub machen lassen, die sich nicht so recht nach den Geboten von Mutter Kirche richten wollten.

Das Kloster St. Thomas war in den für Zisterzienser so typischen einsam gelegenen Wäldern gebaut worden, behielt aber seine Ruhe dort nicht. Rudolph von Malberg bedrängte es erheblich, und wahrscheinlich war er aus auf den Besitz des

Klosters und seine Einkünfte. Die Nonnen flüchteten nach Trier zum Erzbischof Theoderich. Für den war das höchst beunruhigend, deutete es doch auf einen neuen Gegner an der Grenze des Trierischen Kyllwaldes.

Da wollte Theoderich 1239 mit dem Bau einer großen Burg so etwas wie ein Symbol setzen: Genau gegenüber den Malbergern begann er eine Burg zu bauen. Der Ort heißt heute Kyllburg, wurde damals Kiliberg genannt. Arnold von Isenburg verstärkte die Burg und umschloss den Ort mit einer Mauer. Damit war die Trierer Festung komplett. Dann sahen die Luxemburger auf dem höchsten Punkt des Burgberges ein Kollegiatsstift emporwachsen, an dem sich nun niemand vergreifen konnte, denn wer die kirchlich garantierte Immunität verletzte, hatte nicht nur mit Feuer und Schwert, sondern unter allen Umständen auch mit Kirchenbann und Exkommunikation zu rechnen.

Leider hat Kyllburg viele seiner alten Fassaden verloren, liegt aber immer noch hoch über dem Fluss und ist sehr malerisch. Und mit der hochragenden Stiftskirche und dem Kapitelhaus verfügt es immer noch über eine vollkommene mittelalterliche Baugruppe.

Was für Kyllburg das Stift, ist für das gegenüberliegende Malberg die vollständig erhaltene Schlossanlage, die das altertümliche Dorf mit seinen engen Gassen überragt. Auf zwei Seiten von der Kyll umflossen, steht das Schloss auf einem Bergsporn. Ab 1711 schuf hier der damals sehr berühmte Architekt Matteo Alberti ein Stück Italien in der Eifel. Das Schloss stellt nämlich eine barocke Adaption der im 16. Jahrhundert erbauten Villa Valmarana des Andrea Palladio auf der venezianischen Terra ferma dar. Unendlich sind die Bemühungen, das Schloss zu retten, wiederaufzubauen, zu rekonstruieren. Es war sogar einmal eine Pension – wobei man schlicht bedenken muss, dass es nicht nur im Mittelalter verrückte Zeitläufte gab. Ich glaube, später noch mehr.

Nims und Prüm: Zwei Flüsschen, zwei völlig verschiedene Gegenden. Die Nims durchfließt ein tief eingeschnittenes, einsames Waldtal, bevor sie ebenfalls auf der Höhe von Malberg das Bitburger Gutland erreicht. Die Prüm dagegen erlebt die Randlandschaften des Islek, bevor sie weit unterhalb Bitburgs in einer wildromantischen Schlucht mit den Stromschnellen von Irrel zur Trierer Bucht durchbricht und kurz darauf die Sauer erreicht. Beide Täler sind etwas für einen langen Spaziergang, vielleicht ein Picknick, vielleicht ein langes Wochenende. Traumhafte Wälder, große Einsamkeiten.

Gemeinsamer Ausgangspunkt beider Täler ist Prüm, und Prüm ist für mich die weltberühmte Geschichte eines Buches und die Geschichte vieler Bücher, weil dort Dr. Josef Zierden ansässig ist, dem es gelang, das Eifel-Literatur-Festival auf die Beine zu stellen, wohl einmalig in Deutschland. Doch dazu später.

Die Stadt Prüm ist viele Geschichten wert, aber ihre eigene Geschichte ist schon seltsam, weil sie in Deutschland vollkommen aus der Rolle fällt. Prüm ist die ehemalige »Hauptstadt« eines kleinen Klosterstaates, der bis 1576 seine Selbstständigkeit verteidigen konnte und damit eindeutig nicht nur ein Phänomen der Eifel war.

Zur Zeit der Karolinger war diese kleine Stadt oder vielmehr die Abtei ungleich mächtiger und bedeutsamer als das Bistum Trier. Und, mal wieder, Trier gab keine Ruhe, bis es den Feind erledigt hatte. Damit war die Feindschaft aber keineswegs beendet, sondern setzte sich fort, bis der Widerstand des rebellischen Klosters erst gebrochen worden war, um dann mit Waffengewalt anzurücken und brutal zur Zerstörung der Zeugen einer großen, legendären Abtei zu schreiten.

Wer also von diesem legendären Ruf der Abtei angelockt

wird, um in Prüm dann vor einer wirklich biederen Kirchenfassade zu stehen, wird mindestens erstaunt sein. Pallhuber und Pippke nennen die Ausführung des Kirchenbaus »von provinzieller Mittelmäßigkeit« – und sie haben zweifellos recht.

Was war geschehen?

Die fränkische Edle Bertrada hatte zusammen mit ihrem Sohn Charibert im Jahre 721 das Kloster gestiftet. Im Gründungsdokument bekam es zur Aufgabe, Tag und Nacht die Barmherzigkeit Gottes auf die Erde herabzuflehen, damit der Stifterin und ihren Söhnen die Sünden vergeben würden. Die müssen erheblich gewesen sein, was allerdings bei der mord- und intrigensüchtigen Familienpolitik der Merowinger kein Wunder ist.

Pippin der Kleine wiederholt 751 die Gründung, die Abtei wird mit Ländereien und Privilegien überschüttet, sie wird zu einem karolingischen Hauskloster.

Ein erster Höhepunkt im Jahre 799, als die sogenannte Goldene Kirche von Prüm von Papst Leo III. in Anwesenheit Karls des Großen geweiht wird. Der Enkel Karls, Kaiser Lothar I., tritt sogar als Mönch in das Kloster ein und stirbt sechs Tage später. Sein Grab befindet sich im Chor.

Zu diesem Zeitpunkt war die Abtei bereits unermesslich reich, besaß Ländereien von der Bretagne über die Loire bis zur Rhône, in Holland, im Münsterland und am Main. In einem im Jahr 893 aufgestellten Verzeichnis des Klosterbesitzes werden 32 Grafen und Edelherren als Prümer Vasallen genannt.

Die kulturelle Bedeutung der Abtei kann gar nicht hoch genug eingeschätzt werden. Prüm bestimmte, was Mode, was zeitlos wichtig schien. Das Kloster wurde in allen Dingen gefragt, und alle Dinge wurden vom Kloster bestimmt.

1017 wird ein Kollegiatstift gegründet und 1190 ein adeliges Nonnenkloster in Niederprüm, tausend Meter entfernt. Die Abtei wird zur Fürstabtei mit eigenen Vögten und landesherrlicher Gewalt auf ihrem Territorium – mit Sitz und Stimme im Reichstag.

Zu Beginn des 13. Jahrhunderts ändert sich das in sein Gegenteil. Prüm muss schmerzlich erfahren, dass sich das allgemeine Interesse dem neu gegründeten Kloster der Zisterzienser in Himmerod zuwendet und dass damit auch alle frommen Spenden und Stiftungen in eine andere Richtung fließen. Himmerod ist das Neue im kirchlichen Leben. Prüm hatte nichts mehr zu melden, sozusagen.

Und genau in diesem Moment beginnender Schwäche fiel der begehrliche Blick der Trierer auf die riesigen Ländereien der Prümer in der Eifel. Von jetzt an nahm die Auseinandersetzung mit dem Erzbistum in Trier immer gewalttätigere Formen an. Es dauerte aber noch zweihundert Jahre, bis das mächtige Trier die kleine Eifelabtei durch eine ruinöse Finanzpolitik in die Enge getrieben hatte. 1576 war es dann so weit: Trier hatte so viele Rechte in Prüm gekauft, dass es selbst als Prümer Vogt auftreten konnte. Der Erzbischof von Trier wurde zum Prümer Fürstabt, in Prüm saß nur noch ein Prior ohne sonderliche Rechte. Man würde das heute sicherlich eine brutale, feindliche Übernahme nennen.

Doch die Mönche gaben noch immer nicht auf.

Die dauernde Abwesenheit des Erzbischofs Ludwig von der Pfalz-Neuburg, der sein Erzbistum von Breslau aus verwaltete, hielten die Mönche für eine gute Möglichkeit, ihre Autonomiebestrebungen durchzusetzen. Das war falsch, der Prior wurde auf der Feste Ehrenbreitstein in Koblenz eingekerkert, demonstrativ wurde die Goldene Kirche abgerissen, das Herzstück dieser Abtei.

Jetzt wissen Sie, warum in Prüm die Kirchenfassade so entsetzlich mittelmäßig wirkt und ist. Ich könnte jetzt fortfahren und belegen, dass in Prüm sämtliche eingesetzten Baumeister drittrangig waren, erspare mir das aber lieber. Prüm – die Fürstabtei – wurde entsetzlich gedemütigt. Prüms Kirche ist wohl nichts anderes als eine vergrößerte Kopie der Pfarrkirche in Wittlich – nicht sonderlich erwähnenswert, weil dieselben Leute, die in Wittlich gebaut hatten, jetzt Prüm bauten. Noch etwas: Von den legendären Schätzen der Goldenen Kirche hat man nie wieder etwas gehört, sie gelten als verschollen.

Nun bin ich bei einem Buch, das die Abtei in Prüm bei den Historikern weltberühmt machte. Es ist Das Goldene Buch von Prüm, Liber aureus Prumiensis, in einem Faksimile herausgegeben vom Geschichtsverein Prümer Land e.V. unter der behutsamen Leitung von Dr. Reiner Nolden. Kein Historiker des Mittelalters, der dieses Buch nicht gelesen hat.

In der Stiftungsurkunde des Klosters Prüm kommen die Edle Bertrada und ihr Sohn Charibert mit massiven Drohungen daher. Für den Fall, dass irgendjemand gegen ihre Stiftung ist oder etwas gegen sie unternimmt, stellen sie fest: »Wenn aber einer, sei es wir oder einer unserer Erben oder Nacherben oder sonst eine feindselige Person, gegen dieses von uns verfügte Testament anzugehen versucht oder es ändern will, was wir nicht hoffen wollen, dann soll ihn vor allem der Zorn Gottes treffen und der Zorn des hl. Petrus, der die Schlüssel des Himmels hält, sowie des hl. Paulus und der Apostel des Herrn und der übrigen Heiligen. Dadurch soll er bis zur Wurzel verdorren, damit seine Zweige nicht mehr blühen; und wenn ihm Zweige wachsen, sollen sie verdorren wie ein Verfluchter im Strahl der Sonne. Und wenn er dem zu entrinnen versucht, möge es ihm nie gelingen; vielmehr bleibe er erniedrigt und arm in dieser Verfluchung befangen.« Datiert auf den 23. Juni 721. Eine mächtige, eine zupackende Sprache.

Herausgeber Nolden kommentiert: »... die Abtei Prüm hat im Karolingerreich eine besondere Rechtsstellung besessen... Von allen karolingischen Herrschern haben sich die Äbte und Brüder Urkunden und Privilegien ausstellen lassen; dazu kamen zahlreiche ›Privaturkunden‹, in denen weitere für die Abtei wichtige Rechtsgeschäfte festgehalten wurden. Die Prümer haben ihre Urkundenschätze gut gehütet, wenn auch nicht sämtliche Urkunden sich erhalten haben. Sie haben ihre

Schätze sogar über die beiden verheerenden Normanneneinfälle der Jahre 882 und 892 retten können, bei denen ihr Kloster jedes Mal völlig zerstört und ausgeplündert wurde …«

Die Urkunde Nummer 12 aus dem November 775, ausgestellt in Diedenhofen: Karl der Große verleiht dem Kloster Prüm Immunität mit Königsschutz und erlässt ihm die Abgaben aus dem Heerbann und den Bußen der Hintersassen des Klosters.

»Karl, durch Gottes Gnade König der Franken und Langobarden und Schutzherr der Römer, an alle Bischöfe, Äbte, Herzöge, Grafen, Verwalter der Königshöfe, Vikare, Vorsteher der Dörfer und unsere Königsboten unterwegs: Wir glauben, dass es der Stärkung unseres Reiches am besten dient, wenn wir in wohlwollender Erwägung den Klöstern und Kirchen geeignete Wohltaten erweisen. Wir vertrauen, dass wir dadurch unter Gottes Schutz fest bestehen werden. Daher sollt Ihr alle wissen, dass wir dem Kloster Prüm, das unser Vater und einstiger König Pippin seligen Angedenkens zu Ehren des hl. Erlösers von Neuem errichtet hat und welchem der Abt Assuer vorsteht, folgende Privilegien zu unserem ewigen Lohn gewährt haben: Dass nämlich zu den Villen jenes Klosters, die es durch unsere Freigebigkeit anderer besitzt oder welche Gottes Güte künftig dem Kloster und seinen Äbten unterstellt, kein öffentlicher Richter ohne unseren Befehl oder den unserer Erben jemals Zutritt haben soll, sei es, um Gericht zu halten oder um irgendwelche Bußen zu fordern oder Bürgen zu nehmen oder Schardienst oder Beherbergung oder Steuern oder Wagen oder Pferde zu fordern. Vielmehr gewähren wir dem Kloster und seinen Leitern, dass sie im Namen der Immunität und unter unserem Schutz und Schirm und demjenigen unserer Erben in Ruhe leben können …«

In dem Buch stehen für einen Schriftsteller äußerst reizvolle Geschichten, weil sie einen komplexen Hintergrund verraten – von Lüge und Verrat, Täuschung und Betrug, ein weites Feld für alle, die uns heute Mittelalter nahebringen wollen.

Zum Beispiel diese: Im Jahre 839, am 26. Juni, lässt Kaiser Ludwig folgendes Dokument schreiben: »Im Namen unseres Herrn und Erlösers Jesus Christus, Ludwig, durch Gottes erneute Güte erlauchter Kaiser. Allen jetzigen und künftigen Getreuen der heiligen Kirche Gottes und unseren eigenen sei kund: Wir hatten einst dem Richard, der uns damals als Ostiar diente, unsere Villa Villance in den Ardennen als Eigentum geschenkt. In der Folgezeit tauchen Entsetzen stiftende Gruppen von üblen Verschwörern gegen uns auf, und böse Menschen haben gegen unser Reich und unsere Ehre konspiriert; der erwähnte Richard begünstigte sie, hat uns verlassen und war mit unserem Sohn Lothar davongegangen. Darum ist die besagte Villa wieder dem Fiskus zugefallen. Nun aber ist durch das Erbarmen Gottes dieser unser Sohn Lothar mitsamt seinen Anhängern demütig zu uns in herzlicher Eintracht zurückgekehrt. Darum haben wir aus Liebe zu Gott allen, die gegen uns böse gehandelt haben, verziehen. Deshalb hat es unserer Barmherzigkeit gefallen, dem genannten Richard die erwähnte Villa aus Liebe zu Gott zurückzuerstatten, so wie er sie früher hatte…«

Da ist viel Platz für den verlorenen Sohn, da spielte vielleicht Erpressung eine Rolle, da spricht vielleicht ein erleichterter Vater – viel Stoff für jenen, der so etwas beschreiben kann.

Die Nummer 72, datiert auf »ca. 863«. Da wird die Behauptung aufgestellt, das sei ein Dekret des Papstes Nikolaus I., die Freiheit der Klöster von der bischöflichen Rechtsprechung ein für alle Mal zu befreien – ein damals sehr heißes Eisen. Da steht in dem sehr langen Dokument ein Satz, der die Brisanz einer damaligen hochpolitischen Szene beleuchtet: »Wir bestimmen kraft unserer apostolischen Vollmacht… dass keine auswärtige weltliche oder kirchliche Person soll in diesen Klöstern Macht gewinnen über den Besitz derselben oder sich einen Teil davon aneignen, sondern dies alles soll in der Befugnis des Abtes und der für Gott streitenden Brüder bleiben, damit sie nach der Ordensregel und dem Kirchenrecht tun können, was sie zum Wohl des Klosters möchten…« Eindeutig die Bestimmung des Papstes, dass kein Bischof sich in klösterliche Belange einzumischen hat, dass Klöster sozusagen außerhalb der kirchlichen Gesetze stehen – im Grunde also eine Zumutung, mit der kein Bischof leben konnte.

Und dann steht da in Klammern ein Wort: (Fälschung)

Also, das Dekret stammt gar nicht vom Papst. Oder: Hat der Papst das Dekret verfasst, um die Bischöfe mattzusetzen? Oder: Hat irgendein Abt diese Fälschung benutzen wollen, um sich selbst Rechte einzuräumen, die er eigentlich nicht besitzt?

Aber es gibt auch anrührende Privatdokumente, so zum Beispiel ein Protokoll, dass Bernarius seine Hörige Engelswinda in die Freiheit entlässt und das von zwölf Zeugen unterschreiben lässt. Eine Liebesgeschichte? Kann gut sein, wie ich finde.

»Wer will, dass ihm vergeben wird, der muss vergeben: Denn der Herr sagt: ›Vergebet, dann wird Euch vergeben.‹ Darum entlasse ich, Bernarius, diese Vorschrift des Herrn zitierend, in Gottes Namen meine Hörige (ingenua vernacula) Engelswinda als Freie und spreche sie los vom Joch der Knechtschaft. Sie ist vom heutigen Tage an frei und bleibe frei, so als ob sie von freien Eltern abstamme und geboren wäre. Sie kann von nun an nach eigenem Ermessen gehen, wohin sie will, und sich Schutz und Verteidigung wählen, wo sie will. Und keiner ihrer Erben braucht mehr Knechtsdienst zu tun, sondern er kann sein Leben in Freiheit führen. Das Eigentum, das sie hat oder von jetzt an sich erarbeiten kann, soll ihr gehören. Wenn jemand, ich selbst – was ferne sei – oder einer meiner Erben oder sonst eine Person, gegen die Freilassung, die ich freiwillig gemacht habe und beurkunden lasse, handelt oder sie rückgängig machen will, soll er sich den Zorn der Dreifaltigkeit zuziehen und von der Gemeinschaft der Heiligen ausgeschlossen sein. Außerdem soll er mit staatlichem Zwang zwei Talente Gold und zehn Pfund Silber zahlen, aber sein Vorhaben soll ihm nicht gelingen ...«

Wenn wir hier und jetzt beschließen, dass dahinter eine große Liebesgeschichte steht, dann geht zumindest dieses kleine Kapitel in die erfreulichen Annalen der Geschichte ein. Wir sind in der Eifel für jede friedliche Kleinigkeit von Herzen dankbar.

Von einem Goldenen Buch nun zum Herrn der Bücher: Dr. Josef Zierden, Gymnasiallehrer, tätig in Gerolstein am St. Matthias-Gymnasium, machte 2008 zum achten Mal das Eifel-Literatur-Festival und zählt schon durchaus einmal 1000 Besucher bei einer Lesung – bei Martin Walser zum Beispiel. Wie der Mann das macht, ist im Einzelnen kaum erklärbar, nicht zu rekonstruieren, und am Abend des Ereignisses, wenn die Massen strömen, lehnt er sich zurück und grinst. Nur einmal habe ich einen Verlagsvertreter erlebt, der vollkommen erschüttert sagte: »Ich hatte seit drei Tagen nur einen Anrufer, aber den beständig und ohne Pause, sechs Mal am Morgen, sechs Mal am Nachmittag: Dr. Josef Zierden.«

Die Liste derer, die dann seinen Einladungen folgen, sieht zweifelsfrei beachtlich aus: Mario Adorf, Peter Bichsel, Joachim Fest, Heiner Geißler, Ralph Giordano, Pavel Kohout, Walter Kempowski, Imre Kertesz, Siegfried Lenz, Herta Müller, Sten Nadolny, Leoluca Orlando, Ulrich Plenzdorf, Erika Pluhar, Maximilian Schell, Alice Schwarzer, Arnold Stadler, Uwe Timm, Daniel Kehlmann ...

Ja, ja, ich höre schon auf, aber ich freue mich nun einmal diebisch für meine Eifel und weiß ganz genau, dass andere Landschaften gegen die Eifel sehr grau aussehen, um das einmal höflich auszudrücken. Es ist halt literarischer Hochgenuss in dieser Landschaft, und ich weiß, dass dem Zierden das keiner nachmacht.

Bevor wir nach Süden in das Tal der Nims ziehen, noch ein Blick zur Schnee-Eifel mit dem Schwarzen Mann als höchster Erhebung. Als gegen Ende des Jahres 1945 Hemingway zusammen mit den angreifenden Truppen der Alliierten hier erschien, wirkte das auf ihn wie eine Landschaft »in der die Drachen hausen«. Er hatte wohl keine prophetische Gabe, aber vielleicht hat er etwas von den kommenden, schrecklichen Ereignissen geahnt.

Das Tal der Nims ist ein tief eingekerbtes Waldtal. Diesen Fluss können Sie nur wirklich genießen, wenn Sie sich vorübergehend von Ihrem Auto verabschieden. Es gibt das altertümliche Dorf Schönecken mit einer großen Burgruine, dort können Sie Pause machen und sich eine kleine Geschichte erzählen lassen.

Die Herrschaft Schönecken ist zusammen mit dem anschließenden Wetteldorf sehr alt, das Dorf wird bereits 993 im Zinsbuch der Abtei Prüm erwähnt. Als deren Vögte brachten die Grafen von Vianden die Burg im frühen 13. Jahrhundert in ihren Besitz und lieferten sich hier bald darauf eine wilde, blutige Familienfehde. Die Burg gehörte dann den Trierer Erzbischöfen und stand, man höre und staune, um 1800 noch aufrecht. Doch zwei Jahre später brannte sie zusammen mit dem Dorf ab. Und dann erhielten die Schönecker die Erlaubnis, die Steine der Burg als Steinbruch für den Wiederaufbau zu verwenden. Das Recht wurde so ausgiebig in Anspruch genommen, dass nicht mehr viel blieb.

Dann wird dieses wunderschöne Tal einsam und sehr still, ab und zu eine alte Mühle am Bach. Hinter Seffern tritt auch die Nims in das Bitburger Gutland ein, der Wechsel im Landschaftsbild ist nicht zu übersehen. Weiter nach Süden folgt Rittersdorf, dessen Name nicht enttäuscht. Mitten im Ort steht eine Wasserburg.

Übrigens: Kurz vor Rittersdorf zweigt die Straße zur römischen Villa Otrang ab, etwas, das Sie unbedingt sehen sollten, römisches Leben im Luxus. Die Anlage hatte 66 Räume, Bäder, Säulengänge mit einer ausgedehnten Warmluftheizung. Der anschließende Wirtschaftshof hatte die selbst für römische Verhältnisse ungewöhnliche Größe von 400 mal 130 Meter. Die eigentliche Attraktion der Anlage sind Mosaiken, die mit einem unerschöpflichen Formenreichtum spielen. Und wieder die große Überraschung: Als die Franken gegen Ende des 4. Jahrhunderts nach dem Zusammenbruch der Rheinfront in dieses Gebiet kamen, haben sie nicht einen Tag lang versucht, in den Resten dieser luxuriösen Häuser zu wohnen. Das hätte man bei den Ausgrabungen feststellen müssen.

Ich bin immer wieder erstaunt, dass man vom Tal der Prüm eigentlich nichts hermacht, es gibt keine eindeutigen Hinweise auf Schönheit und Wald, auf Landschaft und Abwechslung – dabei ist das Tal so schön. Fahren Sie nach Lambertsberg in die ehemalige Wallfahrtskirche. Da gibt es eine Besonderheit: eine Steinkanzel aus dem Jahr 1618. Wahrscheinlich stammt sie aus der Werkstatt des Hans Ruprecht Hoffmann aus Trier und zeigt Bilder aus der Jugend Jesu Christi. Unter anderem eine Darstellung der Beschneidung Jesu Christi; wobei ein kindlicher Jesus die vorbereitende Handlung verfolgt und dabei misstrauisch auf ein beunruhigend großes Messer schaut.

Von Waxweiler geht es nach Hamm, eine sehr schöne Wanderstrecke, die am Stausee Bitburg vorbeiführt. Der Ort war in den Hexenprozessen geradezu entsetzlich berühmt, weil die dortigen Herrschaften versuchten, einen Mann zu erpressen und der Hexerei zu überführen, bei dem sie Schulden hatten.

Von Hamm aus haben Sie die Wahl: entweder über Oberweis und Bettingen weiter die Prüm entlang oder über Weidingen nach Neuerburg und von dort aus durch das waldreiche Enztal über Mettendorf bis zur Mündung der Enz in die Prüm.

Wenn Sie die zweite Strecke nehmen wollen, brauchen Sie etwas mehr Zeit, denn die Landschaft zwischen Prüm und Enz ist von eigenartiger Schönheit. Bis zum Horizont geht der Blick über endlose Hügelketten zwischen kleinen Bachtälern, ab und zu ein einsames Dorf in der Weite der Felder und Wälder. Das sollten Sie sich gönnen.

Das Unfassliche in Neuerburg

Neuerburg ist eines der malerischsten Städtchen in der Eifel, und es ist ohne Zweifel einer der großen historischen Plätze im Westen. Die Lage des Ortes tief im Tal, überragt von der Pfarrkirche, Türmen, Vogtshaus und mächtiger Burgruine, ist überaus eindrucksvoll. Aber alle Geschichtsschreiber der Eifel fragen zu Recht: Was soll das Städtchen hier im äußersten Westen mit einer derartigen bombastischen Befestigung? Diese Gegend ist nicht nur malerisch, sie ist auch einsam.

Die Antwort ist einfach: Von hier aus sind es nur 13 Kilometer bis ins luxemburgische Vianden. Neuerburg lag also in unmittelbarer Nachbarschaft zu mächtigen Herrschaftszentren, und deren Schicksal hat es auch geteilt. Aber dann kam der Wiener Kongress und regelte die Verhältnisse in Europa neu, und plötzlich war Neuerburg eine Enklave der eigenen Vergangenheit.

1132 wird zum ersten Mal ein Herr zu Neuerburg erwähnt, das zuerst im Besitz der Grafen von Vianden war. Rund hundert Jahre später brach eine heftige Familienfehde aus, die sich die Luxemburger zunutze machten und Neuerburg samt umliegenden Dörfern eroberten. Nach komplizierten Erbgängen, die ich Ihnen erspare, waren dann die Herren von Manderscheid auf der Neuerburg, und sie waren es auch, die Stadt und Burg so stark befestigten, denn plötzlich lagen sie im Randbereich der niederländisch-spanischen Kriege.

Und die Manderscheider nahmen diese Bedrohung völlig zu Recht sehr Ernst und bauten mehrstöckige Bastionen und Kasemattenbauten mit fünfeinhalb Metern Mauerstärke. Die Befestigungen waren gut für einen Artilleriekrieg, und Neuerburg wurde für uneinnehmbar gehalten. Noch 1692 erschien den Franzosen das Städtchen so bedrohlich, dass sie es in die Luft sprengten.

Dieses ganze malerische Stadtbild wurde 1818 durch ein Großfeuer zerstört, obwohl die Stadt auf einem Turm einen Feuerwächter beschäftigte. Und ab sofort durften Häuser nicht mehr in feuergefährdetem Fachwerk errichtet werden, und die Neuerburger benutzten die Stadtmauer als Steinbruch.

Es ist ein Ort, an dem Sie sich wohlfühlen werden, aber leider auch ein Ort mit einer schlimmen Geschichte. Der Beilsturm (eine Vorbastion), die majestätische Burganlage, der Burgfried und die wunderschöne spätgotische Kirche sind Zeugen einer bewegten Vergangenheit. 56 Menschen sind als Hexen vor dem Neuerburger Hochgericht angeklagt worden, 21 wurden als Hexen verbrannt und nur einer freigesprochen. Einige Historiker sind der Ansicht, dass es weit mehr als 56 waren, weil als sicher gilt, dass viele Unterlagen über die Prozesse bewusst zerstört wurden. Berühmt wurde der Fall der Magdalena Pirken aus dem Winter 1613.

Anlass für das Hochgericht war der plötzliche Tod der jungen Gräfin Claudia von Leuchtenberg, die auf der Burg zu Gast war. Sie war die Braut des Grafen von Manderscheid-Virneburg. Nach einer sehr stürmischen Nacht fand man das Fräulein morgens tot in ihrem Bett. Der herbeigerufene Bader des Ortes hatte wohl kaum medizinische Kenntnisse, sagte aber aus unerfindlichen Gründen, die junge Gräfin sei vergiftet worden. Das Schicksal nahm seinen Lauf.

Plötzlich erinnerten sich noch andere Bedienstete des Grafen, dass schon in der Nacht aus unerklärlichen Gründen die Tür zum Schlafzimmer der Gräfin auf unerklärliche Weise geöffnet worden sei. Eine andere Erklärung, als dass das Böse hier seine Hand im Spiele hatte, gab es scheinbar nicht. Und dann erinnerte man sich, dass Magdalena Pirken schon länger in dem Ruf stand, eine Zauberin zu sein. Sie wurde festgenommen, und gleich fünf Zeugen behaupteten, dass sie des Nachts auf dem Hexentanzplatz dabei war, als man den Tod der jungen Gräfin beschloss – der dann in jener Nacht durchgeführt worden war.

Magdalena Pirken leugnet das Verbrechen zunächst, wird aber gefoltert. Diese Folter ist genau festgelegt und sie ist bestialisch. Magdalena gibt das Verbrechen zu und bezichtigt weitere 14 Personen der Mittäterschaft. Der Richterspruch ist keine Überraschung: Die Frau wird zum Feuertod verurteilt, wahrscheinlich vorher erdrosselt und dann verbrannt. Die Hysterie war groß und ließ sich kaum unter Kontrolle bringen.

Nicht weit hinter Mettendorf verlässt die Straße die einsame Enz, die bald darauf bei Holsthum in die Prüm mündet. Nun kommt der landschaftliche Höhepunkt einer Prümtalfahrt: die Stromschnellen bei Irrel. Es ist eine wildromantische Waldschlucht!

Am Beginn liegt der Ort Prümzurlay. Und unten im Tal beginnt nun die berühmte Schlucht, in der die Prüm durch das rahmende Sandsteinmassiv in die Bitburger Senke bricht. Die Romantik dieses Ortes, so Pallhuber, ist einzigartig. Da schießt das Wasser über bemooste Steine, strudelt durch Felseninseln, bricht sich im Licht der Sonne, ist ein einmaliger Ort.

Und dann kommt Bitburg, das wahrlich nicht von Bierbrauern errichtet wurde, sondern zuerst von Treveren, die dann von den Römern erobert wurden. Allein im 17. Jahrhundert wurde die Stadt dreimal total zerstört. Und was wieder restauriert wurde, fiel den Bomben des Zweiten Weltkrieges zum Opfer. Später erst wurde »Bitte ein Bit« zu einem viel zitierten Spruch in ganz Europa.

Verlassen wir Bitburg nach Süden, sollten Gäste darauf verzichten, die Bundesstraße 257 zu nehmen, denn die ist nichts als Verkehr und macht keinen Spaß. In den alten Dörfern rechts und links des Ufers liegen schöne Gehöfte mit den klassischen verzierten Sandsteinrahmen der Türen und Fenster. Messerich ist so ein Dorf, Wolsfeld auch.

Nur ein paar Kilometer weiter liegt Welschbillig. An der Stelle, an der heute die Reste einer Burg zu sehen sind, war zu Zeiten der Römer ein Wasserbassin von 60 Metern Länge, eine luxuriöse Prunkvilla der Römer, gebaut im späten 4. Jahrhundert. Von oben hat man einen phantastischen Blick in eine der schönsten Ecken der Eifel. Das ist so ein Blick, den ich einen sehr starken Ort nenne – man darf halt nicht im Gewühl der Touristen stecken.

Wer aus Welschbillig kommend in die Schlucht nach Kordel hinunterfährt, kann sich freuen: Eine wunderbare Landschaft tut sich auf.

Nicht weit entfernt liegt Dudeldorf mit seiner zum Schloss umgebauten Burg, ein mittelalterlicher Ort, dem schon 1345 das Stadtrecht verliehen wurde. Es gibt dort ein paar phantastische Kneipen. Als ich mit Ralf Kramp dort eine Lesung machte, kam eine Dame und sagte vertrauensvoll: »Es wäre vielleicht mal gut, Herr Berndorf, wenn Sie einen Liebesroman schrieben. Dauernd diese Leichen – sind doch alle erfunden!« Ich habe nicht widersprochen.

Genau im Norden liegt jetzt das Ferschweiler Plateau, das ist für mich ein Ort, an dem ich ganz still werde. Und deswegen möchte ich ihn ein wenig ausführlicher vorstellen.

Die neuen Menschen

Ich kann mich gut erinnern, dass ich an einem sonnigen Tag vor ungefähr zwanzig Jahren auf das Ferschweiler Plateau kam. Ich stand vor dem Fraubillenkreuz im Buchenhochwald, einem langen, mächtigen Steinkoloss, der im oberen Bereich zu einem Kreuz geschlagen war. Vielleicht war ich an jenem Tag besonders empfänglich, auf jeden Fall hockte ich mich ins Gras und bleib dort für Stunden hocken. Ich spürte hier Menschen, uralte Menschen. Am nächsten Tag kam ich wieder, aber der Zauber war verflogen und tauchte erst wieder auf, als ich Jahre später ohne jeden Druck durch Arbeit und Alltag zurückkehrte.

Jeder Paläontologe auf der Welt kennt dieses Plateau, und jeder von ihnen kennt die Geheimnisse, die mit dieser Hochfläche verbunden sind, und viele von ihnen werden ganz ehrfürchtig, wenn sie davon sprechen. Es gab eine sogenannte Niederburg und eine sogenannte Wikingerburg, also zwei befestigte Burgen mit weitläufigen Wallanlagen, einer Vor- und einer Hauptburg. Diese Hauptburg war etwa 300 Meter lang und 250 Meter breit und durch einen meterhohen Wall mit vorgelegtem Graben von der Vorburg getrennt – und die war 550 Meter lang.

Natürlich war die Frage: Was hat eine solche Riesenfestung zu bedeuten? Wer hat sie erbaut? Und warum?

Schon im 19. Jahrhundert stellte man diese Fragen, und sie bekamen bald die Wichtigkeit einer nationalen Fragestellung. Was war das Ferschweiler Plateau?

Aufgrund zahlreicher Funde wurde festgestellt, dass die Niederburg nur einer kleiner Teil einer ungeheuerlich großen Gesamtanlage war. Diese Befestigungsanlage war acht Kilometer lang und fünf Kilometer breit.

Sofort traten Historiker auf, die behaupteten, dass diese befestigte Anlage nur eine Schöpfung der Treverer sein könne – also eine bedeutende Kulturleistung auf deutschem Boden, längst bevor die Römer angerückt waren und die Treverer recht still geschluckt hatten. Und es gibt immer noch Historiker, die steif und fest behaupten, das sei ein Oppidum (eine Siedlung) der Römer gewesen – allerdings sind diese Historiker erwiesenermaßen ignorant. Wir wissen nämlich aus den sorgfältigen Forschungen und Schriften des Römisch-Germanischen Zentralmuseums in Mainz, dass es die Urnenfelderleute, eine spätbronzezeitliche Kulturgruppe in Mitteleuropa, waren, die etwa zwischen 1200 bis 700 v. Chr. diese ungeheuerlich große Anlage schufen. Und sie sind erheblich älter als die Treverer.

Aber: Auch sie waren nicht die Ersten!

Am Rande der sogenannten Niederburg steht ein eigenartiger Riesenstein, ein fünf Meter langer und drei Meter hoher Felsblock mit muldenartiger Vertiefung mit Abflussrinne. Man nennt ihn Heidenaltar, Druidenstein, Opferaltar. Dieser Felsblock ist einer von acht Monolithen der jüngeren Steinzeit auf dem Plateau (3. bis 2. Jahrtausend v. Chr.).

Aber die Treverer waren auch hier gewesen. Mit großer Wahrscheinlichkeit haben sie die Niederburg dazu benutzt, während eines versuchten Aufstandes gegen die Römer (71 n. Chr.) die Anlage neu zu ordnen und in Dienst zu stellen. Es nutzte ihnen wenig.

Und die Römer waren selbstverständlich auch da. Ein gewisser Quintus Postumius setzte der Jagdgöttin Diana ein Denkmal. Und noch etwas Römisches: Auf dem Geschichtlichen Wanderpfad geht es zu den sogenannten Schweineställen, auch Schweigstelle genannt. Dort finden Sie eine eindrucksvolle enge Felsschlucht von 300 Metern Länge mit schmalem Aus- und Eingang. Da finden Sie die eingemeißelten Worte ARTIONI BIBER. Artio war die keltische Bärengöttin, ein Galloromane namens Biber schuf diese Inschrift. Was mag da abgelaufen sein?

Die sogenannten Kiesgräber sollten Sie sehen. Das sind abgeplattete Sandsteine, in die kistenförmige Vertiefungen eingeschlagen sind. Diese kleinen Gräber dienten zur Aufnahme von Ascheresten oder Totenurnen.

Sie waren mit spitzgiebeligen Hüttensteinen abgedeckt. Eine nahe gelegene Felsvertiefung in Form und Größe eines menschlichen Körpers war wohl der Verbrennungsplatz.

Die Urnenfelderleute, die hier lebten, erwiesen sich, wie man aus reichen Grabfunden schloss, als Meister der Metallbearbeitung und der Herstellung von Tonwaren. Die Menge der Funde und die Größe der Befestigung verraten, dass hier eine Bevölkerungsdichte herrschte, wie es sie nirgendwo sonst in der Eifel zu dieser Zeit gegeben hat.

Und um das verwirrende Bild ein wenig in Zahlen zu fassen, die das Verständnis leichter machen, diese kurze Geschichte: Vor 100 000 Jahren schon lebten Jägergruppen in der Eifel. Ob das der »Homo Heidelbergensis« war, wissen wir nicht. Wir wissen dagegen sicher, dass vor etwa 30 000 Jahren ein neuer Menschentyp auftauchte, der sich über alle Kontinente ausbreitete und als Vorfahre der heutigen Menschenrassen gilt. Der Cro-Magnon-Mensch wurde zum Oberbegriff einer Jäger- und Sammlerkultur, er jagte das Mammut, den Wisent, das Rhinozeros, das Rentier, den Wolf, den Bären, das Wildpferd. Es gibt Funde in ganz Europa, weshalb wir das damalige Bild der Menschen sehr gut nachzeichnen können. Sie benutzten Speere, Keulen, Feuersteine, Messer, Heinschaber und schnitzten Knochen und Elfenbein mit reichen Verzierungen. Ihre Schöpfungskraft überlieferten sie mit den Höhlenmalereien. Sie machten sich die Erde nicht untertan, sondern passten sich ihr an und zogen im Rhythmus der Jahreszeiten durch die Eifel.

Diese Idylle ging dann vor etwa 12 000 Jahren sehr plötzlich zu Ende. Das Klima erwärmte sich, Gletscher und Tundren zogen sich nach Norden zurück, ihnen folgten die Rentiere und wahrscheinlich auch ein Großteil der Jägerstämme. Die Jägerkultur in Mitteleuropa war am Ende.

Die aber, die hierblieben, wurden mit einem Paukenschlag aus dieser Landschaft vertrieben, und es ist anzunehmen, dass viele umkamen. Wie Supergaus wirkten die Eruptionen der Vulkane, die mit giftigen Gasen die Landschaft überwehten und alles Leben unter glühender Asche erstickten. Es vergingen mehrere Tausend Jahre, bis endlich Ruhe einkehrte.

Langsam drangen wieder kleinere Gruppen von Jägern und Sammlern in die Eifel vor. Sie verehrten Fruchtbarkeitsgöttinnen und begruben ihre Toten in Ehrfurcht, wie Matthias Kordel das formuliert.

Der gewaltige Umbruch kommt aus dem Nahen Osten. Die Menschen beginnen intensiv mit der Rodung und Beackerung des Bodens, halten Tiere und werden sesshaft. Das Wanderleben hört auf, man sät und erntet Korn, Gerste, Weizen, Hirse und lernt, aus den Körnern Mehl zu machen. Die friedlichen Bauernsiedlungen und die drei Menhire auf dem Ferschweiler Plateau sind der letzte Rest ihrer religiösen Vorstellungen.

Um 1200 drängen neue Völkergruppen in die Eifel und werden sesshaft. Sie verbrennen ihre Toten, und deren Asche wird in Urnen beigesetzt. Sie begruben ihre Toten unter großen Hügeln und gaben ihnen Speisen und Trank mit auf den Weg.

Mit dem Frieden war es wohl vorbei: Aus dem Völkergemisch entwickelten sich die Kelten. Und ein Teil dieser Kelten geht auf Kriegswanderung. Dabei erobern sie Norditalien und besetzen für sieben Monate sogar Rom.

Die Geschichte gibt uns keine Antwort darauf, weshalb sie losgezogen sind.

Die Vergangenheit der Eifel

Sie ahnen es, ich muss zum Ende kommen. Aber zum Verständnis der Eifler und ihrer Geschichte gehört Trier, die älteste Stadt Deutschlands. Sie nahm immer sehr viel Einfluss, ihre Erzbischöfe machten die Politik der Eifel, und ihre Kriegszüge verheerten immer wieder das Land, wobei die Eifler in den meisten Fällen gar nicht begriffen, weshalb sie – wieder einmal – zum Opfer wurden.

Kaiser Augustus gründete diese Stadt im Jahr 15 v. Chr. Sie lag an einem Schnittpunkt zweier Fernstraßen, die eine von Köln nach Lyon, die andere von Paris nach Mainz. Schon 50 n. Chr. wird sie urbs opulentissima genannt, eine ungemein reiche Stadt. Das ist sie heute noch, ihr Reichtum an knorrigen Typen ist bemerkenswert, und man sollte hin und wieder ein Stoßgebet sprechen, dass sich das erhält.

Was Sie besuchen sollen? Nun ja, die Porta Nigra selbstverständlich, die Thermen, das Amphitheater, die Basilika, den Dom St. Peter und die Liebfrauenkirche, das Kurfürstliche Schloss. Aber vielleicht ist das alles nicht so wichtig wie die Menschen, die durch Trier laufen. Es ist eine heitere Stimmung, man hört ebenso viel Belgisch wie Deutsch und Niederländisch, und der alte Penner am Hauptmarkt ist immer noch da und hofft, nicht erwischt zu werden.

Es war mir eine Ehre, Ihnen einiges zeigen und sagen zu dürfen. Machen Sie es gut, und kommen Sie wieder.

Bereits erschienen:
Gebrauchsanweisung für...

Amerika
von Paul Watzlawick

Amsterdam
von Siggi Weidemann

Barcelona
von Merten Worthmann

Bayern
von Bruno Jonas

Berlin
von Jakob Hein

die Bretagne
von Jochen Schmidt

Brüssel und Flandern
von Siggi Weidemann

China
von Kai Strittmatter

Deutschland
von Maxim Gorski

Dresden
von Christine von Brühl

die Eifel
von Jacques Berndorf

das Elsaß
von Rainer Stephan

England
von Heinz Ohff

Frankreich
von Johannes Willms

den Gardasee
von Rainer Stephan

Genua und die Italienische Riviera
von Dorette Deutsch

Griechenland
von Martin Pristl

Hamburg
von Stefan Beuse

Indien
von Ilija Trojanow

Irland
von Ralf Sotscheck

Italien
von Henning Klüver

Japan
von Gerhard Dambmann

Kalifornien
von Heinrich Wefing

Katalonien
von Michael Ebmeyer

Köln
von Reinhold Neven Du Mont

Leipzig
von Bernd-Lutz Lange

London
von Ronald Reng

München
von Thomas Grasberger

Moskau
von Matthias Schepp

01/0002/12/L

Neapel und die Amalfi-Küste
von Maria Carmen Morese

New York
von Verena Lueken

Niederbayern
von Teja Fiedler

Nizza und die Côte d'Azur
von Jens Rosteck

Norwegen
von Ebba D. Drolshagen

Österreich
von Heinrich Steinfest

Paris
von Edmund White

Polen
von Radek Knapp

Portugal
von Eckhart Nickel

Rom
von Birgit Schönau

das Ruhrgebiet
von Peter Erik Hillenbach

Salzburg und das Salzburger Land
von Adrian Seidelbast

Schottland
von Heinz Ohff

Schwaben
von Anton Hunger

Schweden
von Antje Rávic Strubel

die Schweiz
von Thomas Küng

Sizilien
von Constanze Neumann

Spanien
von Paul Ingendaay

Südfrankreich
von Birgit Vanderbeke

Südtirol
von Reinhold Messner

Tibet
von Uli Franz

die Toskana
von Barbara Bronnen

Tschechien und Prag
von Jiří Gruša

die Türkei
von Iris Alanyali

Umbrien
von Patricia Clough

die USA
von Adriano Sack

Venedig
von Dorette Deutsch

Wien
von Monika Czernin

01/0002/12/R

PIPER

Maxim Gorski

Gebrauchsanweisung für Deutschland

176 Seiten. Gebunden

»Du sein ganz falsch hier. Nächste Ampel du rechts fahren.« Das etwas andere Buch über unser Land der Dichter und Denker, satirisch und augenzwinkernd geschrieben: Der russische Journalist Maxim Gorski gibt unentbehrliche Tips, wie den Deutschen, diesem eigentümlich wiedervereinten Volk von ADAC-Mitgliedern, zu begegnen ist. Egal, ob als Heimat, Reiseziel oder als Phänomen, ob für Einheimische oder Fremde – durch Gorskis ganz spezielle Sicht enträtseln sich viele Geheimnisse: zum Beispiel die der Schnitzelkarten, des Smog-Alarms und der Liebe zu den Haustieren, der Ordnungssucht und des typisch deutschen Humors, der Tempolimits, Gartenzwerge und des Lokalpatriotismus, der Fußgängerzonen mit ihrem nicht tot zu kriegenden Sommerschlußverkauf und der deutschen Küche zwischen Döner Kebab, Sushi und latte macchiato.

01/1290/02/L